Wisdom Man Banjo Clarke

Original Copyright ⓒ 2003, Banjo Clarke and Camilla Chance
Original edition was published in English by Penguin Group Australia

Korean Translation Copyright ⓒ 2004, The Ancient Future Publications
This Korean edition was published by arrangement with Penguin Group Australia
through Best Literary & Rights Agency, Korea.
All rights reserved.

이 책의 한국어판 저작권은 Best Agency를 통한
Banjo Clarke, Camilla Chance와의 독점 계약에 의해
오래된미래에게 있습니다. 한국 내에서 보호를 받는
저작물이므로 무단전재와 무단복제를 금합니다.

대지를 지키는 사람들

호주 원주민 반조 클라크
류시화 옮김

오래된미래

류시화

시인. 시집으로 〈그대가 곁에 있어도 나는 그대가 그립다〉 〈외눈박이 물고기의 사랑〉과 잠언시집 〈지금 알고 있는 걸 그때도 알았더라면〉 산문집 〈삶이 나에게 가르쳐준 것들〉 인디언 추장 연설문 모음집 〈나는 왜 너가 아니고 나인가〉 인도 여행기 〈하늘호수로 떠난 여행〉 〈지구별 여행자〉가 있다. 옮긴 책으로는 〈티벳 사자의 서〉 〈마음을 열어주는 101가지 이야기〉 〈달라이 라마의 행복론〉 〈조화로운 삶〉 〈무탄트 메시지〉 〈마음에는 평화 얼굴에는 미소〉 〈인디언의 영혼〉 〈영혼의 동반자〉 등이 있다. www.shivaryu.co.kr

대지를 지키는 사람들

1판 1쇄 인쇄   2004년 5월 20일
1판 1쇄 발행   2004년 5월 25일

지은이   호주 원주민 반조 클라크
옮긴이   류시화

펴낸이   정중모
펴낸곳   오래된미래

주간   김이금
편집   이미선, 한수미, 홍민정, 유동영
디자인   행복한물고기 HappyFish

등록   2003년 9월 3일 제300-2003-162호
주소   서울시 마포구 서교동 368-12
전화   031-955-0700
팩스   031-955-0661

편집부 전화   02-337-6833, 6828
편집부 팩스   02-337-6747

ISBN   89-955014-2-1 03840

□ 도서출판 열림원의 자회사인 '오래된미래'는
  인류와 환경을 생각하는 출판사입니다.
  홈페이지 www.TAFbooks.co.kr

차례

꿈의 시대에서 온 사람들 _ 류시화 6

덤불숲에서 보낸 어린 시절 18

부족의 어른들에게서 배우다 25

얼굴 흰 침입자들 42

덤불숲을 떠나 문명 세계로 64

빼앗긴 대지의 노래 80

꿈, 하지만 현실 101

원주민의 눈으로 바라본 세상 115

다시 덤불숲으로 돌아가다 130

호주 대륙이여, 눈물을 닦아라 146

우리는 언제나 이곳에 있었다 161

대지를 지키는 사람들 182

슬픈 이별 201

꿈의 시대 214

다시 태어나도 원주민으로 238

아버지는 덤불숲에 부는 바람 _ 반조의 자녀들이 쓴 글 262

누가 이 대지를 구할 것인가 _ 마틴 프라나겐 266

현자의 꿈은 귀 기울일 가치가 있다 _ 셰인 하워드 272

모든 이름을 기억하는 사람 _ 닐 머레이 274

마지막 이야기꾼 _ 수잔 피클스 278

강은 알고 있다 _ 셰인 하워드, 닐 머레이, 반조 클라크 284

아메리카 인디언들과 더불어 지구상에서 가장 오래된 원주민으로 손꼽히는 호주 대륙의 토착민들은 백인들이 쇠로 만든 무기와 치명적인 전염병을 갖고 나타나기 전까지 수만 년 동안 신이 창조한 아름다운 자연 속에서 평화를 누리며 살았다. 오로지 자연이 주는 것에 기대어 살아온 이들은 생명의 원천인 대지를 존중하는 것을 삶의 원칙으로 삼았다. 그들은 다른 대륙의 원주민들과 마찬가지로 대지를 어머니라 불렀으며, 대지가 자신들에게 속한 것이 아니라 자신들이 대지에게 속해 있다고 가르쳤다.

그들에게는 자연의 질서를 깨뜨리지 않는 것이 가장 큰 지혜였다. 어떤

꿈의 시대에서 온 사람들　　류시화

부족도 땅에 경계선을 긋거나 울타리를 치지 않았다. 그들에게는 소유라는 개념 자체가 없었다. 다만 부족의 조상들이 살던 곳은 그 영혼들이 아직 그곳에 머물러 있다고 여겨 생활의 터전으로 삼았다. 다른 부족은 허락 없이 그곳에 침입하지 않았다. 강과 호수, 산 같은 지리적인 경계선들이 그곳을 구분해 주었다. 부족들 사이의 이 경계선은 어른들에 의해 자연스럽게 어린 세대로 전해졌다.

문자나 책이 없었기 때문에 역사와 신화 등 부족이 간직한 모든 지식은 모닥불 둘레에서 나누는 이야기, 춤, 노래, 그림을 통해 다음 세대로 이어졌다. 그들은 주로 사냥과 채집, 고기잡이에 의존해서 살았다. 남자들은 딩고라는 개를 데리고 캥거루, 에뮤, 왈라비, 거북이 같은 몸집 큰

동물들을 사냥하고, 여자와 아이들은 더 작은 동물이나 열매, 산딸기, 식물 등을 채집했다. 해안에 사는 부족들은 물고기를 잡고 홍합, 굴 같은 조개류를 주웠다. 사냥 도구로는 창과 부메랑을 사용했으며, 식물의 뿌리를 캐는 뒤지개도 있었다. 부메랑에도 두 종류가 있었다. 던져서 사냥감을 맞추기만 하는 킬리와, 열매와 새를 맞춘 뒤 제자리로 돌아오는 부메랑이 그것이었다. 물감으로 문양을 그린 나무 막대기 창 눌라눌라는 사냥과 의식에 사용되었다.

단단한 열매와 씨앗들을 돌절구에 빻아 가루로 만들고, 반죽한 것을 땅 위에 피운 불의 재 속에서 구워 먹었다. 그들은 그런 식으로 일년 내내

풍부한 과일과 열매들을 먹으며 자신들의 드넓은 영토 안에서 자유롭게 돌아다녔다. 자연이 주는 양식을 고마운 마음으로 얻었고, 계절마다 신의 축복에 감사하는 전통적인 코로보리 춤을 추었다. 지나치게 많은 동물을 사냥하거나 무절제하게 나무를 베는 법도 없었다. 꼭 필요한 만큼만 자연으로부터 얻었으며, 일단 얻은 것은 어떤 부분도 헛되이 낭비하지 않았다. 그 다음 계절이나 또는 그것을 필요로 할 다른 사람들이 쓸 수 있도록 적당히 남겨 두는 것은 모두의 원칙이었다. 또한 자연을 더 강하게 하는 방식으로 사냥을 했다.

파괴되기 쉬운 자연을 보호하는 한편 계절마다 다른 음식을 얻기 위해 그들은 한 장소에 일정 기간만 머물렀다. 그럼으로써 너무 많이 사냥하

거나 남김없이 열매를 따모으는 일을 피할 수 있었다. 이 지혜로운 방식을 통해 다음 계절에도 똑같은 장소에서 여전히 충분한 식량을 얻는 일이 가능했다. 한 장소에 오래 머물면 물웅덩이가 더러워지고, 씨앗이 고갈된다는 사실을 그들은 잘 알고 있었다. 사냥한 동물의 각 부분은 식량뿐 아니라 옷, 연장, 무기 등을 만드는 데 쓰였다. 풀줄기와 나무껍질로는 집과 바구니를 만들었다.

유럽인들은 일찍부터 이들을 토착민이란 뜻의 '애버리지니'라고 불렀지만, 토착민들 자신은 스스로를 '쿠리', '무리', '눙가르' 또는 '팔라와'라고 불렀다. 그 이름들은 그들이 사용하는 언어의 명칭이기도 했다. 호주는 신이 준 천혜의 자연으로 유명하다. 땅속에는 주체할 수 없을 정도로 많은 자원이 묻혀 있어 '21세기의 나라'라 불리운다. 알라스카를 제외한 미국과 면적이 비슷해 지구상의 모든 기후가 공존하며, 세상을 창조한 위대한 정령들이 원주민들이 간직한 드림 타임 신화와 함께 아직도 드넓은 덤불숲과 바위 동굴 속에서 숨쉬고 있다.

호주 원주민들은 초인간적 형태를 지닌 조상의 영혼들이 나라를 창조했다고 믿는다. 그 조상들이 인간을 창조하고, 법과 종교, 윤리를 정하고 땅의 형태를 만들던 드림 타임, 곧 꿈의 시대에 관한 창조 신화를 호주 전역의 원주민들이 간직하고 있다. 그리고 그 창조의 세계는 지금도 계속되고 있다. 호주 원주민에게는 '드림'이 단순한 '꿈'이 아니라 오히려 실재에 가깝다. 꿈의 시대의 조상혼들이 지금도 모든 곳에 존재하고, 그 존재의 힘이 자신들에게 하나의 실체로 느껴지기 때문이다. 원주민들은 조상의 영혼들이 대지에, 그 대지의 식물과 생물들뿐만 아니라 개개인들에게도 깃들어 있다고 믿는다.

1770년, 석탄 운반선을 개조한 악취 나는 〈엔디버〉 호를 타고 이 신비의 대륙 동부 해안에 도착한 제임스 쿡 선장은 그곳을 테라 눌리우스, 라틴어로 '아무에게도 속해 있지 않은 땅', 다시 말해 아무도 살지 않는 땅이라 단정지었다. 그리고는 그곳을 조지 3세의 이름으로 영국의 속국이라고 선언했다. 그러나 훗날 '오스트레일리아'라고 이름이 바뀐 이 미지의 대륙에는 아무도 살고 있지 않은 것이 아니었다. 당시 그곳에는 5백 개 부족의 주민들이 2백 개의 언어와 6백 개의 방언을 사용하며 독자적인 전통과 문화, 삶의 원칙 속에서 살아가고 있었다.

나아가 이 원주민들은 자연 환경에 대해 매우 뛰어난 지식을 갖고 있었다. 동식물에 관한 상식, 날씨, 산불을 놓아 자연의 순환을 돕는 지혜 등은 어떤 종족보다 탁월했다. 땅을 파헤치기보다는 초목에 불을 놓는 농법으로 식량을 자급자족할 줄 알았다. 따라서 그들은 땅과 자연을 존중하고, 신성한 지역을 정해 종교 의식을 치렀다. 죽은 사람은 그 땅을 떠나는 것이 아니라 나무 뒤에서, 또는 동굴 속에서 후손들이 살아가는 모습을 지켜보며 늘 함께 했다.

한 부족이 여러 개의 언어를 구사함으로써 주위 부족과 소통하는 데 아무런 문제가 없었다. 부족은 여러 씨족들로 이루어졌고, 씨족은 10명에서 15명의 가족 단위로 구성되었다. 그리고 주변 부족들이 모여 작은 나라들을 이루었다. 각 집단과 부족은 그들만의 엄격한 사회적 질서를 갖고 있었다. 개인이나 부족은 캥거루, 악어, 물고기, 나무 등을 자신들의 수호신으로 믿고 보호했다. 또한 회화, 조각, 음악, 춤 등으로 신화를 재현하는 의식은 그 어떤 종족의 문화보다 뛰어났다. 동물의 내장까지 상세히 그리는 암각화는 이들만의 독특한 미술 양식이었다. 사물의 내부까지 들여다보는 눈은 지혜로운 자의 상징이었다. 몸에 그리는 문양도 개인과 부족마다 달라, 다른 사람의 문양을 흉내 내는 것은 금지되었다. 그만큼 창조성을 중시하는 사람들이었다.

그 무렵 미국의 독립으로 식민지를 잃은 영국 정부는 미국으로 보내던 죄수들을 수용할 새로운 유형지를 찾고 있던 중이었다. 그들에게는 때마침 쿡선장이 발견한 호주가 더할 나위 없이 좋은 장소로 떠올랐다. 본국으로부터 멀리 떨어져 있기 때문에 범죄자들을 한번 내다 버리면 다시 돌아올 수조차 없었다.

그리하여 1788년 1,500명의 죄수와 관리를 태운 11척의 함대가 시드니 항에 도착하면서 백인에 의한 호주의 역사가 시작되었다. 죄수들뿐 아니라 관리들조차도 영국 정부가 멀리 내다 버려도 상관없다고 판단한 이들이었다. 함대를 지휘한 선장 아서 필립이 초대 총독이 되었고, 이들이 시드니 항에 상륙한 1월 26일은 호주 국가 탄생일이 되었다. 그 후 80년간에 걸쳐 약 16만 명의 죄수들이 호주로 이송되었으며, 이들 중 여자 죄수는 2만 5천 명뿐이었다. 이러한 남녀 성비의 불균형 때문에 죄수와 관리들은 닥치는 대로 원주민 여성들을 납치하고 강간하기에 이르렀다. 그 결과로 태어난 혼혈아들은 강제 입양되거나 그냥 바다에 버려졌다.

1850년에는 동부 지역에서 금이 발견되어 골드 러시가 일어났다. 그때까지 40만이었던 백인 숫자가 불과 10년 사이에 115만 명으로 늘어났다. 백인들의 이주 역사는 곧 원주민들로부터 강제로 땅을 빼앗고 토착민의 문화를 파괴한 역사와 다르지 않았다. 백인 정부는 원주민들을 특정한 지역에 몰아넣고 자신들이 주는 배급 물자에 의존하게 만들었다.

이 특별 지역은 정부가 감독하는 원주민 보호 구역과 기독교 선교사들이 관리하는 선교구로 나뉘었지만, 그 운영 방식에는 별다른 차이가 없었다. 원주민들은 전통적으로 이어져 내려오던 삶의 방식을 잃었고, 언어 사용이 금지되었으며, 마음대로 보호 구역을 벗어날 수조차 없었다. 비단 땅만의 문제가 아니었다. 자연 속에서 순수하게 살아오던 원주민들은 유럽인들이 몸에 묻혀 온 온갖 전염병에 속수무책이었다. 밀집한 도시 지역의 더러운 환경에서 살다 온 유럽인들은 병원균들에 대해 이미 강한 내성을 갖고 있었지만, 원주민들에게는 감기 바이러스조차 치명적이었다. 천연두, 홍역, 독감, 결핵, 성병 등으로 죽어간 원주민들이 부지기수였다. 초대 총독이었던 아서 필립의 공식적인 기록에 따르면 유럽인들과 접촉한 지 12년 만에 원주민들의 절반이 천연두로 목숨을 잃었다. 유럽의 각종 병원균들은 어떤 무기보다도 빠르게 순식간에 신대륙에 쳐들어가 수십만의 원주민을 죽이고 불구자로 만들었다.

쿡 선장이 호주 대륙에 발을 내디뎠을 때 원주민들의 숫자가 어느 정도였는가는 정확하지 않다. 영국 학자들은 처음에 3만 명 정도가 대륙 전체에 살고 있었다고 주장했지만, 너무 적은 숫자라고 느낀 나머지 스스로 30만 명으로 정정했다. 최근에는 적어도 125만 명 이상이 살고 있었으리라고 추측하고 있다. 어쨌든 1911년 조사에서 원주민들의 숫자는 3만 1천 명에 불과했다. 질병, 대량 학살, 굶주림 등으로 대부분의 부족이 지구상에서 사라질 위기에 이른 것이다. 게다가 백인 정부는 1967년까지 원주민들에게 시민권조차 주지 않았으며, 1971년에 이르러서야 비로소 인구 통계에 포함시켰다. 그 전까지는 원주민들의 숫자를 가축 통계에 포함시켰을 뿐이다.

호주 원주민들은 크게 둘로 나뉜다. 호주 본토의 원주민들과 북쪽에 위치한 토레스 해협 섬주민들이 그들이다. 다른 지역의 원주민들과 마찬가지로 이들 토착민들이 언제 어디서 왔는가는 여전히 수수께끼로 남아 있다. 유럽 학자들은 이들 역시 비교적 최근에 이주해 온 종족에 불과하다는 사실을 강조하기 위해, 이들이 1만 5천 년 전쯤 마지막 빙하기 때 해수면이 얕은 시기를 틈타 말레이 반도, 인도네시아, 뉴기니 섬 등에서 배를 타고 호주 북부로 건너왔다고 주장했다. 다시 빙하가 녹고 바다의 수위가 높아져 이 대륙에 고립되었으며, 그 결과 아시아의 다른 지역들과는 달리 농사법이 발달하지 못한 채 사냥과 수렵에 의존해 원시적으로 살게 되었다는 것이다. 그러나 호주 동부 뉴 사우스 웨일즈 주의 뭉고 호수에서 3만 8천 년 전의 유골이 발견됨으로써 이주 시기가 4만 년 전쯤으로 상향 조정되었다. 유골에는 제사 의식을 치른 황토 흔적까지 묻어 있었다.

학자들의 연대는 지금도 계속해서 바뀌고 있다. 최근에는 노던 테리토리 주와 웨스턴 오스트레일리아 주 경계선을 가로지르는 킵 강 유역에서 17만 5천 년 전에 그려진 암각화가 발견되어 학자들을 궁지에 몰아넣었다. 원주민들 자신은 다르게 말하고 있다. 그들은 태초에 이 세상이 창조되었을 때부터 이곳에서 살아왔노라고 말한다. 호주 대륙의 모든 원주민들은 공통되게 드림 타임(꿈의 시대)에 대한 창조 설화를 간직하고 있다. 그들은 말한다.

"당신들은 우리가 이곳에 4만 년 전부터 살아왔다고 말한다. 하지만 우리는 훨씬 전부터 이곳에서 행복한 삶을 누려 왔다. 시간이 시작되었을 무렵부터 우리는 이곳에 있어 왔다. 우리는 창조가 일어난 꿈의 시대로부터 곧바로 나왔다. 그리고 첫날과 똑같은 모습으로 이 대지를 수호해 왔다."

호주 법원은 아직도 영국인들이 도착하기 이전의 호주 대륙을 테라 눌리우스, '주인 없는 땅'이라고 명시하고 있다. 주인 있는 땅이었음을 인정하면 그 주인인 원주민들에게 막대한 보상을 해야 하기 때문이다. 하지만 국제법은 영국인들에 의한 호주 대륙 점령을 '침략 행위'로 규정하고 있으며, 아직도 그 침략이 계속되고 있다고 정의 내리고 있다.

호주를 점령할 당시 얼굴 흰 유럽인들은 원주민들을 인간이 아닌 오랑우탄 정도로 여겼다. 1688년 호주 북서부 해안을 탐사한 영국인 윌리엄 댐피어는 이렇게 보고했다.

"이곳에는 사람과 비슷한 유인원들이 살고 있다. 농사를 짓거나 가축을 키우지도 않고, 자연이 제공하는 먹이를 찾아 이곳저곳으로 떠돌아다니는 기생충 같은 존재들이 있을 뿐이다."

이 보고서는 〈종의 기원〉을 쓴 찰스 다윈에게도 큰 영향을 주어, 그가 인종간의 우열을 가리면서 백인을 가장 우수한 인종으로, 호주 원주민을 가장 열등한 종족으로 분류하게 만들었다. 다윈 자신이 진화가 덜 된 학자라는 사실을 망각하고 내린 결론이었다. 아무리 적이라도 상대방을 죽이지 않고 상처를 내는 정도로 복수하는 데 그쳤으며, 가뭄이 계속되어 배가 고플지라도 또 다른 배고픈 자를 위해 자신들이 발견한 고구마 덩굴 줄기를 땅에 묻어 둘 줄 아는 이 호주 대륙의 원주민들과 함께 생활한 적이 있었다면 다윈의 결론은 완전히 뒤바뀌었을 것이다.

얼굴 흰 사람들과 부족 사람들 모두에게 '지혜로운 사람(위즈덤 맨)'으로 불린 반조 클라크는 호주 남동부 빅토리아 주의 프램링햄 원주민 보호 구역에서 태어났다. 그의 부족은 군디츠마라 국의 키래 후롱 부족이었다. 어려서부터 덤불숲이 그에게는 학교였다. 그는 푸르님 초등학교에 입학했으나 교사가 학생들을 때리는 장면을 목격하고는 단 이틀 만에 숲으로 돌아갔다. 그리고 다시는 백인들이 가르치는 학교로 돌아가지 않았다. 그는 숲에 머물며 전통적인 부족의 어른들로부터 가르침을 받기 시작했다.

반조가 어린 시절을 보낸 시기는 백인들의 강력한 원주민 보호 정책과 동화 정책이 시행되던 무렵이었다. 원주민 보호 정책은 다름 아니라 원주민들을 기독교인으로 만들고 토지를 빼앗은 뒤, 좁고 열악한 구역 안에 몰아넣어 굶어 죽기를 기다리는 정책이었다. 보호 구역에 갇힌 원주민들은 자기 자신에 대해, 심지어 결혼과 아이 낳는 일에 대해서까지도 결정권이 없었다.

이런 억압에도 불구하고 원주민들이 사라지지 않자, 백인 정부는 동화 정책으로 방향을 바꾸었다. 그들은 원주민 아이들을 강제로 빼앗아 얼굴이 약간이라도 흰 아이는 백인 가정에 입양시키고, 나머지는 고아원과 기숙사 학교에 수용했다. 백인들의 충실한 하인으로 만들기 위함이었다. 이 정책의 희생자가 된, '도둑 맞은 세대'라고 불리는 아이들은 1910년부터 1970년대 말까지 그 숫자가 10만 명에 이르렀다. 거의 모든 원주민 아이들이 그 대상이 되었다. 끌려간 아이들은 부모와 생이별을 해야만 했고, 심한 체벌과 성폭력을 당했다. 또한 백인 정부는 호주 애버리지니 종족 자체를 없애기 위해 계속해서 혼혈 정책을 시도했다. 원주민과 백인을 결혼시킴으로써 3대가 지나면 거의 백인으로 모습이 바뀌게 만든 것이다.

행복했던 황금빛 어린 시절을 부족의 어른들과 함께 숲에서 보낸 반조는 도시를 떠돌며 건설 노동자, 천막 권투 선수, 벌목꾼 등으로 살아가야만 했다. 하지만 언제나 고향의 덤불숲이 그를 불렀다. 도시의 공원에서 피우는 작은 모닥불만 보아도 부족의 어른들이 수많은 이야기와 삶의 가르침을 들려주던 숲 속 모닥불이 그리웠다. 물고기를 잡기 위해 들여다보던 구불거리는 강, 친구들과 함께 누비고 다니던 덤불숲 사냥터, 식량이 풍부할 때마다 열리던 코로보리 춤이 기억 속을 떠나지 않았다. 그곳에서는 돈도 종교도 필요 없었다. 대지가 모든 것을 제공해 주었다. 어머니 대지가 다 보살펴 주었다. 마침내 그는 비인간적인 도회지에서의 삶을 뒤로 하고 부족의 땅으로 돌아와 원주민의 방식대로 생활하기로 결심했다.

반조 클라크의 삶은 매우 특별한 것이었다. 그의 삶은 용서하는 삶이었고, 나눔과 사랑의 삶이었다. 그는 서부 빅토리아 주와 호주의 다른 지역에 살던 자신의 조상들에게 무슨 일이 일어났는가를 잘 알고 있었지만, 마음속에 분노를 품지 않았다. 그는 할아버지가 지은 나무껍질 오두막집에 살면서 아무것도 가진 것이 없었지만, 자신이 가진 작은 것들에 만족했다. 그가 웃을 때는 산이 움직이는 것 같았다고 그의 자식들은 전한다. 그의 웃음과 진실한 인간애는 많은 사람들을 치료했다. 그는 부족의 전통을 이어받은 타고난 이야기꾼이었으며, 키래 후롱 부족의 어른으로서 그가 가진 도덕적인 권위는 그의 명성과 더불어 호주 전역에 알려졌다. 이 책은 그가 종이 위에 쓴 것이 아니라 부족의 전통에 따라 모닥불 가에서 이야기를 들려준 것이다. 그것을 평생에 걸친 친구였던 바하이교 신도 카밀라 챈스가 받아 적었다.

문명인들이 침입하기 이전의 순수하고 행복했던 삶을 아는 원주민 여자(올라가)와 남자(티질피)들이 호주 대륙에는 있었다. 그들은 해마다 죽어갔다. 그들이 간직한 아름다운 기억과 함께. 자신들이 태어난 땅, 자신들의 삶의 방식을 지키려다가 죽어간 원주민들을 위한 어떤 기념비도 없다. 어떤 국경의 날도 없다. 그곳에 명백히 침입자와 원주민이 있었다. 그리고 오랫동안 침입자들은 원주민들을 이해하지 않았다. 그들에게 자연은 정복과 소유의 대상일 뿐이었다.

문명이라는 이름 아래 삶의 본질과 원칙들로부터 멀어진 삶이 얼마나 무의미한 것인가를 반조는 일깨우고 있다. 살아 있는 모든 것은 대지에 속해 있으며, 대지의 모든 것들은 영혼들에게 속해 있으므로 함부로 대해서는 안 된다고 그는 말한다. 자신의 부족이 눈앞에서 하나둘 사라져 가고, 문명인들의 침입으로 대지가 슬픈 모습으로 변해 가는 것을 지켜보면서도 그는 희망을 잃지 않았다. 그는 사라져간 것들이 사실은 결코 사라진 것이 아니며, 여전히 이 대지 위에서 다른 형태로 숨쉬고 있음을 믿었다. 따라서 대지는 신성하다. 그리고 우리 모두는 신성한 대지에 속해 있다. 이것이 바로 '꿈의 시대'로부터 전해져 온 호주 원주민들의 믿음이다.

우리는 우리 자신을 대지의 수호자라고 생각한다. 우리에게 대지는 단순히 흙과 돌이 아니다. 그것은 창조의 일부분이다. 모든 땅, 물, 공기, 어디에나 있는 생명, 사람 역시 마찬가지다. 이 모든 존재들은 꿈의 시대와 매 순간 연결되어 있다.

폴라인 고든, 분잘룽 족

대지를 지키는 사람들

그들은 우리가 이곳에 6만 년 동안 있었다고 말한다. 하지만 우리는 훨씬 더 오래전부터 이곳에 있었다. 시간이 시작된 이래로 우리는 이곳에 있었다. 우리는 창조적인 조상들의 꿈의 시대로부터 곧바로 나왔다. 창조의 첫날과 마찬가지로 이 대지를 그 모습 그대로 지키며 오늘날까지 살아왔다.

부족의 어른

하루는 내가 엄마에게 물었다. "엄마, 내 꿈의 장소는 어디에 있어요?" 엄마는 나를 데리고 산으로 가서 폭포를 보여 주며 말했다. "저곳이 너의 꿈의 장소다. 넌 죽으면 저곳으로 돌아가 그곳에서 영원히 머물 것이다. 넌 저 폭포 속에 있으면서 너의 조상들처럼 계절이 왔다가 가는 것을 지켜볼 것이다. 저 장소에서 넌 대지의 일부분이 될 것이다." 그렇기 때문에 우리는 대지를 상처 입히거나 작은 표시라도 해서는 안 된다고 말하는 것이다. 그것은 칼로 자신을 베는 것이나 마찬가지다.

폴라인 고든, 분잘룽 족

덤불숲에서 보낸 어린 시절

　우리 부족이 사는 덤불숲 아래쪽을 흐르는 홉킨스 강은 누구에게나 신성한 강이었다. 그곳에서 우리 부족은 생의 황금빛 시절을 보냈다. 그때는 골짜기 어디서나 서로의 이름을 부르며 뛰어다니는 아이들의 행복한 웃음소리가 넘쳐났다. 하지만 이제는 더 이상 그 소리를 들을 수 없다.
　나는 프램링햄 원주민 보호 구역 한복판에 자리잡은 나무껍질로 만든 작은 오두막집에서 태어났다. 우리 가족 전체가 그 땅을 떠난 적은 지금까지 한 번도 없다. 어렸을 때는 마을에서 멀리 나가 본 일도 드물었다. 사람들 얘기로는 내가 1922년이나 아니면 그보다 더 일찍 태어났다고 한다. 원주민들은 생일이 언제인지 잘 모른다. 나도 내 생일을 모른다. 얼굴 흰 사람들이 내게 번호를 붙여 주었는데, 그것은 아주 오래전 일이다.
　형제와 누이들도 같은 방식으로 태어났다. 누이동생은 덤불숲에서 태어났다. 남자 형제는 모두 넷이고, 여자 형제는 다섯이었다. 큰누이는 쿠메라군자 원주민 보호 구역에 있는 머레이 강 근처에서 태어났다. 어머니가 그곳 출신이기 때문이다. 아버지와 어머니는 결혼 초에 잠시 그곳에서 사셨다.

나이 든 원주민 여자들은 갓난아기인 우리를 전통적인 원주민 방식에 따라 키웠다. 그들은 훌륭하게 그 임무를 해냈다. 내가 지금 70살이 훌쩍 넘도록 살아 있는 것만 봐도 그렇다. 그들은 어린 나를 정성껏 보살펴 주었으며, 자신들이 해야 할 일을 잘 알고 있었다. 그 여인들이 하나둘씩 세상을 떠나는 걸 볼 때면 가슴이 아프다. 그들이 떠날 때마다 부족의 방식과 전통도 함께 떠나간다.

내가 어렸을 때 프램링햄 원주민 보호 구역은 숲이 우거진 오지나 다름없었다. 문명의 발길이 닿지 않은 원시림 그 자체였다. 사람들은 나무껍질로 만든 오두막에서 살았으며, 오래된 집들도 몇 채 있었다. 그 당시 수백 명이 넘는 원주민들이 보호 구역에서 살고 있었다. 부족의 나이 든 어른들은 모두 이곳에서 살았다. 그들은 어쩔 수 없이 얼굴 흰 사람들이 주는 배급에 의존해서 살았지만, 하나같이 좋은 사람들이었다.

훗날 그 오래된 집들은 나의 할아버지가 지은 집을 제외하고는 전부 헐렸다. 그 집들은 헐려서는 안 되는 집들이었다. 그 집들은 추억이 가득한 행복한 곳이었다. 부족의 노인들은 자신들이 지은 집에 대해 자부심을 느꼈다. 습기를 방지하기 위해 타르 칠한 종이로 벽을 바르기도 했다.

하지만 얼굴 흰 관리들은 원주민들이 집을 좋게 단장하거나 방을 하나 더 내면 얼른 임대료를 올렸다. 자신들의 땅에 살면서도 돈을 내야 한다는 사실에 부족 사람들은 몹시 화가 났고, 대부분 끝까지 돈을 내기를 거부했다. 임대료 징수원들은 그런 거센 분노와 맞닥뜨리자 그만 포기하고 자리를 피할 수밖에 없었다.

 어렸을 때부터 나는 내가 태어난 곳과 같은 오두막집 짓는 법을 배웠다. 나무껍질 오두막집은 만들기가 쉽다. 오두막집은 겨울에는 따뜻하고 여름에는 뜨거운 열기를 차단시켜 주며, 외풍도 잘 막아 준다. 그러나 폭풍이 휘몰아치는 밤이면 지붕의 나무껍질 하나가 바람에 날려가곤 했다. 아버지는 어둠 속에서 재빨리 지붕 위로 올라가 구멍 위에 다른 나무껍질을 하나 얹어 놓았다. 아버지가 그 문제를 순식간에 해결했기 때문에 우리는 비가 새는지조차 거의 알아차리지 못할 정도였다.

 숲에는 우리 집 같은 오두막집이 몇 채 더 있었지만, 어떤 집들은 대충대충 지어진 것들이었다. 그런 집들은 단순히 밀가루 부대 같은 것으로 벽을 두른 다음 타르로 방수 처리를 했다. 그리고 문간에 묵직한 깔개를 덮었다. 반면에 어떤 사람들은 여전히 전통적인 미아미아나 험피(호주 원주민의 오두막) 같은 곳에서 잠을 잤다. 그것들은 구부린 나뭇가지와 풀줄기로 만든 둥근 오두막이었다. 오두막 입구 바로 앞에는 조그마한 모닥불을 피워 놓는 장소가 있었다. 전통적인 방식에 따라 덤불 울타리로 바람을 막고 잠을 자는 사람들도 있었다. 뭐니뭐니해도 무더운 여름날 밤에는 그렇게 자는 것이 최고였다.

 우리는 보호 구역 안의 여러 장소에서 살았다. 샘물 언덕(스프링

힐)에서 산 적도 있었다. 그때는 날마다 그 샘에서 물을 길어다 먹었다. 그 샘은 오늘날까지도 그곳에 있다. 하지만 이제는 아무도 그 샘에 물을 길러 가지 않는다.

흰족제비에게 물렸을 때 나는 갓난아기였다. 식구들은 오두막에 나를 혼자 남겨 두고 무슨 일인가 하러 나가고 없었다. 돌아와 보니 내가 울고 있었다. 큰누이가 흰족제비를 잡아서 밖으로 집어던졌다. 족제비는 내 목에 들러붙어 살갗을 온통 찢어 놓았다. 아버지가 늙은 말을 끌고 와 나를 수레에 묶고 근처에 있는 도시 와르남불로 데려갔다. 아버지는 얼굴 흰 의사가 내 목을 잘못 치료할까 봐 잔뜩 겁을 먹었다. 그래서 나를 다시 집으로 데려와 숲에서 구한 찜질약과 소금, 그 비슷한 것들로 직접 치료를 하셨다. 그리고 나서 등유로 소독한 바늘과 실로 상처를 꿰맸다. 흰족제비가 내 목과 턱에 남겨 놓은 상처는 아직도 흔적이 남아 있다. 아버지는 그런 치료를 많이 하셨다. 도끼에 다치거나 무슨 사고가 나면 사람들은 아버지를 찾아왔고, 그러면 아버지는 의사처럼 능숙한 솜씨로 상처를 꿰매 주었다.

한번은 내 누이 중 한 명이 톱날을 날카롭게 갈고 있었다. 누이는 언제나처럼 나무 그루터기 위에 톱을 삐죽하게 세워 놓았다. 그런 다음 말을 데리고 와서 말 잔등에 올라타기 위해 그루터기로 올라섰다. 그런데 말이 뒷걸음질치는 바람에 누이는 곧장 톱날 위로 떨어졌다. 무릎 위쪽에서부터 허벅지까지 날카로운 톱날이 박혔다.

아버지는 당장에 바늘로 누이의 상처를 꿰맸다. 말 그대로 꿰맸다는 표현이 맞을 것이다. 의사가 누가 꿰맸느냐고 묻자, 아버지는 자신이 했다고 말했다. 의사가 말했다.

"내가 할 일은 아무것도 없는 것 같군요. 아주 적절한 치료를 하셨습니다."

그래서 아버지는 누이를 싣고 그냥 집으로 돌아왔다.

어린 시절, 나는 언제나 부족의 어른들과 함께 지내곤 했다. 어른들도 나와 함께 있는 것을 좋아했다. 내가 그들의 이야기에 진지하게 귀를 기울였기 때문일 것이다. 그들은 내게 모든 원칙을 하나하나 가르쳐 주었다. 특히 삶을 사는 방법, 다른 사람들과 나누는 법에 대해서. 나 역시 어렸을 때부터 나눔을 실천하며 살았다. 내게 신발 한 켤레가 생겼다 해도 내 친구들에게 신발이 없다면 신고 다니지 않았다. 모든 것이 그러했다. 그런 나눔이 나이 든 원주민 세대에서는 아직도 오가고 있지만, 많은 삶의 원칙들이 이제는 점점 사라져가고 있다.

날마다 부족의 어른들이 하는 일을 거들며 나는 많은 것을 배울 수가 있었다. 그들은 내게, 우리가 하고 있는 일의 배후에서 작용하는 모든 원리들을 가르쳐 주었다. 자연을 더 강하게 만드는 방식으로 사냥을 할 것과, 사냥한 동물이나 숲에서 벤 나무의 모든 부분을 사용해야 한다는 것을 가르쳤다. 또한 다른 사람이나 동물 앞에서 음식을 먹을 때는 반드시 함께 나눠 먹어야 한다고 일깨웠다. 무덤에 묻힌 사람들의 비밀스런 이름과, 어떤 식물이 치료에 쓰이고 어떤 식물에 주의해야 하는가도 가르쳐 주었다. 그리고 모든 일이 잘 풀리면, 언젠가는 내가 우리 부족의 이야기를 전수해 줄 어린아이를 발견하게 될 것이라고 그들은 말했다.

나의 아버지도 그런 분이었다. 부족 사람들 사이에서 아버지는 언제나 어른이며 보호자였다. 해가 지고 나면 아버지는 거의 날마다 나를 데리고 강이 내려다보이는 절벽에 잠들어 있는 조상들의 무덤들 사이를 산책했다. 그곳에서 아버지는 무덤들 속에 묻힌 순수 혈통의 옛 원주민들 이름을 몰래 일러 주었다. 그러면서 언젠가 내가 부족의 어른이 되면 지식을 전수할 만한 진실한 사람을 찾기 위해 인내심을 갖고 기다려야 할 것이라고 말했다.

사람이 죽으면 그 사람의 이름은 부족의 언어에서나 얼굴 흰 사람들의 언어에서나 영원히 사라져야 하는 것이 우리 부족의 전통이었다. 그 전통은 죽은 이에 대한 존경의 표시였다. 그래서 우리는 단지 "내 친구가 이곳에 묻혀 있어요." 하고 말해야만 했다. 절대로 그 사람의 이름을 입에 올려서는 안 되었다.

얼굴 흰 사람들이 우리에게 강요한 기독교 신앙에도 불구하고 우리는 장례식 때마다 부족의 관습을 지켜 나갔다. 나이 어린아이들까지도 무덤 앞에 와서 울었다. 모두가 울고 통곡했다. 그리고 함께 노래했다.

'우리는 강에 모이리라.

아름답고 아름다운 강

현자들과 함께 강에 모이리라.

그 강이 신에게로 흐르리라.'

그리고 이때 어떤 숲 속 동물이 나타나 우리를 지켜보는지 알아차리는 것이 중요했다. 그 동물이 거기에 있다는 것만으로도 우리는 큰 위안을 받았다. 떠난 자의 영혼이 그 동물에게 깃들 수 있다고 믿었기 때문이다.

부족의 땅에 묻히면 영혼이 평화를 얻고 부족의 미래에 긍정적인 영향을 미친다는 것이 우리 원주민들의 변함없는 믿음이다. 부족의 땅에 묻히지 않으면 그 영혼은 영원히 슬프게 이곳저곳 떠돌게 될 것이다. 그래서 원주민들은 누구나 고향에 돌아와 죽음을 맞이하기를 원한다.

우리 부족의 묘지 한가운데는 커다란 소나무 한 그루가 외롭게 서 있다. 소나무는 그곳에 마치 거대한 기념비처럼 서 있어서 몇 킬로미터 밖에서도 바라다보인다. 최근까지도, 만일 우리 부족 사람 하나가 그 큰 소나무 아래 서서 유심히 소나무를 살펴보고 있다면, 그것은 그가 죽음을 맞이하기 위해 고향으로 돌아온 사람임을 우리 모두에게 알리는 메시지였다. 더 이상의 말과 행동이 필요 없었다. 모두가 그것을 알았다. 어린아이들까지도 알았다. 우리는 그렇게 살아왔고, 죽음을 두려워하지 말아야 한다고 배웠다.

부족의 어른들에게서 배우다

덤불숲 아래로 흐르는 강에서 우리는 부족의 노인들이 물고기 잡는 어망을 놓는 것을 도왔다. 노인들을 돕는 일은 무척 재미있었다. 두세 시간씩 강가를 따라 걷는 건 예사였다. 열매 달린 나무들이 줄지어 서 있는 백인 농장주들의 울타리 친 농장을 지나 몇 킬로미터씩 걷기도 했다. 때로는 토끼나 주머니쥐를 잡아 덤불에 숯을 피워 감자와 함께 구워 먹었다.

어렸을 때는 근처 와르남불 시에 가본 적이 거의 없었다. 그곳에 한 번 가는 것은 큰 일이었다. 도시에서는 어디를 가나 집과 사람들을 지나쳐야 했다. 그 대신 우리는 자연 그대로인 숲에서 언제나 즐겁게 뛰어놀았다. 오늘날 아이들은 그렇게 놀 줄을 모른다. 여전히 모여서 놀 수 있는데도 그렇게 하지 않는다. 강가를 따라 걷는 일도 드물고, 숲으로 가는 경우도 많지 않다. 젊은이들이 숲에 들어갈 때는 고작해야 맥주 파티를 열기 위해서다. 그러나 그 시절 우리는 숲에서 노는 것을 정말로 좋아했다. 그저 그 속에 있는 것만으로도 즐거웠다.

우리는 덤불 속에서 '손들어'라는 놀이를 자주 했다. 그 놀이를 통해 사람과 짐승의 발자취를 추적하는 법을 익혔다. 여러 아이들이 잡목 숲 어딘가에 숨고 한 친구가 술래가 되어 숨은 친구들을 찾는 놀이였다. 술래는 작은 찰흙 공을 많이 준비해 두었다가, 한 아이를 발견하면 고무줄 총에 찰흙 공을 하나 얹어서 그 아이를 맞혔다. 찰흙 공에 맞은 아이는 술래와 함께 나머지 숨은 친구들을 찾아야 했다. 놀이는 덤불숲에서 몇 시간이나 계속되었고, 어느덧 우리는 사람 찾는 도사가 되어 있었다. 저마다 걸음걸이가 달랐기 때문에, 술래가 다른 친구의 발자국에 자기 발을 그대로 놓으며 따라가다 보면, 그게 누구 발자국인지 금방 알 수 있었다.

어둑어둑해지면 물고기를 잡으러 갔다. 창을 던져 잡거나 돌이 많은 곳에서는 어망을 놓았다. 고기잡이는 비가 와서 모든 뱀장어들이 바다로 떠나기 전에 해야 했다. 어른들은 어망을 놓을 적절한 시기가 언제인지 알고 있었고, 모든 아이들이 그 일을 거들었다. 지금 내가 살고 있는 집 근처 골짜기 아래로 내려가면 아이들의 신나는 웃음소리와, 노인들이 아이들에게 어망을 어디다 놓아야 하고 무슨 일을 해야 할지 지시하며 흥얼거리는 노랫소리가 들려왔다. 강을 따라 언제나 웃음소리가 메아리쳤다. 하지만 지금은 그 골짜기 위에서 내려다보면 더 이상 웃음소리가 들려오지 않는다. 그 모든 것들이 사라졌다.

그러나 나는 이곳이 좋다. 내게 이곳은 영적인 의미를 지닌 신성한 장소이기 때문이다. 이곳은 부족의 모든 아이들의 웃음소리를 품었던 곳이다. 많은 사람들이 세상을 떠났고, 몇몇은 얼굴 흰 사람들에 의해 어디론가 끌려갔다. 청소년 시절, 아이들은 걸핏하면 경찰로부터 멜버른(호주 남동부의 항구 도시)으로 가라는 명령을 들었다. 그렇지 않고 마을에서 얼씬거리면 날조된 혐의를 뒤집어씌웠다. 많은 원주민 청년들이 그런 식으로 술과 감옥의 포로가 되었다.

부족의 어른들은 자신들의 삶과 자신들이 지켜 오고 있는 오래된 문화에 대해 변함없는 원칙과 소신을 갖고 있었다. 어른들은 그 문화를 충실히 보존하고 있었고, 나는 그들과 함께 있는 것이 더없이 행복했다. 언제나 그들과 함께 지낼 수 있었던 것은 크나큰 행운이었다. 나는 무료 급식을 주는 날을 제외하고는 학교에 다니지 않았기 때문이다.

학교는 딱 이틀만 다녔다. 얼굴 흰 교사가 원주민 아이들을 때리는 것을 보고는 나는 그날로 덤불숲으로 되돌아왔다. 숲이 내게는 학교였다. 그곳에서 부족의 어른들과 야영을 했고, 함께 많은 오솔길들을 걸었으며, 다른 여러 마을들에서 일을 했다. 다른 마을에서 일할 때도 작은 오두막을 지어 야영 생활을 했다. 어른들은 시간 날 때마다 자신들이 살아오면서 경험한 모든 것을 내게 가르쳤다. 그리고 그 가르침들이 지금까지 내 삶을 이끌어 오고 있다. 그들은 내게 정말 많은 것들을 심어 주었다. 도처에 널린 인종 차별주의와 얼굴 흰 사람들의 편견 같은 것에 어떻게 대처해야 하는가도 일러 주었다.

어른들은 말했다.

"그것들을 이겨 내는 법을 배우라. 어느 누구에게도 분노를 품지 말라. 너를 공격하는 사람들에게 다만 연민을 가지라. 너에게 욕을 하며 '이 검둥이, 저 검둥이' 하고 부르는 사람들에게 자비의 마음을 품으라. 그 사람들은 삶이 행복하지 않단다. 자신들의 가정이 행복하지 않기 때문에 널 미워하는 것이다. 그들이 널 그런 식으로 불러도, 넌 여전히 그들의 친구가 되라. 언젠가 네가 그들을 도울 날이 올 것이다."

어른들은 그런 방식으로 우리를 가르쳤고, 나는 오늘날까지도 그 가르침대로 살고 있다. 나는 어느 누구에게도 미움과 적대감을 품지 않는다. 그들이 내게 어떤 행동을 하든 상관하지 않는다. 때로 화를 내게 만드는 사람이 있어도 그 사람의 재미있는 면을 찾아 웃어넘기면 그만이다.

부족의 어른들은 이제 모두 세상을 떠났다. 지금까지 생존해 있는 분은 아무도 없다. 그분들이 돌아가셨을 때 신성한 무엇인가, 소중한 무엇인가가 우리 곁을 떠났다. 전통적인 방식대로 살아온 사람들, 원주민의 삶의 원칙을 간직했던 사람들이 사라진 것이다. 오늘날 내가 만나는 젊은이들은 부족의 어른들과 대화하고 만나 볼 기회를 전혀 갖지 못했으며, 따라서 그런 가르침들도 접할 수가 없었다. 그렇기 때문에 그들이 쉽게 화내는 자들이 되었다고 나는 생각한다. 그들은 무엇인가 잃었다. 자신들 고유의 문화, 대대로 이어져 온 삶의 원칙, 그리고 옛 원주민의 방식을 송두리째 잃어버렸다.

삶의 원칙을 잃는다는 것은 곧 자기 자신을 잃는 것과 마찬가지다. 원주민 젊은이들이 아무런 소속감을 느끼지 못하고 자신의 진정한 모습을 상실한 이유가 거기에 있다고 나는 생각한다. 그들은 이런 의문을 갖는다. '나는 어느 부족 출신이지? 내 삼촌은 누구였지? 내 고모는 누구였지? 우리 집안 사람들은 어디에서 왔지?' 해답을 알지 못한 채 자신의 본질을 찾아 헤매지만, 그들이 어디에서 왔는지 말해 줄 사람은 어디에도 없다. 그래서 그들은 마약에 취하고 술을 마시고 문제를 일으킨다. 자신의 존재를 모르기 때문에 세상에 대해 분노하고 자기 자신에 대해서도 분노하게 되는 것이다. 젊은이들이 어디서나 공격적인 태도를 취하는 것은 자신의 정체성을 찾으려는 몸부림이다.

그러나 숲으로 되돌아가 옛 부족의 어른들처럼 살지 않는다면 결코 해답을 발견하지 못할 것이다. 돈과 자동차 같은 것들은 신경 쓰지 말라. 숲으로 돌아가서 살라! 사냥을 하라! 자신이 먹을 것을 스스로 구해 보라! 정부가 빵값을 대주기를 기다리지 말라. 가서 댐퍼(소금, 설탕, 치즈 등을 섞어 만든 밀가루빵으로 오지에 정착한 유럽인들이 처음 만들어 먹다가 원주민들도 따라서 먹게 되었다)든 뭐든 만들어 먹으라. 그러면 행복해질 것이다! 큰 도시에서 살다가 타락해 감옥이나 들락거리고, 친구들이 감옥과 공원에서 죽어가는 것을 지켜보는 대신 다시 자연의 아이가 되지 않으면 안 된다.

부족의 어른들은 몇 가지 이유로 나를 선택해 많은 것들을 가르쳤다. 어느 곳으로 가든, 그들은 다른 사람들에게 말해 준 적이 없는 이야기들을 내게 들려주었다. 참으로 신비한 일이 아닐 수 없다. 왜냐하면 그들이 아무 이야기도 해주지 않은, 나와 함께 어린 시절을 보낸 대부분의 친구들은 세상을 떠나고 없기 때문이다. 마치 부족의 어른들은 그 친구들이 그렇게 일찍 세상을 떠나리라는 걸 알고 있었던 듯하다. 내 친구들 대부분은 한 번도 병원 치료를 받지 못해서, 또는 백인 의사를 믿지 못해서 죽었다. 또 어떤 친구들은 누명을 쓰고 감옥에서 생을 마쳤다.

부족의 어른들은 왜 내게 이야기를 해준 것일까? 그들은 마치 자신들의 이야기와 삶의 원칙을 전수할 사람으로 나를 선택해 늘 곁에 두었던 것 같다. 이제는 내가 나의 얘기를 듣고 싶어하는 아이들에게 그것을 들려줄 차례다. 남아 있는 사람은 나 하나밖에 없다.

부족의 어른들과 함께 지내는 것은 언제나 즐거웠다. 그리고 그들에게서 나는 많은 것을 배웠다. 학교에서는 결코 배울 수 없는 교훈들이었다. 내가 이야기를 들려주면 사람들은 그런 이야기는 한 번도 들어본 적이 없다고 말한다. 원주민들의 역사는 입에서 입으로 전해졌다. 얼굴 흰 사람들이 발레와 오페라를 만들었듯이 우리 원주민들은 이야기와 노래로 역사를 기록해 왔다.

부족의 어른들을 따라다닐 때를 제외하고는, 나는 하루 중 대부분의 시간을 친구들과 함께 보냈다. 우리는 아침 식사로 댐퍼 빵에 토끼 고기나 캥거루 고기를 먹었다. 아침을 먹고 나면 형, 누나, 동생들과 함께 집 밖에 앉아 그날 무엇을 할지 결정했다. 우리는 너무 어려서 아직 학교를 갈 나이가 아니었다. 남자 형제들은 토끼나 주머니쥐 사냥을 가고 싶어했고, 물고기를 잡으러 가자는 사람도 있었다. 특별한 날이 아니면 나는 사냥을 하러 가는 쪽에 손을 들었다. 그러나 우리는 부족의 생존에 필요하지 않은 짐승은 절대로 죽이지 않았다. 또한 필요한 것 이상으로 사냥을 한 적이 한 번도 없었다. 게다가 동물들이 고통 없이 빨리 죽도록 하는 것이 우리의 책임이었다.

우리는 나무 막대기를 하나씩 들고 개들과 함께 사냥에 나섰다. 부족의 모든 사람들과 마찬가지로 아이들도 사냥에 한몫을 했다. 만일 부주의해서 실수라도 하게 되면 우리 영토 안의 모든 원주민들이 영향을 받는다는 것을 우리는 잘 알고 있었다.

큰 개들은 토끼나 캥거루를 잡으러 다니고 작은 개들은 굴을 뒤지느라 열심이었다. 작은 개들이 덤불 속에서 부산하게 코를 킁킁거리며 냄새를 맡으면 사냥이 순식간에 활기를 띠었다. 큰 개들은 덤불 밖에서 기다렸다. 개들은 각자 자기 할 일을 알고 있었다. 작은 개들은 코로 냄새를 맡으며 짖어댔고, 큰 개들은 추적할 기회를 기다리며 주변을 어슬렁거렸다.

우리는 작은 언덕이 있는 곳으로 가곤 했다. 그곳에 강이 흐르고 있었다. 그곳에서부터 몸을 낮추고 고사리 밭을 지나 언덕을 향해 살금살금 기어올라갔다. 그곳의 울타리 친 목장에 한 무리의 토끼들이 풀을 뜯고 있었다. 개들은 우리의 동작 하나하나마다 바짝 긴장했다. 우리는 개들에게 뒤에 남아 있으라고 손짓을 했다. 한참을 기어오른 뒤 마침내 언덕 꼭대기에 올라섰다. 얼굴 흰 사람들이 우리 영토에다 풀어 놓은 토끼들이 뒷다리로 서서 우리를 쳐다보았다. 그런 다음 토끼들은 앞다리를 내리고 몸을 웅크렸다.

우리는 재빨리 토끼들을 에워쌌다. 토끼가 자유를 찾아 도망갈 여유는 충분히 있었다. 우리는 일제히 나무 막대기를 던져 토끼를 맞혔다. 모두 명중이었다. 그날 식구들이 먹을 토끼는 그것으로 충분했다. 개들은 막대기에 맞아 기절한 토끼를 죽이기만 하면 되었다.

우리는 주로 토끼 사냥에 의존해 먹거리를 해결했다. 돈이라곤 얼마 없었기 때문이다. 순수 혈통을 지닌 원주민들이 식량 배급을 받던 1800년대 후반에, 정부는 고기 배급량을 대폭 줄여 원주민들을 굶주리게 하기로 결정했다. 숲에서 토끼를 잡아먹고 살도록 강요하기 위한 목적이었다. 그러나 경제 공황기에 농장주들은 원주민들이 토끼를 잡도록 전처럼 목장에 들어가게 내버려두지 않았다. 자신들에게 토끼 가죽이 필요해졌기 때문이다. 그 결과, 농장주들에게 좋은 시절이 다시 찾아와 더 이상 토끼를 잡을 필요가 없게 되자, 나라 전역에 토끼가 들끓었다.

우리는 하루 중 어느 때라도 원하기만 하면 주머니쥐를 잡을 수 있었다. 나무에 난 긁힌 자국은 주머니쥐가 어디쯤에 있고 둥지로 이어지는 굴이 어디에 있는가를 말해 주었다. 하지만 우리는 아주 배가 고플 때나, 우리 부족에게 식량의 변화가 찾아왔을 때만 주머니쥐를 사냥했다.

해가 머리 위에 오면 사냥을 계속하기 위해서라도 뭔가 요기를 할 필요가 있었다. 우리는 모닥불을 피우고 우리가 잡은 주머니쥐를 털 있는 채로 재 속에 넣고 요리를 했다. 그렇게 요리하면 훨씬 맛있고, 더 좋은 냄새가 났다. 모닥불 지피는 능력은 우리 핏속에 이어져 왔다. 불과 얼마 전까지만 해도 우리 부족은 불을 이용해 숲의 특별한 구역까지 사냥감을 추적해 들어갔다. 그리고는 빙 돌아가며 숲에 불을 놓아서 새들과 동물들을 그곳에 한데 붙들어 두었다. 코로보리(호주 원주민들이 제사나 전투가 있기 전날 밤에 치르는 춤과 노래 의식)를 위해 사람들이 우리를 찾아왔을 때 사냥에 시간을 허비하지 않도록 하기 위해서였다. 그런 방식으로 필요할 때마다 음식을 손에 넣을 수 있었다.

불은 자잘한 풀들과 잡목들을 제거해 줌으로써 우리 조상들이 큰 나무들 아래로 자유롭게 돌아다닐 수 있게 해주었다. 또한 그 결과 캥거루들을 위한 목초지가 생겨났다. 호주 대륙의 많은 식물들은 산불이 난 뒤에야 씨를 내릴 수 있기 때문이다.

친구들과 내가 아침 사냥을 끝내고 점심을 먹으려 할 때, 간혹 성냥을 가진 사람이 하나도 없는 경우가 있었다. 하지만 문제될 것이 없었다. 가늘고 단단한 나무 막대기를 부드러운 막대기의 구멍 속에 박고 손바닥으로 비비면 되기 때문이었다. 부족의 어른들도 늘 그런 식으로 불을 지폈다. 금방 구멍이 뜨거워지고 연기가 모락모락 피어오르기 시작했다. 거기다 대고 입김을 불어 불씨를 살린 뒤 나무 부스러기를 더 집어넣었다. 그러면 확 하고 불꽃이 일었다. 그런 다음 나무에서 두꺼운 껍질을 벗겨내 불 속에 넣고 빨간 숯덩이가 될 때까지 태웠다. 이윽고 뜨거운 재가 만들어지면 우리는 그 재 속에 구멍을 파고 주머니쥐, 토끼, 감자 등 먹을거리를 집어넣었다.

우리는 감자 농장이 있는 곳을 잘 알고 있었다. 수천 년 동안 원주민 아이들이 사냥해 온 똑같은 장소에서 사냥을 하고 있었지만, 우리는 백인 정착민들의 눈에 띄지 않도록 늘 주의를 기울여야 했다. 우리의 땅은 이제 그들의 땅이 되었으며, 그들이 어떻게 원주민들을 내쫓고 학살했는가에 대해 우린 많은 이야기를 들었다.

우리는 곧잘 감자 서리를 하러 갔다. 작은 동물들이 긴 코를 이용해 감자를 훔쳐 먹듯이, 줄기는 그대로 두고 그 밑을 파들어갔다. 줄기가 여전히 남아 있었기 때문에 수확기가 올 때까지 농장주들은 감자가 없어졌다는 사실을 전혀 알아차리지 못했다. 그러나 우리는 감자를 많이 캐가지는 않았고, 우리가 한 일을 알아차리면 얼굴 흰 사람들은 그저 웃고 말 것이라고 생각했다. 원주민 아이들의 소행이라는 걸 그들도 알 것이다.

덤불숲에서 캥거루를 추적하기도 했다. 캥거루가 어디 있는지는 잘 알고 있었다. 우리는 캥거루가 늘 지나다니는 길목에다 덫을 놓았다. 캥거루는 울창한 양치식물 숲을 통과할 때 머리를 먼저 내밀기 때문에, 어린 나무껍질로 만든 밧줄로 양치식물을 한데 엮은 뒤 나무껍질을 그 위에 몇 개 더 붙여 놓았다. 그러면 그 불쌍한 녀석은 덜컥 덫에 걸렸다.

우리가 잡은 캥거루 같은 동물들이 고통 없이 죽도록 우리는 언제나 배려를 했다. 오랫동안 고통을 겪게 내버려두는 경우는 결코 없었다. 우리는 그 캥거루가 어떤 깊고 신비로운 차원에서 영적인 세계의 인도 아래 우리 손에 잡히게 된 것이라고 믿었다. 우리의 먹이가 되어 주기 위해 스스로 우리 앞에 나타나 자신을 희생하는 모든 동물들을 우리는 늘 존중하는 마음을 갖고 대했다.

날이 어둑어둑해지면 우리는 집으로 향했다. 오는 도중에 고기잡이를 갔던 아이들과 마주치곤 했다. 우리는 그날 있었던 일들에 대해 얘길 나누고 수확물을 서로 보여 주었다. 우리는 다른 집 아이들에게 토끼 두세 마리와 감자 몇 개를 주었다. 그 대신 그 아이들은 뱀장어와 물고기 몇 마리를 우리에게 주었다. 물물교환처럼 들릴지 모르지만, 내 친구들과 나는 부족의 모든 가족들이 충분한 음식을 먹도록 마음을 쓰고 있었던 것이다. 어려운 때일수록 우리 모두는 서로를 걱정하고, 가진 모든 것을 기꺼이 나누었다.

물고기를 잡으러 떠난 아이들도 우리와 마찬가지로 엄격한 원주민의 원칙에 따랐다. 꼭 필요한 만큼만 잡는 것이 그것이었다. 새끼 물고기는 더 자라서 번식하도록 놓아주어야 한다는 것이 자연에 대한 우리의 이해였다. 물고기가 다 성장해서 누군가의 적절한 식량이 될 수 있도록 하는 것이 사람 된 도리였다.

물 밑바닥 돌 틈에 숨어 있어서 송어를 잡을 수 없는 경우에 우리는 물속에 누워 송어의 아랫배 부근에다 손가락을 흔들었다. 그러면 송어가 뒤로 헤엄쳐 나오면서 손가락 위로 행복하게 굴러갔다. 그렇게 천천히 손을 뒤로 움직이면, 송어가 점차 모습을 드러냈다. 그때 얼른 창으로 찔러 잡으면 되었다.

창은 누구나 예외 없이 매우 조심스럽게 다뤄야 하는 물건이었다. 날마다 사냥하고 물고기를 잡아야 했기 때문이다. 창은 한 세대에서 다음 세대로 전수되었고, 다른 사람에게 빌렸을 경우에는 반드시 돌려주어야 했다. 창은 언제나 날카로운 상태를 유지했다. 지팡이로 사용하거나 돌 위로 질질 끌고 다니는 것은 엄격히 금지

되었다. 창끝이 뾰족하도록 우리는 늘 신경을 썼다.

어른들은 기다란 나뭇가지를 잘라 불에 달구어 창을 만들었다. 삼지창을 만들고 싶으면 더 날카롭게 다듬은 나무 꼬챙이 두 개를 캥거루나 에뮤의 힘줄로 단단히 묶은 뒤, 약간 작은 나무 막대기로 끝 부분을 벌려 놓으면 되었다. 어른들이 종종 한 움큼의 벌레를 캥거루 힘줄로 둘둘 말아 공처럼 만들어 주면 우리는 그것을 물속에 넣고 살살 끌고 다녔다. 그러다 물고기나 뱀장어가 벌레 뭉치를 삼키려고 입을 크게 벌리면 얼른 잡아당겨 낚아 올렸다.

주말을 제외하고는 어른들은 주로 아이들이 구해 오는 음식에 의존해야 했다. 얼굴 흰 농장주들을 위해 울타리 말뚝을 자르느라 일이 고되었기 때문이다. 그러나 주말이 되면 어른들도 우리와 함께 캥거루 사냥에 나섰다. 집으로 돌아가는 산기슭에서 친구들을 만나면 우리는 어른들이 다음 휴일에 우리에게 가르쳐 줄 일들에 대해 신이 나서 떠들었다. 오두막집에 도착하면, 그날의 사냥감에 파리가 들어가지 않게 자루에 담아 벽에 박아 놓은 막대기 위에 걸어 두었다. 때로는 지붕에 걸어 두기도 했는데, 이때는 개가 접근하지 못하도록 철사줄을 주변에 감아 놓았다. 아버지들은 일을 마치고 집으로 돌아오자마자 고기를 깨끗이 씻어 싸놓았고, 어머니들은 음식을 만들기 시작했다.

새들이 알을 낳는 계절이 되면, 부족의 어른들은 우리를 데리고 오리와 백조 알을 줍기 위해 완굼 호수로 일일 원정을 떠났다. 우리는 항상 원칙에 맞게 행동했다. 새들의 생존력을 강하게 하기 위해 수천 년 동안 이 땅에 전해져 온 관습을 어겨서는 안 된다는 것을 잘 알고 있었다.

완굼 호수는 전에는 둘레가 5킬로미터가 넘었다. 하지만 백인 정부가 호수 부근의 토지를 손에 넣은 몇몇 지주들에게 이 호수를 팔았고, 그 지주들은 호수 물을 지금과 같이 고갈시켰다. 참으로 슬픈 일이 아닐 수 없다. 내가 어렸을 때는 수천 마리의 백조들이 진흙과 얕은 물에 둥지를 틀었다. 백조들은 갈대를 뽑아 보금자리를 만들었다.

새들뿐 아니라 나이 든 할머니들도 갈대를 뽑곤 했다. 할머니들은 우리 같은 애들은 두 팔로 다 안을 수도 없을 만큼 커다란 갈대 묶음을 머리에 한 짐 이고서 완굼 호수를 따라 걸었다. 그 갈대를 엮어 챙 넓은 모자나 커다란 바구니를 만들어 상점에 내다 팔기도 하고 호텔 밖에서도 팔았다. 얼굴 흰 사람들이 있는 곳이면 어디든 가서 팔았다.

완굼 호수에 도착해 주위를 둘러보면, 도처에 새둥지가 보였다. 우리는 부족을 위해 알을 모으기 시작했다. 다섯 개의 알이 든 각각의 둥지에서 알을 한두 개씩만 조심스럽게 꺼냈다. 사람 체취가 남지 않게 조심했다. 둥지에서 알을 모조리 꺼내는 일은 생각해 본 적도 없다. 우리가 다녀간 다음에는 어미 새는 네 마리의 새끼를 처음부터 강하게 키울 수 있었다. 약한 새끼에게 굳이 먹이를 낭비하지 않아도 되었다. 약한 새끼는 어차피 둥지 밖으로 내쳐질 녀석들이었다. 이렇게 우리가 돕지 않는다면 어미가 가져다주는 먹이를 받아먹을 수 없는 새끼가 한 마리는 늘 있기 마련이었다. 우리는 할 수 있는 한 자연에게 친절을 베풀었고, 자연도 우리에게 친절을 베풀었다.

친구들과 나는 사냥과 물고기잡이 등 하루의 일과가 끝나면 함께 모여 수천 년 전부터 그 장소에서 원주민 아이들이 해온 것과 똑같은 놀이들을 즐겼다. 그러나 주변에 얼굴 흰 사람들이 몰려오고부터는 그런 일들이 훨씬 힘들어졌다.

어쨌든 우리는 사냥하는 일을 놓고 늘 이야기꽃을 피웠다. 그날 일어난 일들에 대해 이야기할 거리는 언제나 흘러넘쳤다. 여자 애들도 함께 할 때가 있었지만, 언제나 그런 건 아니었다. 여자 애들은 남아서 야영장을 청소하는 경우가 많았다. 그러나 그들도 사냥 솜씨가 뛰어났다. 여자 애들은 특히 나무타기에 능숙했다. 나무 꼭대기에 있는 물총새 둥지에서 새끼 한 마리를 꺼내 깃털이 다 자랄 때까지 키우기도 했다. 정원에 있는 벌레를 없애기 위해 물총새를 필요로 하는 도시의 얼굴 흰 사람들로부터 주문을 받기도 했다.

해가 거의 질 무렵 우리는 사냥감을 갖고 야영장으로 돌아왔다. 어머니들은 곧이어 저녁을 짓기 시작했고, 내일을 위해 먹을 것을 남겨 두는 걸 잊지 않았다. 딱딱한 열매, 뿌리, 씨앗, 고구마 등을 한데 갈거나 밀가루를 섞어 댐퍼 빵을 만들기도 했다.

물은 늦은 오후에 길어왔다. 부족의 어른들은 광범위한 지역에 걸쳐 물이나 샘이 있는 곳을 잘 알고 있었다. 나이 든 노인이라도 두 개의 물통을 지게에 매달고 물을 길러 5킬로미터 거리를 걷는 것은 아무것도 아니었다. 우리는 주변을 깨끗하게 유지하기 위해 자주 야영지를 옮겨 다녔다. 하지만 그것은 때로 수질이 좋은 우물로부터 멀어지는 것을 의미했다. 우리 원주민들은 특히 지하 깊은 곳에서 솟아나오는 광천수를 좋아했다. 여러 세대에 걸쳐 우리 부족은 광천수로 차를 끓여 마시며 자랐다.

우리가 식사를 할 때면 종종 멀리 사는 사람들이 찾아왔다. 그들은 우리 집에 오는 길에 노래를 불렀다. 그 노래가 들려오면 그들이 좋은 친구로서 이야기보따리를 잔뜩 안고 오고 있다는 걸 알 수 있었다. 그 당시에는 모두가 서로를 도우며 살았다. 누구나 예외 없이 살기가 힘든 시절이었다. 덤불숲 야영장에 사는 누군가 아파서 한동안 보이지 않으면, 다른 사람들이 커다란 양철 주전자에 맛좋은 스프를 가득 끓여 그를 찾아가곤 했다. 모두가 서로를 위해 그런 나눔을 실천했다. 힘든 때일수록 서로 의지하고, 가능한 한 도우며 살아야 한다는 사실을 우리는 잘 알고 있었다.

원주민의 방식은 항상 나눔이었다. 부유하든 가난하든, 피부가 희든 검든, 얼굴이 노랗든 붉든, 우리 모두 인간의 힘으로는 바꿀 수 없는 불가피한 상황 때문에 슬픔을 겪는다고 원주민들은 믿었다. 우리 모두는 똑같은 감정을 공유하는 존재들이다. 어려움을 겪는 아들을 둔 원주민 엄마의 마음은 같은 처지의 백인 엄마와 하나도 다르지 않다. 그 두 여인은 정신적으로 서로 연결되어 있는 것이다. 그들은 자신들의 감정이 서로 다르다고 생각할지도 모른다. 문화에 따라 감정에 대한 해석이 다르기 때문이다. 피부색이나 문화가 다르면 슬픔의 감정도 다르다고 생각하는 사람들이 있다. 그러나 사실은 그렇지 않다. 따라서 원주민들에게 나눔이란 우리 모두가 서로 연결되어 있다는 것을 표현하는 마음의 방식이었다. 우리는 슬픔과 행복을 나누고, 음식을 나누었다.

특별한 날 밤이면 야영지의 젊은이들은 바깥에 모닥불을 피웠고, 부족 사람들 모두가 그 주위에 모여 노래를 불렀다. 보호 구역 안의 교회에서도 수요일 밤마다 노래 부르는 시간을 가졌다. 그 시간이 되면 사방에서 부족 사람들이 몰려들었다. 노인들의 음악 솜씨는 빼어났다. 노인들은 어떤 악기든 집어들어 연주할 줄 알았다. 한 번도 만져 보지 않은 악기라도 상관없었다. 놀라울 정도로 음악에 타고난 재능을 갖고 있었다. 우리는 모닥불 주위에 둘러앉아 서로 화음을 맞춰 가며 노래를 불렀다.

타오르는 모닥불을 들여다보며 우리의 아버지와 어머니들은 최근에 이 대지 위에서 일어난 일들을 노래로 지어 불렀다. 그것이 역사를 기록하는 우리의 방식이었다. 할아버지들도 자리에서 일어선 채 대대로 전해져 내려오는 부족의 노래를 부르고 노래 내용을 아이들에게 설명해 주었다.

친구들과 나는 졸음이 밀려오면 덤불숲에 난 길을 따라 오두막의 잠자리로 향했다. 잠자는 시간은 따로 정해져 있지 않았다. 좀 더 큰 형과 누나들이 우리를 데려다 주고 잠자리도 챙겨 주었다. 덤불숲 오두막에 누워서도 부족 사람들이 부르는 노랫소리가 들렸다. 비밀스런 노래들이었다. 그러나 잠시 후 고요해졌다. 노인들이 위대한 원주민 사냥꾼들과 운동에 능했던 조상들에 대한 이야기를 들려주는 시간이라는 걸 알 수 있었다. 부족이 겪어야 했던 시련과 학살에 관한 이야기도 들어 있었다.

노인들은 노래 솜씨가 빼어났다. 그들의 음악은 곧히 잠드는 우리의 꿈을 채워 주었다. 나는 지금도 그들이 그립다. 마침내 밤이 깊어져 모두가 덤불숲 오두막으로 돌아갈 때면, 저 멀리 그들의 목소리가 들려 왔다. 내내 흥얼거리는 목소리가.

얼굴 흰 침입자들

여러 세대에 걸쳐 우리는 먹고살기 힘들 때마다 물고기를 잡는 것에 의존했다. 부족의 어른들은 돌 틈에 어망을 놓는 기술을 아이들에게 가르쳤다. 따라서 배가 고프거나 누군가 물고기가 먹고 싶다고 하면 우리는 큼지막한 송어와 뱀장어가 어디서 헤엄치고 있나 살펴보러 강을 따라 걸으며 물속을 들여다보곤 했다.

어렸을 때 우리가 샘이라고 부르던 장소를 나는 알고 있었다. 강으로부터 몇 발자국 떨어진 곳에서 맑은 샘물이 흘러나왔다. 어린 시절 그곳에 갈 때면 늙으신 아버지는 언제나 그 물에 몸을 씻었다. 우리는 샘물 속에 몸을 담그곤 했다. 물은 얼음처럼 차가왔다. 뼛속까지 시려 왔기 때문에 몸을 씻은 다음 재빨리 따뜻한 강물에 뛰어들어야 했다.

샘이 있는 곳 아래쪽에는 냉이풀과 버드나무가 우거졌다. 비가 오지 않는 여름철이면 강에 웅덩이가 몇 군데 생겨났다. 우리는 둑 아래로 살금살금 내려가 바위에 서서 물속을 가만히 들여다보곤 했다. 그렇게 높은 데 서 있으면 물고기가 잘 보였다. 그런 식으로 관찰하고 있다가 물고기가 얕은 쪽으로 이동해 잡을 수 있다고 판단되면 몰래 다가갔다. 물고기는 강으로 흘러드는 샘물 쪽에서 곧잘 모습을 드러냈다. 따라서 그곳에 갔을 때 맨 먼저 할 일은 샘물이 어디에서 강으로 흘러드는가를 살피는 일이었다. 그곳에 물고기들이 헤엄치고 있었다. 물고기는 차가운 물을 좋아하기 때문이다.

어른들은 우리가 살고 있는 곳에서 상류 쪽으로 1킬로미터쯤 떨어진 곳에다 어망을 놓기 위해 새로 물줄기를 만들었다. 나도 그 일을 거들었다. 강에 사는 물고기들은 이동 중에는 헤엄을 치지 않고 강물이 흘러가는 대로 몸을 맡긴다. 내가 물고기라고 해도 그렇게 할 것이다. 어른들은 물고기를 유인하기 위해 어떤 돌을 어디에 두고 또 어떤 돌은 어디서 치워 놓아야 하는가를 일일이 설명해 주었다. 그리고 강 어디의 물살이 가장 센지 일러 주면서, 그곳에다 어망을 설치하라고 지시했다.

어망을 놓는 동안 노인들은 오래전 볼락 호수에서 보낸 아름다운 시절에 대해 들려주었다. 그 호수는 우리 마을 서쪽 경계선에 자리잡고 있었다. 가을철 우기가 되면 호수가 넘치고, 그 물을 따라 수많은 뱀장어들이 떼지어 호수에서 바다로 헤엄쳐 갔다. 호수 주변의 모든 땅은 불룩 바라 부족의 소유였다. 강 양쪽에 난 기다란 땅도 그들 부족의 것이었다. 따라서 다른 부족은 허락 없이는 그곳에 들어갈 수가 없었다. 허락 없이 들어갔다간 싸움이 일어났다. 하지만 가을이 되면 그들 부족은 어김없이 소금 샛강(솔트 크리크) 강둑에 모여 다른 부족들을 반겨 주었다. 그때가 되면 인근 부족들이 다 모여 뱀장어를 잡을 수 있었다. 강둑 전체가 큰 마을을 이루었다.

 샛강을 따라 부족마다 물고기 잡는 구역이 정해지고, 부족들은 해마다 그곳으로 들어가 뱀장어를 잡을 수 있었다. 부족들은 그들 소유의 구역을 표시하는 바위 옆에서 두 달 동안 야영을 하며 강에 뱀장어 잡는 망을 깊이 드리웠다. 그때가 바로 성대한 잔치를 여는 때였다. 지혜의 말들이 오가고, 코로보리 춤판이 벌어지는가 하면, 결혼 준비가 진행되고, 옛 친구들과의 반가운 만남이 이루어졌다. 때로는 식량을 저장하는 일이나 이웃 부족에 관한 중요한 대화와 결정들이 오가기도 했다. 부족의 어른들은 한데 모여 조상의 영혼들로부터 안내를 구하기 위해 회의를 열었다. 그들은 무슨 일이든 영혼들의 도움을 받아 만장일치로 결정하려고 늘 최선을 다했다.

 그런데 1860년대 초반부터 한 무리의 얼굴 흰 사람들이 가을장마가 시작되자마자 호수에 나타났다. 이때는 호수의 물이 넘치고 뱀장어를 잡을 수 있는 유일한 시기였다. 그 얼굴 흰 사람들은 단 하나밖에 없는 수로 전체에다 촘촘한 그물을 설치하고 원주민들은 근처에 얼씬도 못하게 했다. 모든 물고기를 자기들이 독차지하겠다는 심보였다. 그들은 그렇게 매년 가을마다 호수에 나타나 뱀장어들을 모조리 잡아갔다. 우리 원주민들이 보기에는 욕심 때문에 언제부턴가 머리가 이상해져 버린 사람들 같았다.

그렇게 해서 군디츠마라 국을 형성했던 남서쪽 다섯 원주민 부족의 대회합은 종말을 고하게 되었다. 해안을 따라 우리 마을 바로 옆에 있는, 다섯 부족 중 가장 강력한 부족의 이름도 군디츠마라였는데, 그 이름은 '원래부터 이 땅에 산 사람들'이라는 뜻이었다. 나는 부족의 어른들을 도와주면서 이 모든 일들에 대해 알게 되었다.

나는 또 누라트 산에서 열린 특별한 원주민 모임에 대해서도 들었다. 각기 다른 방언을 가진 부족들이 보름달이 뜨면 빠짐없이 그곳에 모였다. 아이들까지 다 참석했다. 그 자리에서 부족의 노인들은 자신들에게 일어난 일들에 대해 낱낱이 이야기했다. 그들의 땅 어디가 약탈당했으며, 부족 사람들이 어디서 학살을 당했는지, 얼굴 흰 사람들이 큰 말과 총을 들고 어떻게 야영지로 급습해 왔는지를 이야기했다. 한 원주민 남자가 차에 질질 끌려가다 죽음을 맞이한 사건도 전했다. 그 남자는 차에 끌려가면서 얼굴 흰 사람들의 잔인함을 소리쳐 나무랐다. 하지만 얼굴 흰 사람들은 그런 모습을 보고 웃어댈 뿐이었다.

모든 이야기는 모닥불 주위에서 행해졌다. 서로 다른 문화와 언어를 가진 부족들이 사방에서 모여들었다. 해안을 따라 북쪽 마을들에서도 왔다. 해안 아래쪽에서도 또 다른 모닥불 모임이 열렸다. 그때 생긴 조개 무덤들이 아직 그곳에 남아 있다. 아이들도 모두 그 자리에 참석해 어른들의 얘기에 귀를 기울였다. 그런 방식으로 아이들은 자신들의 역사를 배웠다. 어린 시절에는 그런 이야기가 별로 의미 없을지 모르지만, 그럼에도 불구하고 아이들은 진지하게 귀 기울여 들었다. 그리고 훗날 어른이 되었을 때 그 모든 것들이 중요한 의미를 갖게 되었다. 당시엔 별다른 의미가 없었지만, 원주민이라면 누구나 알아야 할 중요한 이야기라는 걸 느끼고 있었다.

매 계절마다 할 일이 있었다. 강 수위가 낮은 여름철은 돌과 나뭇가지로 커다란 둑을 쌓기에 적당한 시기였다. 얼마 안 있어 또다시 가을이 되고 강 수위가 올라가면 어망을 놓아 뱀장어를 잡느라 바빴다.

나는 어망 놓는 법을 배우면서 어른들이 길고 좁은 모양으로 풀을 엮어 둥근 고리와 깔때기를 만드는 것을 관찰했다. 거기에 물고기가 걸리면 아무리 몸부림쳐도 절대 빠져나갈 수가 없었다. 우리는 완성된 어망 주위에 돌을 세워 놓고서 강물이 범람하기를 기다렸다. 대개 가을이 끝나갈 무렵인 5월에 강이 넘쳤다(호주는 남반구에 위치해 있기 때문에 북반구와 계절이 정반대다).

우리 아이들은 이때가 가장 즐거운 계절이었다. 우리는 일제히 강에 뛰어들어 어망에 걸린 뱀장어들을 잡았다. 맨 먼저 꼬리를 때려 기절시킨 뒤 목 부분을 물어뜯었다. 물속에서 첨벙거리며 물고기떼를 한쪽 구석으로 몰아가 바위에 부딪혀 죽게 하기도 했다.

우기가 끝나면 어망을 꺼내 덤불숲에다 말렸다. 노인들은 다음 가을이 오기 전에 그 어망을 꼼꼼히 점검했다.

강과 호수가 범람하는 계절은 우리의 삶에서 매우 특별했다. 그야말로 축제를 벌이는 시기였다. 음식도 풍요로웠다. 도시에 나가 사는 사람들도 이때가 되면 덤불숲으로 되돌아왔다. 초대 받지 않은 사람이라도 누구든 대환영이었다. 그것이 원주민의 삶에서 가장 아름다운 부분이었다. 낯선 사람들에게조차 우리는 가슴을 열고 따뜻한 손을 내밀었다.

다른 부족에 속한 원주민들이 일자리를 찾아 길을 가다가 도중에 우리 땅을 지나가거나 또는 친척을 만나러 왔을 때, 우리는 그들을 반갑게 맞이하고 도움을 베풀었다. 그들은 자신들이 만난 이 원주민 공동체에 대해, 그리고 자신들을 보살펴 준 이 특별한 사람들에 대해 다른 사람들에게 이야기하고 다녔다. 우리를 알지 못하던 사람들이 그런 식으로 우리에 대해 소문을 듣게 되었고, 여행 중 일부러 먼 길을 돌아 우리 부족을 찾아오곤 했다.

다른 부족 사람들은 우리를 방문할 때 우리 땅으로 곧장 들어올 수 없었다. 그들은 누군가가 자신들을 보게 될 때까지 1킬로미터 정도 떨어진 곳에 앉아 기다려야 했다. 그러면 우리는 우리 부족 누군가에게 말했다.

"가서 들어오게 해라."

그렇게 초대를 받지 않으면 들어오지 않았다. 밤에 찾아오는 경우도 있는데 그러면 골치 아파졌다. 원주민들의 규칙은 이처럼 매우 엄격했다. 그래서 얼굴 흰 사람들이 허락 없이 우리 땅을 들락거리기 시작했을 때 우리는 그들이 장차 큰 벌을 받게 될 것이라고 믿었다. 우리 땅을 마구 넘어오면 언젠가 땅이 그들을 파멸시킬 것이라고.

아버지는 보호 구역 근처에 사는 얼굴 흰 농장주들을 위해 나무를 베고 울타리 세우는 일을 했다. 농장주들은 처음 왔을 때 한 번에 5백 개의 울타리 말뚝을 만들도록 지시하고 원주민들에게 도끼와 톱을 주었다. 원주민들은 계속해서 그 일을 해야만 했다. 그 오래된 울타리의 일부가 아직도 그곳에 남아 있다. 원주민들이 잘라다 세워 놓은 말뚝들이다. 이것들은 중요한 흔적이다. 그 당시 원주민들은 정부로부터 아무런 식량도 배급 받지 못했기 때문에 그런 일들이 아니었으면 다 굶어 죽었을 것이다.

식량 배급은 1890년에 끊어졌다. 백인 정부가 두번째로 프램링햄 원주민 보호 구역을 폐쇄하려고 시도하던 때였다. 정부는 농사짓는 데 필요한 가축들과 장비를 죄다 빼앗아 갔다. 원주민들은 말 그대로 아무 대책도 없이 그곳에 버려졌다. 원주민의 수를 줄이려는 계획의 일부로 벌어진 일들이었다.

이따금 아버지는 일하러 갈 때 어린 나를 덤불숲으로 데리고 가서 부드럽고 폭신한 나뭇잎으로 누울 자리를 만들어 주었다. 나는 그곳에 누워 나무들 사이를 스쳐 지나가는 바람소리와 새들의 날개 치는 소리, 아버지의 도끼 소리를 들을 수 있었다. 행복한 어린 시절이었다. 아버지는 끈끈한 껍질을 가진 특별한 메스메트 나무를 베었다. 이 나무 한 그루면 밑둥을 잘라 농장주들을 위해 2미터짜리 말뚝 네 개를 만들고, 그 다음 부분을 잘라 역시 2미터짜리 말뚝 세 개를 얻고, 윗부분을 잘라서는 말뚝 두 개를 얻을 수가 있었다. 때로는 맨 끝부분을 잘라 커다란 대들보 하나를 만들 수 있었다. 어디 하나 버릴 것이 없었다.

어머니들은 잘라 낸 나무 둥치를 무거운 도구로 두드려 깨끗이 다듬은 뒤, 갈라진 틈새에 도끼를 박아 나무껍질을 벗겨 냈다. 둥치는 농장주들의 말뚝으로 쓰고, 나무껍질은 우리가 오두막을 짓는 데 사용했다. 나무에서 벗겨 낸 껍질은 반평면이었다. 나무껍질은 사용하기 전에 통나무 위에다 뒤집어 널어서 건조시켰다. 그렇게 말리면 땅에 닿지 않게 할 수 있었다. 나무껍질이 마르면서 뒤틀리지 않도록 여러 개를 엇갈려 포개고 맨 위에는 무거운 나무 둥치를 얹어 놓았다. 일단 재료가 마르고 나면 원하는 집을 어떤 모양이든 만들 수 있었다.

오두막을 짓기 위해서는 먼저 단단한 기둥 틀에 나무껍질을 한 뼘 간격으로 붙이고 못을 박았다. 그 당시 못 값은 쌌다. 그런 다음 벌어진 간격마다 나무껍질을 또 한 차례 겹쳐서 틈새를 덮었다. 그러면 외풍이 들지 않았다. 이렇게 만든 네 개의 벽에다 역시 나무껍질로 만든 지붕을 얹어 비가 새지 않게 했다.

아버지는 자신이 하는 일에 대해 무척 자부심을 느꼈다. 자식들을 먹일 돈을 충분히 벌지는 못했지만 일자리가 있다는 소식이 들리면 짐 보따리를 챙겨 어디든 가셨다. 아버지는 누구에게도 빵 부스러기를 구걸하지 않았다. 이곳의 원주민 대부분은 그렇게 배우고 자랐다. 부모님은 몸을 아끼지 않고 우리를 보살폈으며, 아버지는 힘든 환경 속에서도 자식들이 행복하게 자랄 수 있도록 열심히 일했다. 우리를 키우기 위해 어머니도 이곳저곳으로 일하러 다녔다. 다 자란 누나들도 함께 일했다. 부모님이 젖소의 우유를 짜고 농사일을 하는 동안 누나들은 부근에 있는 아이들을 돌보았다. 부모님은 우리에게 조그마한 것이라도 갖게 할 수 있으면 기뻐했다. 하지만 친구들에게 장난감이 없으면 우리는 우리가 받은 것의 절반을 주었다. 아무것도 갖지 못한 사람은 아무도 없었다.

늦은 저녁 시간은 자주 어머니에게 걱정스런 시간이었다. 어머니는 아버지가 덤불숲에서 집으로 돌아오고 있는지 보기 위해 고개를 빼고 문 밖을 내다보시곤 했다. 그러다가 이내 어린 자식들을 보내 아버지를 찾게 했다. 우리는 덤불숲을 뒤지며 아버지의 이름을 소리쳐 불렀다. 그러면 어디선가 아버지가 대답했다. 목소리가 들리는 곳으로 달려가 보면 아버지가 바닥에 쓰러져 있었다. 아버지는 꼼짝도 할 수 없었다. 갑자기 심한 복통이 난 것이다. 아버지는 더위 때문에 물은 마셨지만, 종종 아무 음식도 드시지 않았다. 먹을 게 흔치 않던 시절이라 아버지는 집에 있는 음식은 자식들이 먹도록 남겨 두었다. 그래서 하루 일을 끝내고 배를 움켜쥐고 바닥에 쓰러져 있는 아버지를 발견한 적이 한두 번이 아니었다. 우리는 재빨리 어린 나무 두 그루를 베어 옷으로 들것을 만든 뒤 아버지를 집으로 모시고 오곤 했다.

집에 돌아오면 아버지는 흙바닥에 누웠다. 침대에 누울 수도 없었다. 몸을 움직이기라도 하면 복통이 더 심해졌다. 어머니는 진한 소금물을 만들어 입에 한 모금 머금은 뒤 아버지 몸에다 뿌렸다. 그렇게 잠시 누워 있으면 차츰 복통이 가라앉았다. 어머니는 아버지를 일으켜 침대에 눕히셨다.

다음날 아버지는 복통과 숲에서의 고된 노동으로 여전히 피로에 지쳐 있었다. 그러나 아버지는 하루도 빠짐없이 숲으로 갔다. 자식들을 먹여 살리기 위해 계속 일을 해야만 했던 것이다. 우리에게는 정부 보조고 뭐고 없었다. 일을 하지 않으면 자식들이 굶어 죽을 상황이었다.

아버지와 부족의 어른들은 밤이면 모닥불 주위에 둘러앉아 모든 땅이 어떻게 순식간에 얼굴 흰 사람들의 손에 넘어가고 있는가를 이야기했다. 더 이상 사냥할 장소가 남아 있지 않은 것에 대해서도 대화를 나눴다. 어떻게 해서 자신들이 보호 구역 안에 갇히게 되었으며, 왜 어느 곳으로도 갈 수 없게 되었는가? 자신들에게 일어나고 있는 온갖 나쁜 일들과 원주민 학살에 대해서도 얘기가 오갔다.

나는 우리가 사는 곳으로부터 그다지 멀지 않은 장소에서 일어난 대량 학살에 대한 이야기를 들었다. 우리 부족 사람들 중에 배가 고픈 나머지 양 몇 마리를 훔친 사람들이 있었다. 얼굴 흰 정착민들은 복수를 하기 위해 원주민들을 닥치는 대로 공격했다. 그런 일을 했든 안 했든 그건 상관하지 않았다. 그들은 우리에게 누가 주인인가를 보여 줘야만 했다. 이번에 그들은 무고한 원주민 아이들을 붙잡아 해변으로 데려갔다. 그리고 아이들을 모래사장에 목만 나오게 파묻었다. 그런 다음 그 자들은 묻힌 어린이들의 머리를 돌아가며 발로 찼다. 그들은 누가 머리를 가장 멀리 차는지 시합을 벌였다. 희생자의 어린 형제들과 누이들은 그 장면을 지켜보면서 자기가 죽을 차례를 기다려야만 했다.

아버지와 부족의 노인들은 내게 또 다른 이야기도 해주었다. 우리 할아버지가 젊었을 때 부족 사람들과 함께 숲 속에서 방랑 생활을 했다. 그들이 근처 마을에 도착하자, 얼굴 흰 정착민 하나가 달려나와 그들을 자신의 목장으로 초대했다. 마음씨 좋아 보이는 이 정착민은 원주민들을 보고 기뻐하면서 푸짐하게 음식을 대접했다. 그의 하인들이 커다란 솥에 죽을 끓이고 숯불 가득 고기를 구웠다. 그걸 전부 섞어 말 구유통에 붓고 모두가 실컷 먹었다. 그 정착민은 원주민들에게 둘러싸여 있다는 사실에 흥분을 감추지 못하면서 마냥 즐거운 시간을 보내는 듯했다. 그는 더 먹으라고 계속 권했다. 그래서 우리 부족 사람들도 기분이 좋았다.

원주민들이 그에게 작별 인사를 하며 일어서자 그가 말했다.

"당신 친구들 모두에게 이곳으로 오라고 말해요. 그들 모두에게 좋은 음식을 대접하겠어요. 난 원주민들을 사랑합니다."

배도 부르고, 친절한 백인에 대한 좋은 기억으로 행복해져서 부족 사람들은 여행을 계속했다. 그러나 일단 그곳으로부터 벗어나자 우리 할아버지가 사람들에게 경고했다.

"다시 그리로 가선 안 된다. 음식을 더 얻어먹으려고 그곳에 가지 말라. 다시 가면 얼굴 흰 자들에게 독살당하고 말 것이다. 얼굴 흰 자들이 원주민들을 친구로 만든 다음 독살한 역사가 있다. 그러니 다른 원주민들에게도 그곳 얘기는 절대로 하지 말라."

그러나 부족의 일부는 그 선량해 보이는 정착민이 그런 일을 저지르리라고는 믿지 않았다. 그들은 부근에 있는 원주민들을 더 데리고 그의 농장으로 찾아갔다. 우리 할아버지는 절대로 가지 않았다. 할아버지의 가족과 그의 말을 귀담아 들은 사람들은 다시는 그곳에 찾아가지 않았다. 열두 살 소녀 앨리스 딕슨도 마찬가지였다. 앨리스는 성장한 뒤 우리 할아버지의 아내가 되었다. 다시 말해 우리 할머니가 된 것이다.

얼마 뒤 모든 부족 사람이 모이는 날이 되었다. 하지만 많은 사람들이 나타나지 않았다. 그래서 할아버지는 그들을 찾아 나섰다. 할아버지는 어린 소녀 앨리스와 그녀의 할아버지를 포함해 몇 명의 부족 사람들과 동행했다. 앨리스의 할아버지는 몸에 상처 자국이 많고 두 눈에는 슬픔이 가득한 진정한 부족의 남자였다. 그는 갈대 끈으로 양 끝을 연결한 가죽 가방을 오른쪽 어깨에 메고 다녔다.

일행은 마침내 그 얼굴 흰 정착민의 목장에 이르렀다. 그곳은 땅이 매우 습했다. 마치 맹그로브(습지나 해안에서 많은 뿌리가 지상으로 뻗어 숲을 이루는 열대산 나무) 습지 같았다. 말 구유통에는 죽처럼 생긴 음식물이 가득했다. 전에 대접을 받았던 음식과 비슷했다. 그리고 여기저기에 원주민 시체들이 널려 있었다. 나무 옆에도 덤불숲에도 잔디 풀섶에도 즐비했다. 엄마 품에 안겨 죽은 아기들도 있었다. 엄마들은 아기를 꽉 껴안고 달래는 자세로 죽어 있었다. 그들은 모두 스트리키니네 신경 흥분제로 독살당해 고통 속에서 죽어갔다.

듣도 보도 못한 처참한 광경이었다. 부족 사람들이 공포에 떨며 그 광경을 바라보고 있는데, 시체들 맞은편에 줄무늬 왈라비(호주산 작은 캥거루) 한 마리가 보였다. 얼굴에 검은색, 빨간색, 흰색 무늬를 한 왈라비가 우리 할아버지와 할머니, 그리고 할머니의 아버지를 슬픈 눈으로 똑바로 쳐다보았다. 할머니의 아버지의 눈처럼 슬픔이 그득한 눈빛이었다. 얼룩덜룩 색칠을 한 신비한 얼굴의 그 왈라비가 부족 사람들에게 얼마나 큰 위안이 되었는지 모른다. 그것은 영혼들의 세계에서 보내온 친절한 소식이었고, 생명은 계속된다는, 억울하게 죽은 자들의 영혼은 지금도 살아 있다는 메시지였다.

얼굴 흰 농장주는 그 땅을 원했던 것 같다. 그런데 그 땅을 안심하고 차지하기에는 우리 부족이 너무 가깝게 살고 있었고, 우리도 우리 땅을 원했다. 그는 우리가 몹시 배가 고플 때 덫을 놓아 족제비나 송어, 산토끼, 에뮤 등을 유인해서 잡는 것을 보고 따라한 것이다. 인간은 그런 종류의 광기, 탐욕의 광기에 사로잡혀서는 안 된다. 인간이 다시는 그런 식으로 서로를 대해서는 안 된다.

내 백인 친구 카밀라 챈스는 훗날 나를 위해 그 사건을 노래로 만들었다.

    많은 원주민들이 이 길을 여행했네.
    많은 원주민들이 이 길을 따라 여행했네.
    원주민들이 오고 있다는 소식을 들은 얼굴 흰 사람들,
    그들의 노랫소리를 들은 얼굴 흰 사람들은
    원주민들이 이 대지 위에서 사라져 주기를 원했네.

    그들은 내 할아버지에게 쉬었다 가라고 초대했네.
    그들은 내 할아버지에게 음식을 들고 가라고 초대했네.
    다른 부족들에게도 알려 주라고 그들은 말했네.
    친구들 모두를 데려오라고.
    그러나 내 할아버지는 대답했네, 절대로 안 된다고.

그들은 다른 부족들에게 쉬었다 가라고 초대했네.
그들은 다른 부족들에게 음식을 들고 가라고 초대했네.
남자들, 여자들, 어린아이들이 쓰러져 죽어 있네.
말 구유통 속의 독이 든 죽을 먹고 숨졌네.

많은 원주민들이 이 길을 여행했네.
많은 원주민들이 이 길을 따라 여행했네.
원주민들이 오고 있다는 소식을 들은 얼굴 흰 사람들,
그들의 노랫소리를 들은 얼굴 흰 사람들은
원주민들이 이 대지 위에서 사라져 주기를 원했네.

 카밀라는 나 대신 그 학살 사건을 조사하려고 했지만, 공무원들이 그 사건에 관한 기록을 카밀라에게서 압수했다. 얼굴 흰 사람들이 열심히 한 일이라고는 오직 그런 일은 없었다고 처음부터 끝까지 부인하는 것이었다.
 때로 나는 기자들에게 이 이야기를 들려주곤 했다. 그런데 기자들은 '할아버지'라고 쓰지 않고 '나의 증조할아버지'라고 써서 기사를 실었다. 아마도 그런 학살이 최근에 일어난 일이라는 사실을 믿기 어려웠던 것 같다. 그들은 내가 잘못 알고 있다고 여겼다.
 학살에서 가까스로 살아남은 나의 할아버지는 키래 후롱 부족의 킬리트머러 군디츠(또는 프램링햄) 지파 출신이다. 할아버지의 이름은 비밀이다. 그분은 세상을 떠나셨기 때문에 함부로 이름을 말해서는 안 되는 것이다.

내가 아버지의 10대 시절에 대해 묻자, 아버지는 당신의 아버지, 즉 할아버지와 관련된 추억을 말씀하셨다. 할아버지는 기다란 콧수염을 기른 분이었으며, 운동 경기를 보기 위해 아들을 데리고 온갖 농산물 경진 대회를 찾아다녔다고 했다. 아버지와 할아버지는 마침내 경기 참여 권유를 받았고, 다른 경쟁자들과 겨뤄 늘 이기셨다. 두 분 다 당신들만의 특기가 있었다. 한 분이 달리기 경주에 출전하면 다른 한 분은 장애물 넘기나 높이뛰기 대회에 참가했다. 할아버지는 특히 통나무 던지기 경기에서 두각을 나타냈다. 이 경기는 커다란 나무 둥치를 던져 힘을 겨루는 경기다. 나의 조상들은 모두 강한 신체를 갖고 있었고, 남자든 여자든 키가 컸다. 그들은 원주민으로서의 긍지를 잃지 않았다. 언제나 고개를 꼿꼿이 들고 걸었으며, 어딜 가든 존경을 받았다.

강을 가로지르는 다리 부근에 아직도 서 있는 오래된 집을 지으신 분이 바로 나의 할아버지이시다. 내 기억으로는 이 집이 원주민 보호 구역 안에 세워진 최초의 집일 것이다. 그 시대에 지어진 집들 중 유일하게 지금까지 남아 있는 집이기도 하다. 내가 태어나기 전 목장 지대 아래쪽에는 건물이 몇 채 더 있었다. 그곳에는 학교도 있었다. 교회가 곧 학교였다.

아버지와 부족의 노인들로부터 나는 할아버지가 보호 구역에 살던 시절의 이야기를 자주 들을 수 있었다. 그 당시 다른 원주민 보호 구역에서의 생활은 매우 엄격하고 비인간적인 경우가 많았다. 얼굴 흰 사람들은 기숙사를 지어 원주민 아이들을 부모에게서 강제로 빼앗아다가 기독교적인 분위기에서 키웠다. 그러나 다행히 내가 자란 프램링햄 보호 구역에는 기숙사 학교가 없었다. 그렇기 때문에 우리는 20세기까지도 부족의 전통을 대부분 잘 간직할 수 있었고, 고유의 언어도 지킬 수 있었다. 그래도 원주민 언어를 쓰는 것이 선교사 귀에 들리면 곤경에 처했다. 부족의 노인들은 선교사가 보이지 않을 때면 비밀리에 원주민 언어를 내게 가르쳤다. 그러나 모두 가르쳐 줄 수는 없었다. 그래서 부족의 언어 중 어떤 것들은 영영 사라져 버렸다.

원주민 고유의 이름도 마찬가지다. 선교사들은 원주민들의 이름을 모두 영어식 이름으로 바꾸었다. 그리고 원래의 이름을 더 이상 사용하지 못하도록 철저히 금지시켰다. 그러나 그 밖의 다른 문화는 어느 정도 보존될 수 있었다. 정부의 소홀한 관리 덕분이었다. 백인 정부는 우리를 그냥 무관심 속에 오지의 덤불숲에다 방치해 놓았다. 그 결과 우리 부족의 문화는 오늘날까지도 꽃피우고 열매를 맺고 있다.

당시 우리 부족이 사는 보호 구역은 영국 성공회 소속의 선교구였는데, 몇 해 뒤 이 지역이 경제적으로 몹시 어려움에 처하게 되었다. 그러자 주정부는 우리의 보호 구역을 인수해 아예 폐쇄시켜 버렸다. 정부의 이런 조치는 우리 부족이 다른 원주민 보호 구역을 찾아 떠나야 한다는 것을 의미했다. 떠나기를 거부한 사람들은 날마다 목숨의 위협을 받았고, 때로는 며칠씩 굶주리기까지 했다.

백인 정부는 우리 모두가 죽어 나가기를 기대했던 것 같다. 아마도 그것이 그들의 진정한 바람이었을 것이다. 정부는 이 땅의 모든 원주민들을 한 곳에 몰아넣으려고 무던히 애를 썼다. 우리 마을에서 한 시간 거리에 있는 콘다 레이크 원주민 보호 구역으로 이주한 사람들은 얼마 안 가 정부의 조치에 의해 또다시 깁스랜드에 있는 타이어스 레이크 원주민 보호 구역으로 이주해야만 했다. 그곳을 원주민들을 위한 유일한 생존 지역으로 만들려는 계획 때문이었다.

훗날 내 아내가 된 오드리의 외할머니는 첫 폐쇄 조치 이후 우리 보호 구역의 문을 다시 열기 위해 헌신한 원주민 운동가 중 한 분이었다. 그녀는 백인 정부에게 지원을 재개해 줄 것을 간청했다. 그녀를 비롯한 여러 지도자들의 행동에 감동한 부족 사람들도 개인적으로 정부에 편지를 제출하거나 탄원을 하기 위해 수십 킬로미터가 넘는 거리를 걸어서 찾아갔다. 다행히 2년 뒤 우리의 보호 구역은 식량 배급 체제를 갖추고 다시 문을 열었다.

식량이 배급되는 날은 보호 구역 안의 아이들에게는 무척 흥분되는 시간이었다. 어머니들과 아버지들이 배급을 받기 위해 줄을 섰다. 아이들도 부모들 옆에 서서 차례를 기다렸다. 얼굴 흰 감독관이 밀가루, 설탕, 차를 내주었다. 그 주에 감독관이나 선교사의 지시를 따르지 않은 사람은 누구든지 형편없이 배급량이 줄었다. 그리고 정부의 식량 배급을 받은 사람들은 임금을 받고 일하는 것이 금지되었다. 호주 전역에 걸쳐 보호 구역 안의 원주민들은 어쩔 수 없이 이 같은 의존적인 삶을 강요당했다.

할아버지는 그런 식의 삶을 좋아하지 않았다. 배급 대신 차라리 농사 지을 땅 한 뙈기를 달라고 끈질기게 주정부에 요청했다. 마침내 정부는 마지못해 요구를 들어주었고 집 옮기는 것을 허락했다. 할아버지와 할머니는 젖소를 키웠으며, 아침마다 우유를 짜 그 지역 낙농장에 보냈다. 젖소는 와룸야라고 불리는 다리 옆 풀밭에서 키웠다. 와룸야는 우리 부족 말로 '왼손잡이 여자'라는 뜻이다. 우리 부족에는 세상을 창조하고 또 많은 일을 한 어떤 강인한 여성에 대한 이야기가 전해져 오고 있다. 그녀가 바로 왼손잡이였다.

아이들은 그 다리 밑에서 수영을 하곤 했다. 그러나 해가 지면 아무도 그 근처에 얼씬대지 않았다. 한 얼굴 흰 노동자가 다리에서 떨어져 죽었는데, 어떤 사람들이 그곳에서 머리 없는 귀신을 본 뒤 급기야는 미쳐 버렸다는 소문이 돌았기 때문이다. 귀신은 다리에서부터 집까지 쫓아오지만, 원주민 보호 구역 경계선 안으로는 절대 들어오지 않는다고 했다.

보호 구역 안에서는 때로 생존 자체가 힘들었다. 특히 춥고 긴 겨울이 닥쳐오면 더욱 힘이 들었다. 원주민들은 어린 것들을 위해 항상 먹을 것을 비축해 두었다. 어른들은 일거리가 없는 사람들과 음식을 나누었다. 원주민들은 언제나 그렇게 살아왔다. 모두가 서로서로 나누며 살았다. 혹시 누가 아프기라도 하면 앞다퉈 찾아가 약을 먹이고 죽을 끓여 주는 등 어떻게든 힘이 되어 주었다. 아픈 사람이 누구든 상관없었다. 설령 얼굴 흰 사람이 아프다고 해도 똑같이 정성껏 간호해 주었다. 서로 돕고 나누며 사는 것이 원주민들의 전통적인 방식이었기 때문이다.

그런데 불과 몇 해 만에 원주민들의 삶에 큰 변화의 물결이 밀어닥쳤다. 백인 정부는 원주민들에게 너무 많은 돈을 지출하고 있다고 판단하고는 '원주민 보호법'을 통과시켰다. 이 법으로 인해 혼혈 원주민은 모두 보호 구역에서 쫓겨나게 되었다. 순수 혈통의 원주민들만 보호 구역에서 생활할 수 있었고, 조금이라도 얼굴 흰 사람의 피가 섞인 혼혈 원주민은 보호 구역을 떠나 백인 사회에 자리잡아야만 했다.

하지만 혼혈 원주민들이라 해도 어린 시절부터 원주민으로 자라긴 마찬가지였다. 그들의 몸속에 얼굴 흰 사람들의 피가 얼마간 흐르고 있을지 모르지만, 그들 역시 원주민들임에는 틀림없었다. 어려서부터 원주민의 전통을 익히고 원주민의 생활 방식대로 살아왔기 때문에 갑작스럽게 얼굴 흰 사람들의 사회에 적응하기란 불가능했다. 또한 얼굴 흰 사람들도 그들을 자기네 일원으로 받아들여 주지 않았다.

혼혈 원주민들이 어떻게든 얼굴 흰 사람들의 사회에 적응해 가까스로 백인과 동등한 대우를 받게 된다 하더라도, 그들 몸속에 원주민의 피가 흐른다는 사실을 아는 순간 얼굴 흰 사람들은 그들에 대해 나쁜 선입견을 갖고 온갖 차별을 시도했다.

그리하여 대부분의 혼혈 원주민들은 경찰의 눈을 피해 보호 구역 부근의 숲 속 야영지로 몸을 피했다. 주로 밤에 몰래 숨어 들어갔다. 낮에는 경찰이 지키고 있다가 체포하거나 보호 구역에서 멀리 추방해 버리기 때문이었다. 그들은 밤이 되면 자신의 부족 사람들과 가족들을 만나기 위해, 그리고 먹을 것을 얻기 위해 보호 구역 안으로 들어왔다. 내 아내의 외할머니와 그녀의 식구들은 혼혈 원주민들에게 음식을 대주었다는 죄로 콘다 레이크 보호 구역으로 강제 이송당했다. 하지만 외할머니가 음식을 제공한 사람은 다름 아닌 바로 외할머니 자신의 가족이었다. 순수 혈통의 원주민들 대부분이 이렇듯 백인 피가 섞인 가족을 위해 자신들은 굶으면서도 먹을 것을 아껴 두었다. 자신의 피붙이가 굶주린 채 골짜기에서 야영하는 걸 뻔히 알면서 자기만 먹고 있을 수는 없었다.

혼혈 원주민 일부는 얼굴 흰 사람들의 사회로 섞여들었다. 거기서 그들은 일자리를 구했지만, 해고될 것이 두려워 어느 누구에게도 감히 자신이 원주민 출신이라는 사실을 밝히지 않았다. 실로 슬프기 짝이 없는 현실이었다. 거짓된 세상에 살면서 그들은 자신들의 잃어버린 세계를 뼛속 깊이 갈구하고 있었다.

가슴 아픈 일들이 많이 일어났다. 흰 피부를 가진 젊은 처녀들이 길을 가다가 자신의 원주민 엄마를 발견하고 등을 돌리기도 했다. 그들은 이 원주민 여인과 얘기하는 것을 다른 백인 친구들이 볼까 봐 잔뜩 겁을 먹었다. 그 엄마 또한 자기 딸인 것을 알고 있었지만 모른 척하고 계속 길을 갈 수밖에 없었다. 정말 안타까운 일이 아닐 수 없었다. 자신의 몸속에 흐르는 피가 만들어 낸 비극이었다.

또 다른 혼혈 원주민 처녀들은 백인 남자들과 결혼을 해서 가끔씩 보호 구역 안의 부모들을 만나러 오곤 했다. 그리고 자신들이 원하던 대로 원주민 문화에 대해 이야기하며 전처럼 다시금 자유를 느낄 수 있었다. 그 순간이 그들로서는 자유롭게 이야기할 수 있는 유일한 시간이었다. 보호 구역에 도착하자마자 그들은 댐퍼 빵 같은 원주민들의 전통 음식을 찾았다. 어린 시절 그랬던 것처럼 식구들과 함께 앉아 그 전통 음식을 먹는 것이 그들의 소원이었다.

그로부터 15년 뒤 한 양심 있는 주지사의 노력으로 원주민 보호법이 개정되었다. 하지만 어처구니없게 아무도 그 사실을 우리에게 알려 주지 않았다. 그 이후에도 여러 해 동안 경찰은 혼혈 원주민들을 그들이 태어나고 자란 땅에서 불법으로 내쫓는 짓을 계속했다.

법이 개정된 사실을 최초로 알게 된 날이 기억난다. 내가 일곱 살쯤 되었을 때였다. 아버지와 나는 숲에서 함께 나무를 베고 막집으로 향하던 참이었다. 우리는 행복한 마음으로 나무가 잔뜩 실린 수레 위에 앉아 말을 몰고 있었다. 그때 커다란 구식 관용차가 보호 구역으로 가는 길모퉁이에 멈춰 섰다. 한 남자가 차에서 내리더니 아버지를 불렀다. 아버지는 수레에서 내려 그 남자와 한참 동안 이야기를 했다.

그 정부 관리가 물었다.

"저 많은 야영 천막들이 덤불숲 여기저기에 흩어져 있는 이유가 뭐죠?"

아버지가 말했다.

"거기는 보호 구역에서 쫓겨난 혼혈 원주민들이 사는 곳이오."

그러자 그 남자가 소리쳤다.

"경찰은 더 이상 그들을 쫓아낼 수 없소. 그런 행위는 이미 몇 년 전부터 금지되었소. 누가 그런 명령을 내렸는지 말해 주시오."

아버지가 누군지 일러 주었고, 남자가 그 이름을 받아 적었다.

아버지가 수레에 다시 올라탔을 때 내가 물었다.
"저 사람이 누구예요?"
"지위가 높은 정부 관리란다."
아버지는 그렇게만 말했다. 하지만 집에 돌아와서는 그 남자와 나눈 대화 내용을 모든 부족 사람들에게 알려 주었다. 그때부터 혼혈 원주민들이 하나둘씩 보호 구역으로 되돌아오기 시작했다. 물론 덤불숲에서 사는 것을 더 좋아한 사람들은 그대로 머물렀다. 어쨌든 혼혈 원주민들 모두가 가족과 다시 살 수 있게 되어서 무척 기뻐했다.

덤불숲을 떠나 문명 세계로

내 누이 중 하나가 일자리를 구하러 멜버른으로 갔다. 보호 구역 안에서는 도무지 생존이 불가능했기 때문이다. 이탈리아 인과 유태인 식당 주인들은 종종 원주민 소녀들을 고용해 청소와 설거지를 시켰다. 옷 만드는 공장에도 원주민 소녀들이 취직했다. 누이도 며칠 만에 별 어려움 없이 일자리를 구할 수 있었다.

멜버른에는 삼촌과 숙모가 먼저 가서 살고 있었기 때문에 누이는 당분간 삼촌 집에서 지냈다. 그 당시 멜버른에는 원주민들이 많지 않았다. 기껏해야 한두 집이 고작이었다. 그때는 경제 대공황기였다. 덤불숲에 사는 우리들도 가난하긴 마찬가지였다. 얼굴 흰 농장주들은 형편이 어려워 더 이상 원주민들을 고용할 수 없었다. 우리 모두 먹는 날보다 굶는 날이 더 많았다. 얼굴 흰 사냥꾼들이 덤불숲에 사는 생물들을 거의 전멸시키다시피 한 것도 이 무렵이었다. 캥거루, 토끼, 왈라비, 여우 가죽은 꽤 큰 돈이 되었다.

주말마다 원주민 아이들은 몇 푼 받고 고사리 숲으로 가서 얼굴 흰 사냥꾼들을 위해 여우 모는 일을 했다. 그리고 어른들은 캥거루 사냥꾼들을 위한 수색자로 따라나서야만 했다.

그러나 우리는 덤불숲이 우리의 영혼이라고 느꼈다. 우리도 그 덤불숲에 사는 피조물이었다. 따라서 같은 피조물들에게 새끼를 낳고 키울 기회를 주어야 했다. 새끼 왈라비가 어디서 자라는지 우리 모두 알고 있었지만 건드리지 않았다. 얼굴 흰 사냥꾼들에게도 그 장소를 비밀로 했다. 왈라비들이 죽어 나가는 것을 원치 않았기 때문이다. 우리 자신이 그렇게 되는 것을 원치 않았듯이.

지역 교회가 덤불숲에서 생활하는 원주민들을 위해 약간의 돈을 모아 주었다. 그것이 얼마간 도움이 되었다. 그러나 눈에 보이지 않으면 마음에서도 멀어지기 마련이다. 대부분의 원주민들은 외따로 버려진 채 풀뿌리로 연명하며 가난에 허덕여야만 했다. 보호 구역 안에 묶인 상태에서는 아무것도 할 수가 없었다.

멜버른에서 어느 날 저녁 누이와 사촌은 영화를 보러 갔다. 그런데 집으로 돌아오는 길에 근처 집에서 싸움이 벌어졌다. 한 여자가 남자에게 병을 집어던져 창문이 깨지면서 유리 조각 하나가 누이의 눈에 들어갔다. 누이는 즉시 병원으로 실려 갔다.

숙모가 나의 어머니에게 당장에 멜버른 병원으로 오라고 전갈을 보냈다. 황급히 달려간 어머니는 덤불숲에서 먹을 것을 구하지 못한 불쌍한 원주민들이 그 도시에서 걸인처럼 음식을 구걸하는 모습을 목격했다. 여러 교회가 돌아가면서 따뜻한 음식을 강당 가득 마련해 놓고 빈민들에게 음식을 나눠 주고 있었다. 며칠씩 굶주린 사람들이 벽에 기댄 채 줄을 서서 추위에 떨며 교회 문이 열리기를 기다리고 있었다. 누더기 옷을 입은 허약한 아이들도 있었고, 헐벗은 노인들과 포대기로 감싸인 갓난아기들도 있었다. 교회 문이 열리면 사람들은 줄을 서서 안으로 걸어들어갔다. 아이들도 천천히 따라갔다. 하지만 뛰어가거나 앞자리를 차지하려는 사람은 단 한 명도 없었다. 다들 자기 차례를 기다리며 모두가 자신의 몫을 받을 수 있도록 배려했다.

세월이 흐른 지금, 외국의 포로수용소나 아프고 가난한 사람들을 화면에 담은 영화를 보면 대공황기가 생각난다. 그 시절 사람들은 자유롭기는 했지만 여전히 굶주렸다.

어쨌든 어머니는 아버지에게 전갈을 보냈다.

'아이들을 모두 멜버른으로 보내면 좋겠어요. 적어도 머리 위엔 지붕이 있고 입에 풀칠이라도 할 수 있으니까요.'

그래서 아버지는 어느 때보다 나무 베는 일을 더 열심히 해 약간의 돈을 모았다. 그 돈을 들고 아버지는 어린 자식들을 한 자리에 모은 뒤, 어떻게 덤불숲을 떠나 큰 도시로 갈 것인가를 설명했다. 그때까지 우리는 한 번도 도시에 가본 적이 없었다. 맏형과 다른 숙모와 삼촌들, 그리고 사촌들은 뒤에 남았다. 온 가족이 전부 부족의 땅을 떠나는 일이 있어서는 안 된다는 원칙 때문이었다.

아버지는 근처 시골 읍에서 트럭 운전사가 우리를 태우고 갈 수 있게 예약을 해두었다. 우리는 덤불숲 오두막에서 출발해 목장들을 몇 개 지나 8킬로미터에 이르는 길을 걸어갔다. 모두 아버지 곁에 바짝 붙어서 부지런히 걸음을 옮겼다. 울타리들을 넘고 징검다리를 건너 폭포 꼭대기에 있는 강을 지났다. 화창하고 포근한 날씨였다. 나와 형제들은 새로운 장소를 향해 긴 여행을 떠난다는 생각에 마냥 들떴다. 나는 며칠 동안만 여행을 떠나는 것이라고 생각했다. 형과 누이들도 아마 같은 생각이었을 것이다. 그렇지 않고 영영 떠나는 것인 줄 알았다면 울음이 복받쳤을 것이다.

마침내 고속도로에 이르러 멜버른까지 우리를 태워다 줄 트럭을 기다리고 기다렸다. 하지만 트럭은 한 대도 지나가지 않았다. 아버지는 몹시 난감해 하셨다. 아버지가 말했다.

"트럭이 고장났나 보다. 그렇지 않으면 이 시간쯤 분명히 와야 하는데."

우리 원주민들은 일단 여행길을 나서면 집으로 되돌아갈 수 없다고 믿는다. 아버지는 늘, 여행을 떠났다가 그냥 되돌아오면 불행이 뒤따라온다고 말했다. 그래서 우리는 가까운 철도역까지 몇 킬로미터를 더 걸었다. 아버지는 역장과 몇 마디 얘기를 나눈 뒤 물었다.

"이 돈이면 나와 우리 애들이 멜버른 행 기차를 탈 여비로 충분한가요?"

역장은 아버지의 돈 액수를 들여다보고 말했다.

"미안하지만 그걸로는 부족해요. 하지만 12킬로미터를 더 걸어 다음 역까지 가면 그 돈으로 멜버른 가는 기차표를 끊을 수 있을 겁니다."

아버지가 말했다.

"자, 얘들아. 조금 더 걷자."

그렇게 우리는 또 걸었다. 이번에는 고속도로를 따라 걷지 않고 시골길을 가로지르며 철길을 따라갔다. 우리 아이들은 선로 침목을 징검다리 삼아 뛰어다니며 가는 길 내내 장난을 쳤다. 마침내 기차 시간에 딱 맞춰 다음 역에 도착했다.

역장이 나와서 아버지에게 말을 건넸다. 그는 바닥에 내려놓은 커다란 여행 가방을 내려다본 뒤 우리 어린 자식들을 바라보았다. 그런 다음 아버지에게 표 한 장을 내밀었다. 그가 말했다.

"이곳에서 기차를 기다려야 합니다. 곧 올 겁니다."

기차가 멀리서 선로를 따라 기적을 울리며 달려오는 소리가 들렸다. 우리는 아버지의 바짓가랑이에 매달렸다. 기차를 그때 생전 처음 본 것이다. 곧이어 우리는 너무도 놀란 눈으로 그 무시무시한 괴물이 삐거덕거리며 천천히 선로 위로 굴러오는 장면을 지켜보았다. 소리가 정말 요란했다! 그리고 계속해서 증기가 뿜어져 나왔다.

아버지는 우리가 기차에 올라타는 것을 도왔다. 우리가 한꺼번에 기차 승강장에 매달리는 바람에 아버지는 무척 고생하셨다. 기차에 올라타고 처음 몇 분 동안 우리는 잔뜩 겁을 먹었지만, 곧이어 흥분을 감출 수가 없었다. 우리는 서로를 부르며 소리쳤다.

"이리 좀 와봐! 여길 좀 보세요, 아빠! 창문 밖을 좀 보세요! 저 자동차들 좀 보세요!"

밤에는 사실 차가 한두 대밖에 지나가지 않았다. 하지만 차창 밖에는 수많은 불빛이 있었다. 우리는 평생 그렇게 많은 불빛을 본 적이 없었다. 그래서 불빛들이 전부 자동차에서 나오는 것인

줄로만 알았다.

아버지가 말했다.

"그것들은 차가 아니란다. 가로등이야."

그런 광경은 처음이었다. 밤에 오두막집에서 밝히는 등불은 대개 낡은 양철에 흙을 채우고 양초 심지처럼 끝이 볼록 튀어나오게 만든 다음, 한가운데에 헝겊 조각을 쑤셔 넣고 맨 위에 녹인 기름을 부어서 만든 촛불에 불과했다.

우리는 서로에게 말했다.

"와, 이곳은 밤에도 어둡지가 않네. 저길 봐, 대낮처럼 밝아."

그러는 사이에 기차가 빠앙 하고 멜버른 역에 당도했다. 얼굴 흰 사람들을 그렇게 많이 본 것도 그때가 처음이었다. 우리로서는 굉장한 문화적 충격이었다. 게다가 어렸기 때문에 놀라움이 더 컸다. 얼굴 흰 사람들은 여러 가지 이유로 원주민 아이들에게는 두려운 존재였다. 아버지는 군중들 틈에서 길을 잃어버리지 않도록 한 줄로 세워 꼭 붙어 다니게 했다. 많은 사람들이 우리를 보고 미소를 지었다. 오지에 사는 원주민 꼬마들이 처음으로 대도시를 방문한 것임을 알아차린 듯했다.

기차역 밖에는 어디에나 자동차와 불빛이 있었다. 도로를 건너자 재미있게 생긴 오래된 전차가 다가왔다. 아버지는 우리를 그 전차에 태웠다. 무엇을 어떻게 해야 하는지 아버지는 정확히 알고 있었다. 일자리를 찾으러 온 사방을 다니면서 멜버른에도 들른 적이 있으셨던 것이다. 그러나 우리는 겁에 질려 잔뜩 긴장했다. 전차는 객차가 두 칸이었으며, 온갖 국적의 사람들로 만원이었다.

누군가 자리를 양보해 줘서 우리는 뒷좌석에 앉았다. 그때 키가 크고 빼빼 마른 운전사가 몸을 기울여 앞좌석에 앉아 있는 남자의 어깨를 툭툭 쳤다. 운전사는 그 남자에게 어린 원주민 아이들이 앉아 갈 수 있도록 자리를 양보해 달라고 부탁했다. 앞좌석에 앉은 사람들 모두가 두 말 없이 일어나 운전사 옆 좌석을 우리에게 내주었다.

앞좌석에 앉아서 가니 마치 도로가 우리를 향해 다가오는 것만 같았다. 우리는 너무도 겁에 질려 코너를 돌 때는 거위처럼 얼른 머리를 숙이고 서로를 꼭 붙들었다. 전차 운전사는 벨을 울리며 노래를 불렀다. 우리를 즐겁게 해주려고 애를 쓰는 게 역력했다. 그는 오지에서 온 이 원주민 꼬마들이 잔뜩 겁에 질려 있다는 사실을 알고 있었다. 그 역시 생전 처음 전차를 타보는 덤불숲 꼬마들을 태우고 가는 것이 즐거운 듯했다. 그는 우리가 타고 있는 동안 내내 벨을 울리고 노래를 부르면서 우리를 즐겁게 해주었다. 우리 형제들로서는 정말로 흥분되는 일이었다.

마침내 우리는 전차를 내렸다. 그리 멀지 않은 곳에 사촌 집이 있었다. 아버지는 주머니에서 종이 한 장을 꺼내 들고 가로등 불빛에 유심히 비춰 보았다. 모퉁이를 돌자 바로 찾던 집이 나타났다. 문을 두드리고 집 안으로 들어갔다. 그 순간부터 이후 몇 년 동안 나는 멜버른과 덤불숲 사이를 오가며 생활하고 온갖 곳에서 일을 했다.

사촌 집은 테라스가 있는 이층집으로 다른 집들과 다닥다닥 맞붙은 허름한 주택이었다. 집 옆으로 좁다란 골목길이 나 있고 식구들은 뒷문을 통해 항상 그 길로 드나들었다. 겉보기에는 시멘트로 만든 집처럼 보였지만 내 생각에는 돌로 지은 것 같았다. 구멍이 숭숭 나 있고, 어떤 구멍은 메워져 있었다. 싸구려 벽지를 바른 작은 방이 몇 개 있었다. 그리고 방에는 빈대가 득실거렸다. 불을 켜면 빈대가 벽에 난 구멍 속으로 황급히 숨는 것을 볼 수 있었다. 숙모는 유황을 태워 방에 연기를 피우고, 빈대 알이 가득한 침대 스프링 위에 끓는 물이나 석유를 붓곤 했다. 하지만 다음날 밤 아이의 뺨에 전등을 비추면 빈대가 어김없이 아이의 얼굴 위를 기어 다니는 걸 볼 수 있었다.

　무더운 밤에 특히 빈대는 덤불숲에서 온 꼬마들에게 골칫거리이자 고문이었다. 고향에도 덤불 벼룩이 있었지만 도시의 이 끔찍한 벌레들에 비하면 그 놈들은 신사나 다름없었다. 대공황기에 사람들은 좀더 형편이 나은 장소를 찾아 자주 이사를 다녔다. 그러나 살기 좋은 곳을 찾기란 쉬운 일이 아니었다. 모두 전보다 사정이 나빠졌기 때문이다. 그래서 그 끔찍한 상황에서 그냥 포기하고 살아야만 했다.

　밤이면 잠자리에 누워 덤불숲 오두막을 머릿속에 그려보곤 했다. 어렸을 때 아버지가 일터인 숲 속에 나를 데리고 다니던 일이 가장 많이 떠올랐다. 아버지가 양치류와 고무나무 끝 부분을 긁어 모아 푹신한 잠자리를 만들어 주던 일도 생각났다. 우리 부족을 이끌어가던 어른들도 눈앞에 어른거렸다. 얼굴 흰 농장주들을 위해 울타리 말뚝을 베는 고된 하루 일과를 끝낸 뒤 덤불숲에서 나와 오두막으로 향하는 사람들의 모습이 눈앞에 어른거렸다. 남자

덤불숲을 떠나 문명 세계로

들은 어깨에 도끼와 설탕 자루를 메고, 손에는 점심을 먹고 남은 댐퍼 빵을 들고, 노쇠한 말과 수레를 덜컹덜컹 굴리면서 걸었다. 수레를 끄는 사람들은 잠시 멈춰 서서 아버지와 이런저런 얘기를 나누곤 했다. 그러나 고약한 빈대가 내 몸 위로 기어오르면 그런 생각에 집중하기가 불가능했다.

오래지 않아 나는 도시에서의 삶의 방식에 익숙해지기 시작했다. 하지만 고향 땅이 그립긴 마찬가지였다. 덤불숲으로 돌아가 숲 속을 이리저리 거닐고, 샛강을 따라 산책하고, 강물 속을 들여다보고, 물고기와 뱀장어를 찾아 창을 던져 볼 수만 있다면 죽어도 여한이 없었다. 그런 풍경들이 잠시도 머릿속을 떠나지 않았다. 사촌 집 근처에서 그나마 덤불숲 느낌이 나는 곳은 근처 공원이었다. 그러나 공원의 나무들은 너무 다듬어져 있고 잔디밭도 지나치게 깔끔했다. 우리는 고향의 숲처럼 야생 고사리와 층층나무와 고무나무로 그 공원을 가득 채우고 싶었다.

밤이면 도시의 휑뎅그레한 나무들이 우리를 내려다보았다. 그럴 때면 우리 식구들은 전람회장이나 공원으로 갔다. 어떤 사람은 기타를 들고 왔다. 우리는 그곳에 모여 앉아 노래를 부르고 부족의 옛날이기를 하기 시작했다. 나는 당장에라도 고향의 오두막집으로 되돌아가고 싶었다. 우리는 경찰 모르게 작은 모닥불을 밝혀서는 그 주위에 모여들어 우리 부족의 '꿈의 시대'(호주 원주민 신화에 등장하는 옛 조상들의 낙원. 드림 타임)를 들여다보았다.

몇 달이 지나자, 날이 어두워지면 각지에서 온 다른 원주민들이 우리 곁으로 몰려오기 시작했다. 그들은 손에 포도주 병과 악기를 들고 있었다. 그렇게 해서 그 공원은 빠르게 원주민의 중심지로 변해 갔다.

쿠메라군자나 더보처럼 먼 곳에서 이주해 온 원주민들이 종종 비좁은 우리 집 뒷마당에서 야영을 하며 저녁이면 모닥불을 밝히곤 했다. 그러면 만사 시름을 잊었다. 밤에 우리 꼬마들이 그 모닥불 주위에 둘러앉으면 어른들은 자신들이 살던 덤불숲 이야기를 들려주었다. 우리는 나뭇가지 사이를 스쳐 지나가는 바람소리를 듣고, 샛강이 골짜기 사이로 달려가는 고향을 생각했다. 달빛이 내리비치는 도시의 어둠 속에서 덤불숲을 떠올리는 일은 그다지 어렵지 않았다.

우리는 같은 동네에 사는 백인 아이들이 무서웠다. 우리는 오지에서 온 아이들이고, 그 시절 얼굴 흰 사람들에 대한 온갖 좋지 않은 소문을 들어온 터였다. 그러던 어느 날 한 얼굴 흰 남자 아이가 우리에게 다가와 갖고 있던 우유병 하나를 내밀었다. 그렇게 그 아이는 우리와 친구가 되었다.

그 아이의 이름은 빌리 폴이었다. 빌리는 동생 찰리와 함께 대부분의 어린 시절을 고아원에서 보냈다. 아버지는 알코올 중독자였고 집으로 돌아오면 자식들에게 주먹질을 해댔다. 나중에 우리가 다른 구역으로 이사하고 보니 빌리가 바로 우리 옆집에 살고 있었다. 그래서 빌리 형제는 울타리를 뛰어넘어와 우리 집에서 나와 함께 밤 시간을 보내곤 했다.

불우한 가정환경에서 자란 빌리 폴은 끝내 범죄자가 되었다. 그러나 빌리의 엄마는 모든 사람들을 돌보며 살았다. 찰리는 원주민 여자와 결혼했다. 찰리의 아내는 나중에 병이 들었는데, 찰리는 아내를 헌신적으로 돌보며 살았다. 그리고 아내가 죽자 그도 얼마 안 있어 아내를 따라 저세상으로 갔다. 우리 부족 사람들은 그를 우리의 친구로 예우하고, 아내 옆에 묻어 주었다.

다른 백인 소년들과는 걸핏하면 싸움을 하거나 발로 채이기 일쑤였다. 형과 나는 여러 번 죽을 만큼 얻어맞았지만, 물러서지 않고 끝까지 싸웠다. 우리는 이런 일을 도시 생활의 일부로 받아들였으며 결코 불평하거나 투덜대지 않았다. 그리고 우리와 싸운 아이들은 결국 둘도 없는 친구가 되었다. 얼굴 흰 아이들은 우리에게 이탈리아 인이나 그리스 인이 하는 과일 가게의 진열대 앞을 뛰어 지나가면서 잽싸게 사과 한 알을 가로채는 법을 가르쳐 주었다. 가게 주인은 이렇게 소리치곤 했다.

"우리 가게에 사과 훔치러 오지 마라. 사과가 먹고 싶으면 하나 주마. 그 나머지 사과로도 돈은 충분히 벌 수 있어. 나도 먹고, 우리 애들도 먹어야 한단다."

과일 가게 아저씨들과 우리는 곧 친해졌고, 그들은 약간 시든 사과나 야채 한 묶음을 우리에게 던져 주곤 했다. 생선 가게 아저씨는 가게 안으로 우리를 불러 생선 한 토막과 감자튀김을 봉지에 둘둘 말아 주었다. 그러면서 말했다.

"일요일 아침에 가게 뒷문으로 오거라. 그러면 생선 튀김과 감자튀김을 주마."

그는 토요일 밤에 팔지 못한 물건을 싸서 원주민 아이들에게 집에 가져가 먹으라고 주었다. 그 시절에는 사람들 모두가 그렇게 서로를 도우며 살았다.

추운 겨울 오후가 되면 거리에는 큰 말들이 끄는 양조장 마차가 경주하듯 서로 다른 술집을 향해 내달리고, 노란색 지붕을 한 네모난 택시가 손님을 태우러 바삐 돌아다녔다. 앞에 커다란 종을 매단 경찰차가 진창길을 달려갔다. 이따금 나는 시장에 가곤 했다. 도시 사람들은 덤불숲이 아니라 시장에서 먹거리를 구했다. 그곳에는 온갖 국적의 사람들이 모여 있었는데, 대부분 가난한 얼굴 흰 사람들이었다. 그들은 상인들이 못 파는 물건을 내놓기를 기다리며 진열대 주변을 어슬렁거렸다. 썩은 사과들 중에서 그나마 상태가 나은 사과를 집으려고 서로 밀쳐댔다. 어떤 때는 호박 한 덩이를 놓고 진짜 싸움이 벌어지기도 했다. 덤불숲의 환경과는 사뭇 달랐다. 이곳에서 벌어지는 일들은 덤불숲에서는 전혀 볼 수 없던 일들이었다. 하지만 멜버른에 살면서 우리는 전에 알지 못했던 삶의 다른 면과 얼굴 흰 사람들이 어떻게 살아가는가를 볼 수 있었다.

나는 학교에 다니지 않았다. 부모님은 내가 학교에 가기에는 몸이 썩 건강하지 못하다고 생각했다. 그 무렵 나는 관절염 때문에 다리가 약했었다. 그래도 무료 급식이 나오는 날에는 영국 성공회가 운영하는 학교에 얼굴을 내밀곤 했다. 그러나 그곳에서 가르치는 내용은 부족의 어른들에게서 배운 내용에 비하면 그다지 쓸모가 없어 보였다. 그래서 나는 이내 발길을 끊었다.

내 누이들은 모두 정상적으로 학교에 다녔다. 그러나 부모님은 얼굴 흰 사람들의 교육이 우리 원주민에게 큰 의미가 있다고는 판단하지 않았다. 그 당시 원주민은 인생에서 기회가 많지 않았고, 따라서 교육을 받아 봐야 별로 달라질 것이 없었다. 그때는 먹고 살기도 힘든 시절이었다. 나로서는 교실에 우두커니 앉아 수업을 받는다는 것이 시간 낭비에 불과했다. 그 시간에 차라리 가게 주인들의 심부름을 해주고 몇 푼 버는 게 나았다. 우리 가족에게는 내가 벌어 오는 서너 푼의 돈과 음식이 절실히 필요했다. 그래서 나는 열 살 때부터 돈을 벌기 시작했다.

처음엔 신발 공장에 일자리를 얻었다. 공장 주인은 나를 마음에 들어 했고, 좀더 책임 있는 자리에 앉히려고 더 많은 훈련을 시켰다. 그러나 공장의 화학약품 때문에 온종일 두통에 시달리다가 결국 그만두었다. 내게는 바깥에서 할 수 있는 일이 필요했다.

어느 얼굴 흰 할머니의 집을 청소해 준 적도 있었다. 그리고 가게 주인의 일도 도왔다. 그는 선량하고 친절한 사람이었으며, 정말로 내게 잘해 주었다. 그때부터 나는 얼굴 흰 사람들이 모두 나쁘지는 않다는 것을 깨닫기 시작했다. 개중에는 원주민을 돕는 일을 기뻐하는 사람도 있었다. 그런 사람들 때문에 나는 인종 차별주의자나 불량배가 되지 않고 온전한 시각을 가진 사람으로 자라날 수 있었다. 어린 시절 얼굴 흰 사람들에 대해 여러 가지 흉흉한 이야기를 많이 들었지만, 헌신적으로 원주민들을 위해 봉사하는 착한 백인들이 있었다. 그들은 원주민을 친구로 받아들이고 여느 사람과 마찬가지로 동등한 인격체로 대했다.

가끔씩 정부에서 땔감을 나눠 주었다. 이때는 최빈민층 사람들이 정부로부터 생계 유지비를 받는 때이기도 했다. 말 한 필이 끄는 수레가 철도역에서 무료로 나눠 줄 나무를 싣고 왔다. 이때가 되면 도시 전체가 활기를 띠었다. 아이들은 전부 집에서 만든 수레를 끌고 나가 나무를 얻어 집으로 가져왔다. 그렇게 해서 우리는 다만 몇 푼이라도 건질 수 있었다.

화물 트럭은 도시 밖에서도 들어왔다. 덤불숲에서 가져온 나무를 파는 트럭이었다. 그리고 나무를 산 사람들은 집까지 나무를 배달해 줄 사람이 필요했다. 나는 고무나무를 배달해 주면서 다시금 그 향내를 맡는 일이 행복했다. 고향으로 돌아온 듯한 기분이었다.

낮이면 여러 곳을 돌아다녔다. 사실 거리에서 노는 것은 일거리를 찾는 가장 좋은 방법이기도 했다. 우리는 도로 중심가에서 벽에 공을 치며 놀았다. 집 앞 골목길은 너무 비좁았기 때문이다. 게다가 집 앞 골목에서 놀면 사람들이 이렇게 말하곤 했다.

"여기서 놀지 마. 저쪽 골목으로 가서 놀아."

우리는 그들이 왜 그렇게 말하는지 의아했다. 세련되게 차려 입은 젊은 여자들이 옆집 대문 앞에 서 있곤 했다. 그 처녀들은 우리에게 인사를 건네며 말했다.

"얘들아, 어서 다른 데로 가서 놀아."

그러면 우리는 두말없이 다른 곳으로 달려갔다. 그 도시에서 태어나고 자란 얼굴 흰 아이들과 어울리기 시작했을 때, 그 아이들이 우리에게 말해 주었다.

"저 여자들은 거리의 여자들이야. 매춘부야."

하지만 우리는 매춘부가 무슨 뜻인지 알지 못했다. 더 오랜 시간이 지난 뒤 그 뜻을 알게 되었지만, 우리는 늘 그 여자들을 존중했다. 그녀들의 대장격인 베시 역시 우리를 친절하게 대해 주었고, 호주머니에서 한 움큼씩 동전을 꺼내 우리 손에 쥐어 주기도 했다.

추운 겨울날이면 우리는 거리를 뛰어다니며 노인들의 심부름을 해주고 푼돈을 벌었다. 그 돈이면 뭔가를 살 수 있었다. 그 당시 동전 몇 개면 꽤 큰 돈이었다. 하지만 아무 수입도 없이 빈털터리일 때가 더 많았고, 진창이 된 도로를 뛰어 돌아와야만 했다. 우리가 집에 다가가면 거리의 여자들이 베시와 함께 문 앞에 서서 손님을 기다리고 있는 것이 보였다. 자신들의 골목에 사는 가난한 원주민 아이들이 뛰어오는 것을 보고 베시가 우리를 불렀다. 그들은 종이에 구입할 품목을 쭉 적어 놓았으니 식료품 가게, 야채 가게, 빵집, 고깃집에 들러 적힌 대로 물건을 사오라고 종이를 내밀었다.

"자, 가서 여기 적힌 물건들을 사갖고 다시 이리로 오렴. 우리 숙녀들의 부탁을 들어 줘. 그러면 돼."

한 푼 벌 수 있다는 생각에 우리는 마음이 들떴다. 빠른 걸음으로 상점을 모두 들러 가게 주인에게 목록에 있는 대로 달라고 말했다. 나와 형과 누이들은 식품 꾸러미를 한 아름 들고 여자들이 있는 곳으로 뛰어 돌아왔다. 내내 차가운 비를 맞은 데다 바람까지 불고 있었다.

부탁 받은 대로 식품 꾸러미를 건네주자 여자들이 말했다.

"너무 잘했어. 하나도 빼놓지 않았네. 거스름돈은 받았니?"

"네, 받았어요."

그러자 베시가 말했다.

"그럼, 그 거스름돈은 가져라. 너희들끼리 나눠 가져. 그리고 이 먹을 것도 모두 집에 가져가서 엄마한테 요리해 달라고 해."

그들은 그런 식으로 우리에게 친절을 베풀었다. 그들이 아니었다면 우리는 여러 차례 굶주린 배를 안고 잠자리에 들었을 것이다.

좀더 자라서 그들이 베푼 친절이 얼마나 큰 것이었는가를 깨달은 뒤, 나는 그들을 마음속으로부터 존경했다. 그들이 대도시의 얼굴 까만 원주민 꼬마들에게 베푼 친절이 늘 생각났다. 바람 불고 추운 대도시의 밤, 제대로 먹을 것이 없었지만, 그 여자들은 폭풍우 속에서 내려와 우리에게 음식을 전해 준 천사들과도 같았다.

지금도 그때 일이 생각난다. 그 가련한 여인들은 어쩌다가 거리의 여자가 되었을까. 살기 힘든 시절이었기 때문에 좋은 집안 출신의 많은 젊은 여성들이 거리에 나와서 매춘부로 살아갔다. 사람들은 그녀들을 손가락질했지만, 우리에게는 천사였고 더없이 다정한 친구였다.

큰형이 찾아와 나를 우리 부족의 땅으로 도로 데려오기 열두 달 전의 일이었다.

빼앗긴 대지의 노래

고향의 덤불숲에서 보낸 한 달은 하루하루가 꿈만 같았다. 모든 풍경이 전보다 더 생생하게 다가왔다. 많은 시련에도 불구하고 원주민 공동체를 이끌어 온 부족의 선한 어른들이 변함없이 그곳에 남아 있었다.

나는 그 옛날 우리 부족 사람들이 얼굴 흰 정착민에게 독살당한 곳이 강 근처 어디인지 살펴보았다. 그러나 그 장소는 여러 해 동안 사용하지 않은 채였다.

그때 할머니가 문 앞에 앉아 멀리 강 위에 놓인 다리와 언덕을 바라보고 계신 것이 보였다. 그 집은 할아버지가 직접 지으신 원주민 최초의 통나무집이다. 내가 다가가자 할머니는 무척 반기며 나를 집 안으로 데리고 들어갔다. 할머니는 그 근방에서 레이디 클라크로 통했다. 당당한 태도와 더불어 아름답게 꾸민 집 때문에 얻은 이름이었다. 모두가 할머니를 사랑하고 존경했다. 얼굴 흰 사람들까지도 할머니를 자기들 집에 초청하곤 했다. 온갖 색깔의 꽃이 피어 있는 할머니의 정원은 그 근방에서 유명했다. 접시꽃, 참제비고깔꽃, 장미꽃들 사이에 할머니의 집이 서 있었다.

보호 구역 모퉁이에 위치한 그 집 부근은 울타리 만드는 백인 남자의 이름을 따서 '기름쟁이 잭'이라고 불렸다. 기름쟁이 잭이라는 별명은 그가 머리에 기름을 잔뜩 발라 빗질한 데서 유래한 것이다. 그 백인 남자는 강둑에 앉아 원주민들과 이야기하는 것을 좋아했다. 그래서 우리는 그 장소를 '기름쟁이 잭의 샛강'이라고 불렀다.

나는 전에 살았던 나무껍질로 지은 오두막집에도 들렀다. 동틀 무렵이었다. 전 같으면 우리 식구들이 아침을 먹을 시간이었다. 나를 발견하고는 빨간색 앵무새가 날개를 파닥이며 내 발 옆에 내려와 앉았다. 우리 꼬마들은 그 앵무새에게 우리의 아침 식사를 나눠 주곤 했었다. 앵무새를 잡으려고 한 적은 한 번도 없었다. 나를 잊지 않고 새가 반겨 준 것이다.

내가 태어나고 자란 고향으로 돌아오니 말할 수 없이 행복했다. 하지만 다시 도시로 갈 때가 되자 마음이 슬퍼졌다.

형이 나를 멜버른에 도로 데려다 주고 난 얼마 후, 우리 가족은 도시의 다른 구역으로 이사를 갔다. 이사 간 집에는 커다란 뒷마당이 있었는데, 그곳에 날마다 많은 원주민들이 찾아와 야영을 했다. 우리는 언제나 반갑게 사람들을 맞아들였다. 이층으로 된 우리 집은 그렇게 호주 전역에 유명해졌다. 각지에서 온 원주민들이 우리에게 이런저런 소식을 가져다주었으며, 우리의 따뜻한 접대에 기뻐했다. 하지만 우리 집 정원에는 나무가 한 그루도 없었다. 풀 한 포기 자라기 힘든 황폐한 진흙땅이었기 때문이다.

우리 집을 찾아온 원주민들은 고향의 어른들이 그랬던 것처럼 내게 많은 이야기와 가르침을 들려주었다. 그들은 원주민의 원칙을 지키며 살아가는 것이 얼마나 중요한가를 강조했다. 삶을 신성하게 여기고 조심스럽게 다뤄야 하며, 화를 내거나 욕설을 퍼붓는 일로 망쳐 버려서는 안 된다고 가르쳤다.

그들은 말했다.

"삶에서 힘들고 고통스런 일이 생기면, 잠시 멈추고 생각할 시간을 가지라. 그런 다음 앞으로 다가올 문제들에 어떻게 대처할 것인가를 생각하라. 바위를 만났을 때 돌아가는 물처럼 행동하라. 그것이 삶이다. 그리고 힘닿는 데까지 사람들을 도우라. 네가 가장 미워하는 사람일지라도 말이다. 사람에게 도움이 필요한 순간, 그가 과거에 너에게 어떻게 행동했는가는 잊어버려라."

길 건너에 사는 우리의 친구들은 중국인이었다. 얼굴 흰 친구들도 여럿 있었다. 우리 집이 있는 거리에는 다른 원주민 가족은 없었다. 하지만 나는 거의 매일 도시 전역에서 찾아온 원주민 아이들과 만날 수 있었다. 그 아이들도 나처럼 고향의 자연에 목말라 있었다. 우리는 하루 종일 밖에서 함께 시간을 보냈다. 진짜 강을 찾아서 도시 밖으로 몇 킬로미터씩 걸어간 적도 있었다.

마리비르농 강은 우리가 가장 좋아하는 강이었다. 그 강은 멜버른 서쪽 지대까지 흘러갔다. 그러나 우리는 나무들이 자연 상태 그대로 우거져 있고 집이 한 채도 보이지 않는 곳을 찾아 더 멀리까지 나아가곤 했다. 물고기나 뱀장어가 헤엄치는 것을 보기 위해 물속을 열심히 들여다보기도 했다. 그것이 우리에게는 무척 중요한 일이었다. 그래야 겨우 숨을 쉴 수 있었다. 해가 질 무렵이면 다시 집으로 걸어 돌아오거나 지나가는 수레를 얻어 탔다.

거리에서 노는 백인 청소년들처럼 우리도 얼마든지 총을 구할 수 있었지만 결코 그렇게 하지 않았다. 총을 지니고 다닌다는 것은 생각만으로도 무서운 일이었다. 우리는 어렸을 때부터 총에 관한 이야기를 많이 들었다. 원주민들이 얼굴 흰 사람들의 총에 맞아 집단으로 죽은 이야기였다. 우리는 총 근처에 얼씬도 하고 싶지 않았다.

어느 날, 아버지는 우리를 데리고 멜버른 박물관을 구경하러 갔다. 박물관에는 나의 고조 외할머니인 트루가니니 여왕의 해골을 모사한 전시품이 진열되어 있었다. 얼굴 흰 사람들의 주장으로는 트루가니니 여왕이 큰 섬나라인 타즈메니아(호주 남동부의 섬)에서 죽은 마지막 원주민이다. 하지만 그것이 사실이 아니라는 걸 우리는 안다. 아버지는 우리에게 말했다.

"저 분이 분명히 너희 외가 쪽 고조할머니이시다."

가장 기억에 남는 것은 박물관 측에서 아무 존경의 표시도 없이 우리의 위대한 조상을 취급하는 것에 어머니가 분노를 터뜨린 일이다. 트루가니니는 마치 한 마리 동물처럼 그 박물관에 볼품없이 전시되어 있었다. 게다가 사람들은 그것이 정말로 트루가니니 여왕의 두개골인가를 놓고 격렬한 논쟁을 이어 오고 있었다. 트루가니니의 두개골은 쉽게 알아볼 수가 있다. 그녀는 이목구비가 뚜렷

한 여성이었기 때문이다.

　많은 사람들은 트루가니니에게는 자식이 없었다고 주장한다. 그러나 우리의 증조할머니인 루이자 할머니는 자신이 트루가니니의 딸이라고 평생에 걸쳐 맹세했다. 어머니는 우리에게 이렇게 반문하곤 했다.

　"루이자 할머니가 뭣하러 그런 거짓말을 하시겠니? 그분은 착한 성품으로 소문이 자자했어. 평생 두려움 없이 원주민들을 위해 싸운 참된 분이셨다. 그분의 남편인 존이 그랬던 것처럼."

　우리의 유명한 조상의 두개골을 보고 돌아온 날 밤, 어머니는 자식들에게 조상에 대한 이야기를 해줄 때가 되었다고 판단하셨다. 어머니가 말했다.

　"2만 년 전, 바닷물이 불어나면서 타즈메니아 섬이 호주 본토로부터 분리되었단다. 그 바다는 늘 폭풍우가 거세 섬에 사는 원주민들은 해협을 건널 수가 없었어. 그래서 우리 부족은 본토의 다른 부족들과는 많은 차이가 있게 되었지. 그러다가 1800년대 중반에야 비로소 해협을 건너왔단다. 내 외가 쪽 고조할아버지는 누에논 부족의 망가나 추장이셨다. 그분 부족의 영토는 타즈메니아 남동쪽 해안에 있는 브루니 섬이 중심지였어. 망가나 추장은 조상으로부터 강하고 부드러운 성품을 물려받았어. 또한 뛰어난 유머 감각을 지닌 가정적인 분이셨지.

　그러던 어느 날 밤, 너희들의 조상인 망가나 추장이 가족들과 함께 작은 모닥불 주위에 둘러앉아 평화로운 시간을 보내고 있을 때였다. 총과 칼로 무장한 얼굴 흰 사람들이 배를 타고 해안가에

소리 없이 내려와 나무 사이를 헤치고 사람들을 덮쳤어. 얼굴 흰 자들은 어린 트루가니니의 엄마이며 망가나 추장의 아내인 원주민 여인을 붙들고 아무런 이유도 없이 칼을 휘둘렀단다. 그 가련한 여인은 숨을 몰아쉬며 쓰러졌지. 그리고 잠시 후 숨이 끊어지고 말았어.

상상이 가겠지만, 너희들의 조상 망가나 추장은 심한 충격으로 몹시 고통스러워했단다. 추장은 밤이면 혼자서 해변으로 나가 모닥불을 피우곤 했어. 그렇게 해서라도 아내의 영혼을 느끼려고 했던 것이지. 추장의 어린 딸 트루가니니는 예쁘게 성장했고, 키도 다른 처녀들보다 컸어. 트루가니니는 차츰 브루니 섬의 미인으로 알려지게 되었어. 외가 쪽으로 너희들의 고조할머니가 되는 그분은 언제나 원주민들과 얼굴 흰 사람들 사이에 평화를 정착시키기 위해 노력했다. 그것 때문에 때로 곤란에 빠지기도 했고 배신도 여러 번 당했지만 결코 포기하지 않았어. 무엇보다 그분은 내면 깊은 곳에서 미래를 느낄 줄 아는 분이셨어. 너희들이 그걸 느낄 수 있을지 모르겠구나. 그분 안의 깊이를 말야. 트루가니니는 부족을 위해 헌신하고 일생을 바쳤지.

트루가니니는 자신의 시간이 다해 가고 있다는 것을 알고 있었어. 부족의 어느 누구보다도 멀리 내다볼 수가 있었지. 그리고 우리가 에뮤를 잡기 전에 유인책을 쓰는 것처럼 사람들을 끄는 힘이 있었어. 트루가니니는 사냥꾼의 기술을 이용한 거야. 그분은 어떤 상황에서도 당당히 맞서 싸웠어. 남에게 고개를 숙인 것은 평생 두세 번뿐이었다. 여왕이라는 칭호도 그래서 생긴 것이지. 하지만 마음이 따뜻한 분이셨어. 내가 남을 너그러이 용서할 줄 알게 된 것도 그분의 피를 이어받았기 때문이다.

이 땅에 온 얼굴 흰 사람들은 우리 원주민들을 모욕하고 씻을 수 없는 죄를 저질렀어. 그들은 우리 부족의 남자들을 닥치는 대로 죽였어. 우리 불쌍한 여자들을 자기들의 것으로 만들기 위해서지. 하지만 나는 그들을 용서하려고 노력했고, 무엇보다 트루가니니 할머니 앞에서 자랑스런 손녀가 되고 싶었어. 트루가니니는 원주민 여자들에게 가해지는 잔혹한 행위를 보고 머지않아 부족이 거의 전멸되리라는 걸 내다보았어.

다시 투루가니니가 어린 소녀였던 시절의 이야기로 돌아가자. 우리의 조상 망가나 추장은 결국 부족의 관습에 따라 새 아내를 얻었지. 그런데 영국인들의 죄수 호송선인 사이프러스 호에서 반란을 일으킨 18명의 죄수들이 해안가를 습격해 그 새 신부마저도 배에 태워 끌고 갔어. 그리고 다시는 그 신부에 대한 소식을 들을 수 없었어.

망가나 추장은 말할 수 없는 슬픔으로 몸과 마음이 피폐해졌지. 자부심 강한 우리 부족 사람들이 그랬던 것처럼 말이다. 추장은 직접 밧줄로 나무껍질을 엮어 뗏목을 만들었어. 그리고 그 뗏목을 타고 바다로 나갔다가 큰 폭풍우에 휩쓸리고 말았어. 내 생각에는 어쩌면 그의 안의 모든 것이 폭풍우와 하나가 되기를 원했던 것 같아. 그 가련한 추장은 부족 사람들에게 구출되어 생명은 건졌지만 그때부터 미치광이가 되었어. 믿을 수 없이 힘든 나날이었지!

이제 추장에게는 트루가니니 외에는 남은 가족이 아무도 없었어. 추장의 가족 모두가 죽거나 납치되었거든.

그러나 그것은 슬픔의 시작에 불과했어. 너의 고조할머니 트루가니니가 열아홉 살 때의 일이었어. 트루가니니는 반짝이는 눈을 가진 아름다운 처녀였지. 어느 날 그녀는 갓 결혼한 파라와이나와 함께 배를 얻어 타고 브루니 섬의 집으로 가고 있었어. 배에는 파라와이나의 원주민 친구도 타고 있었어.

그런데 배를 태워 주겠다고 제안한 얼굴 흰 벌목꾼들이 바다 한가운데 이르자 갑자기 그 두 원주민 남자에게 덤벼들어 배 밖으로 밀어냈어. 그 불쌍한 원주민들은 헤엄치며 배에 매달렸지만, 얼굴 흰 자들이 그때 무슨 짓을 했는지 아니? 그들은 도끼로 두 남자의 손을 잘라서 물에 빠져 죽게 했어. 그리고 은밀한 곳으로 노를 저어가 불쌍한 트루가니니에게 온갖 못된 짓을 저질렀단다.

그 얼굴 흰 남자들은 자신들이 한 짓에 대해 틀림없이 천벌을 받았을 거야! 그것이 자연의 법칙이니까. 우린 복수하기 위해 아무것도 할 필요가 없어. 하늘이 대신 벌을 내리지.

트루가니니는 죽은 남편의 딸을 낳았지만 아무에게도 말하지 않았어. 자식을 살리고 싶었기 때문이지. 그 무렵에는 이미 타즈메니아 섬의 순수 원주민들도 얼굴 흰 사람들에 의해 거의 전멸된 상태였거든. 아주 극소수만 살아남았다. 희망이 전혀 보이지 않았어. 그러다 한 얼굴 흰 남자가 빅토리아(호주 남동부의 주)에서 무역을 하기 위해 타즈메니아 섬에 남은 원주민들을 끌어모으기 시작했어. 그 남자와 동행한 원주민 무리 가운데 섞여 있던 트루가니니는 자신의 딸을 몰래 바다 건너 육지로 보낼 기회를 엿보게 되었어. 바스 해협의 폭풍우치는 바다를 건너게 하려던 거였지. 부족 사람들 중 어느 누구도 건너지 못한 바다였어.

그 얼굴 흰 무역상과 동행하면서 트루가니니는 원주민과 얼굴 흰 사람들 사이에 평화를 실현하는 데 생을 바치기로 결심했어. 트루가니니의 불쌍한 딸 루이자는 처음 몇 년간을 빅토리아 해안에 있는 어느 원주민 가정의 품에서 자라게 되었어. 하지만 그녀의 앞길이 순탄하지는 않았어. 루이자는 자신을 돌보던 마르조리라는 이름의 원주민 여자와 함께 백인 물개잡이에게 납치되었어. 그 물개잡이 남자는 바스 해협의 작은 보호섬으로 그들을 유괴해 갔지. 이 사건을 꼭 기억해야 한다. 그 당시에는 그런 식으로 끌려가 노예가 된 원주민이 숱하게 많았지만, 지금까지도 얼굴 흰 사람들은 그런 사실을 송두리째 부인하고 있어. 어린 루이자는 그곳에서 자랐어. 그분이 바로 너희의 외가 쪽 증조할머니이시다.

루이자의 납치범은 어린 루이자가 그 섬에 끌려오기 전부터 머튼새잡이로 큰 이득을 올린 사람이었어. 머튼새의 기름과 지방은 연료와 식용으로 쓰였지. 그리고 깃털은 베개나 침대 매트리스용으로 비싸게 팔렸어. 원주민 여자 노예들은 한 번 바다에 나갈 때마다 양 어깨에 걸친 장대에 머튼새를 잔뜩 매달고 돌아왔어.

그런데 루이자의 어머니인 트루가니니 여왕은 그후 어떻게 되었는지 궁금하겠지? 당연히 너희들의 존경하는 조상인 그분의 소식이 궁금할 거다. 그들 부족의 땅은 타즈메니아 섬 남쪽 아래에 있었어. 트루가니니와 그녀의 부족 사람들은 대대로 내려온 부족

의 땅 브루니 섬에서 정치범이 되고 말았다. 그리고 결국 그곳에서 추방당해 부근의 이 섬 저 섬으로 옮겨다녔어. 그들은 해변에 앉아 바다 건너 신성한 고향 땅이 있는 곳을 안타깝게 바라보곤 했어. 하나둘씩 죽고, 생존자들은 남부 타즈메니아 섬으로 다시 이송되었지.

타즈메니아 섬의 얼굴 흰 사람들은 자신들이 마침내 원주민을 모두 지배하게 되었다고 여기기 시작했어. 나무 한 그루 없고 바람만 불어대는 꽁꽁 얼어붙은 무인도에 한데 몰아넣은 결과 원주민들은 결핵, 폐렴, 굶주림과 병으로 죽어갔어. 이때가 1830년대였을 거다. 얼굴 흰 사람들은 우리 부족 사람들을 아예 애완동물의 먹이로 만들 작정이었어.

그러나 부족 사람들이 모두 붙잡힌 것은 아니야. 도시에 사는 얼굴 흰 사람들은 정부의 손길이 미치지 않는 멀리 남쪽 섬의 야수 같은 남자들 사이에서 무슨 일이 일어나고 있는지 까마득히 모르고 있었어. 그 야수 같은 남자들은 자신들이 납치해 온 여자 노예들이 있는 곳으로 와서 매년 여섯 달을 보냈어. 폭풍우 거센 바스 해협의 이 섬 저 섬에서 실어온 여자들이었어. 이 무법자들은 해적이고 물개잡이들이며 고래 사냥꾼들이었어."

어머니는 잠시 침묵했다가 말했다.

"차 한 잔 마시며 좀 쉬어야겠다."

우리 꼬마들은 입을 꼭 다물고 앉아 있었다. 우리는 부모님이 저녁에 들려주는 이야기를 언제나 흥미진진하게 들었다. 그것 말고는 밤에 달리 할 일이 없기 때문이기도 했다. 밤중까지 거리를 돌아다니기는 싫었다. 게다가 우리는 이것이 매우 특별한 이야기이며, 아마도 평생 두 번 다시 들을 수 없는 중요한 내용일지 모른다고 느꼈다. 타즈메니아 주변의 섬들이 서로 그렇게 큰 차이가 있는지는 미처 몰랐었다.

잠시 후, 어머니가 다시 자리에 앉아 이야기를 계속했다.

"이제 최근의 역사가 어떻게 시작되었는지 말해 주마. 지금까지 말한 것처럼 타즈메니아 부근의 섬들에서는 온갖 일들이 일어나고 있었단다. 얼굴 흰 물개잡이들 중 한 사람은 너희들의 조상이기도 하다. 얼굴이 붉고 옅은 갈색 눈을 한 조지 브릭스는 영웅이야. 우리에겐 특별한 사람이지. 그가 무슨 짓을 했든 말야. 신은 그 백인 남자를 통해 우리 부족에게 은혜를 베풀었어. 그 남자 덕분에 우리는 호주 본토에서 새로운 출발을 하게 되었다.

그러나 최근의 역사는 끔찍한 폭력으로 시작되었단다. 조지 브릭스가 한 원주민 처녀를 납치한 거야. 북부 타즈메니아의 레테레마이레너 부족의 라마나분가라 추장의 순수 원주민 딸이지. 그녀 역시 너의 고조할머니가 되는 워레테르모테에너란다. 조지 브릭스는 딸을 납치해 간 뒤에도 그 추장을 만나곤 했어. 그리고 그의 딸이 잘 있다고 말해 주었어. 그러자 추장은 딸이 어떻게 살고 있는지 잘 알고 있다고 대답했어. 섬의 외로운 오두막에 살고 있는 딸이 아버지에게 날마다 연기로 신호를 보냈거든.

물개잡이인 이 조지 브릭스란 사람은 얼마 안 가 그 섬 전역에서 널리 이름을 떨쳤어. 날씨에 따라 변덕스런 사람이기는 했지만, 책임감 있고 능력이 뛰어난 선원이었지. 그와 워레테르모테에

너 사이에서 태어난 아들 존 브릭스는 나중에 자라서 키가 크고 용감하고 잘생긴 남자가 되었어. 얼굴은 햇볕에 타서 그을렸지. 나의 할아버지인 존은 트루가니니 여왕의 딸 루이자와 결혼했단 다. 몇 년 전 납치되어 보호섬으로 끌려간 루이자와 말야.

모든 영의 세계가 우리 원주민 여자들과 그 자식들에게 일어난 일들로 통곡하고 있단다. 하지만 타즈메니아 섬의 원주민 여자들은 그때나 지금이나 열심히 일했어. 물개잡이들을 위해서 여자들이 하는 일은 물개와 캥거루를 죽이는 일, 그 가죽을 말려서 다듬는 일, 오두막을 짓고, 땔감을 모으고, 조개와 해초를 따고 바구니와 목걸이를 만드는 등 끝이 없었다.

다른 동물들과 마찬가지로, 물개 역시 유인을 해서 잡을 수가 있었어. 물개를 유인하는 일은 이제 여자들이 도맡아 했지. 근방에 원주민 남자들은 한 명도 없었기 때문이야. 여자들은 온몸을 축축하게 만들어서 물개인 척했어. 여자들은 물개로 위장하는 것을 무척 재미있어 했단다. 그때가 여자들에게는 좋은 시절이었지. 여자들은 물개들의 무리 속에 누워 물개들이 몸을 긁으면 따라서 긁고 두리번거리면 같이 두리번거려서 물개들을 안심시켰어. 그러면 물개들은 여자들도 물개라고 확신을 했어. 그때 갑자기 일제히 소리를 지르며 벌떡 일어나 감추어 두었던 막대기로 물개 머리를 후려쳐 한 사람당 두 마리씩 잡았지.

바스 해협 부근에서 무역을 하는 얼굴 흰 남자들은 이런 식으로 여러 섬에 원주민 여자들을 가둬 놓고 자신들을 위해 계속 일하게 했어. 그러다가 아이를 낳으면 대개 바다에 던져 버렸지. 강간의 결과였지만 어떤 아이들은 낳아서 키우기도 했어. 얼굴 흰 남자들은 원주민 여자들에게 '갑판장' 같은 거친 이름을 붙였어. 그리고 어떤 남자들은 물개 가죽을 충분히 마련해 놓지 않는다고 여자 노예들을 거꾸로 매달아 때리곤 했지."

어머니는 잠시 말을 멈추고 우리가 이 이야기를 어떻게 받아들이는지 알기 위해 우리를 유심히 바라보았다. 그리고 깊은 숨을 들이쉬며 말을 이었다.

"그들은 그런 식으로 부족의 식량인 물개들을 다 잡아갔어. 여자들과 함께 말야. 그리고는 마침내 돈을 벌 물개가 바닥나자 원주민 여자들과 가정을 꾸리고 그곳에 정착하게 되었지. 바스 해협의 섬 주민들은 그 끔찍한 시절이 하루도 머리에서 떠나지 않았어. 하지만 이제 그들은 얼굴 흰 남자들과 작은 공동체를 세우게 되었어. 뜰과 밭이 딸린 깨끗한 집을 갖게 되고, 튼튼한 고래잡이 배도 있고, 건강한 아이들이 뛰어놀았지. 원주민 여자들은 그 공동체 내에서 조언자가 되었고, 얼굴 흰 남자들에게 머튼새잡이에 대해 생각하라고 말했어.

내 고향의 해안가 부근에서 머튼새를 본 적이 있을 거다. 회색 깃털을 한 작은 새들이지. 길고 날렵한 날개를 갖고 있고, 통통한 바다갈매기처럼 생겼어. 상어가 코앞으로 다가와도 그 새들은 머리를 물속에 담그고 한참을 들여다본 뒤, 겁도 없이 상어의 꼬리 바로 위에서 날개를 치곤 한단다. 그리고 용감하게 배 주위에서 헤엄을 치는 거야. 자기들을 잡으려는 미끼가 잔뜩 널려 있는데도 말야.

그 새들은 세상 반대편에 있다가 매년 10월이면 바스 해협으로 날아와 바다 위 높은 절벽에 둥지를 틀고 알을 낳는단다. 일단 새끼들이 알을 까고 부화하면 어미새들은 하루 종일 바다에서 열심히 먹이를 구해 해질 무렵 둥지 옆에 내려앉는다. 둥지 옆에 누가 서 있어도 곧장 날아오거든.

그 새들은 해마다 2월경에 부화를 해. 새끼들은 9주가 지나면 살이 오르고, 기름기가 돌고, 크기도 두 배로 커지고, 몸무게도 어미새처럼 묵직해지지. 그때가 되면 어미새들은 새끼를 버리고 날아간단다. 이때가 어린 새들을 잡을 적기야. 새끼들은 둥지에 남아 어미 없이 굶주리지. 아무것도 먹지 않고도 새끼들은 최대 8주까지 살아남을 수가 있어. 아직 날아오르기에는 날개가 약하고 몸이 너무 무거운 거야. 그러다 솜털이 차츰 비행을 할 수 있는 깃털로 바뀌면, 결국 살아남은 새들은 어미새의 항로를 따라 일제히 날아가지.

이건 내가 루이자 할머니에게서 전해 들은 이야기란다. 이제 너희에게 전해 주는 거야. 너희는 평생 동안 지금 들은 이야기를 잘 기억해야 한다. 다른 사람에게 전해 줄 기회를 전혀 갖지 못하게 되더라도 말이다.

루이자 할머니의 부족 사람들에게 끔찍한 학살 사건이 일어난 것이 바로 이 무렵이었어. 루이자는 그 당시 머튼새잡이를 하느라 밖에 나와 있었지. 자식들과 다른 여자들과 함께였어. 그런데 수많은 원주민들이 얼굴 흰 선원들에 의해 바닷가 절벽으로 무리지어 끌려가고 있었어. 얼굴 흰 선원들이 소리쳤지.

'뛰어. 안 그러면 쏜다!'

많은 배들이 절벽 아래 바다에 정박해 있었어. 모두가 계획된 일이었어. 소풍이라도 온 듯이 웃고 떠들었지. 한편에서는 자신들이 데리고 살던 여자들과 어린 자녀들이 죽음으로 내몰리고 있는데 말야. 평소처럼 부족 사람들은 헤엄쳐 가서 배에 매달리며 살려달라고 애원했어. 그러나 선원들은 그들의 손을 자르고 물에 빠뜨려 죽였어. 바닷물이 온통 피로 붉게 물들었지.

그때 우리의 조상 조지 브릭스는 아들 존과 함께 근처에서 일하고 있었어. 그러다 학살에 참여하기를 원치 않는 백인들을 통해 이 소식을 듣게 되었어. 그들은 한 명이라도 구하려고 재빨리 고래잡이배에 올라탔어. 그리고 배를 저어 이곳저곳을 돌며 풍랑 속에서 허우적거리는 사람들을 꺼내 주었지. 그 덕분에 루이자 할머니를 비롯해 가까스로 견디고 있던 사람들이 목숨을 건졌다. 조지 브릭스는 뱃머리를 돌려 곧장 호주 본토 해안으로 쉼 없이 노를 저었어. 그곳이 바로 빅토리아 주이지. 이렇게 해서 우리 외가는 그곳에서 다시 혈통을 이어가기 시작했단다. 루이자 할머니와 존 할아버지 사이에서 태어난 딸 폴리로부터 말이다."

그날 밤 어머니가 우리에게 들려준 이야기는 여기까지다. 이야기를 다 마친 뒤 어머니는 무척 피곤해 보였다. 어머니는 타즈메니아 섬의 트루가니니 여왕의 증손녀라는 사실을 늘 자랑스러워했다. 나는 평생 동안 이 이야기를 비밀로 간직했다. 지금에야 처음으로 그 이야기를 풀어 놓는 것이다(원주민이 학살에 대해 이야기하는 것은 위험한 일이기 때문에 학살에 대해서는 늘 비밀을 지켜 왔다).

트루가니니 여왕의 딸 루이자는 깊고 반짝이는 눈과 강인한 심성의 소유자로, 부지런하고 남을 잘 돌보았다. 어머니는 거실 벽에 루이자의 딸인 폴리 할머니의 사진을 늘 걸어 두었다. 우리 어머니의 어머니인 폴리 할머니는 내가 10대였을 때 이미 머리가 하얗게 세었다. 쿠메라군자 원주민 보호 구역의 오래된 베란다에 앉아 점토로 만든 담배 파이프를 입에 물고 계시던 할머니 모습이 생각난다. 내게 다정하게 인사말을 건네시던 할머니의 음성과, 내 손을 잡던 주름진 손의 감촉이 지금도 느껴진다.

루이자 할머니 부부는 호주 본토로 건너온 뒤 한동안 금광지대에서 일하고, 양치기로 일한 적도 있었다. 훗날 두 분은 코란데르크 원주민 보호 구역으로 이주했다. 그곳에서 루이자는 간호사이자 산파가 되었다. 더 세월이 흘러 수간호사가 된 루이자는 그후 원주민들의 대변자가 되어 모두의 권리를 위해 싸웠다.

코란데르크 보호 구역은 야라 계곡 지역의 쿤린 부족이 세웠다. 얼굴 흰 사람들이 오고 나서 그 지역의 수많은 원주민들은 다 죽고 불과 250명밖에 남지 않았다. 쿤린 부족은 자신들의 보호 구역을 지키기 위해 끝까지 투쟁했다. 코란데르크는 그들에게 남은 유일한 땅이었기 때문이다.

원주민 담당국이 보호 구역을 팔고 주민들을 다른 곳으로 몰아내기로 결정을 내리자, 루이자는 정부에 강력한 항의서를 제출했다. 조사관이 파견되었을 때 루이자는 관련 증거를 제시했지만, 겁 없이 대들었다는 이유로 빅토리아 북동부 지역으로 강제 이주당했다. 또 한 번의 조사가 있은 다음에야 그녀는 간신히 코란데르크로 돌아올 수 있었다. 그로부터 몇 해가 흘러 정부는 원주민 보호법을 통과시켰다. 이 보호법으로 인해 프램링햄에 있는 우리 보호 구역에서도 가슴 아픈 일들이 벌어졌었다. 혼혈 원주민은 보호 구역에서 모두 강제 추방당했고, 당연히 루이자 할머니의 아들도 쫓겨났다.

그 전까지는 코란데르크가 그 어느 곳보다 활기차고 성공적인 정착지였다. 원주민들은 그곳에 작지만 제대로 된 공동체를 세우고 학교, 제재소, 우유 공장, 빵집, 푸줏간을 지었다. 밭에는 다양한 곡식을 심었으며, 홉 산업이 번창하면서 충분히 자급자족할 능력을 갖추었다. 그러나 원주민 보호법이 만들어짐으로써 코란데르크의 인구는 하루아침에 반으로 줄었고, 노동력도 그만큼 줄어들었다. 논밭은 쓸모없이 버려졌다. 루이자 할머니는 말로가 원주민 보호 구역으로 옮겼다가 나중에 우리 어머니가 어린 시절을 보낸 쿠메라군자 보호 구역으로 이주했다. 이 당시, 수많은 원주민 가족들이 뿔뿔이 흩어졌다. 트루가니니 여왕의 딸 루이자 할머니는 가슴이 무너진 채로 쿠메라군자에서 세상을 떠났다.

몇 안 되는 순수 혈통 원주민들은 코란데르크에 그대로 머무는 것이 허락되었지만, 남아 있던 전체 경작지의 절반은 주변의 얼굴 흰 농장주들에게 넘어갔다. 그리고 10년 뒤, 원주민 담당국은 순수 혈통 원주민들마저 깁스랜드의 타이어스 레이크 원주민 보호 구역으로 경찰의 삼엄한 호송하에 강제 이주시켰다. 백인 정부는 타이어스 레이크 보호 구역을 제외한 호주 대륙 안의 모든 원주민 정착지들을 폐쇄시킬 계획을 세우고 있었다. 몇몇 늙은이들만이 코란데르크에 머무는 것이 허락되었다. 얼굴 흰 사람들은 그들마저 빨리 죽어 없어지기를 희망했다. 2차 세계 대전이 끝난 뒤, 정부는 코란데르크 전체 땅을 형식적인 금액만 받고 참전 병사들에게 팔아넘겼다. 그러나 원주민 병사들에게는 한 뙈기도 돌아가지 않았다.

지금도 그렇지만 그 당시 코란데르크에서 벌어진 일에 대한 원주민들의 분노와 좌절감은 이루 말할 수 없었다. 코란데르크는 나라 전체에서 가장 행복하고 성공적인 원주민 보호 구역이었다. 하지만 그곳에 계속 머물러 사는 것 자체가 끊임없는 전투였다. 원인은 한 가지였다. 땅이 잘 경작되고 비옥해져서 농사가 잘 되니까, 주변에 사는 얼굴 흰 농부들이 질투심을 느끼고 그 땅을 자기네 것으로 만들기를 원했다. 농사짓기 좋은 비옥한 땅으로 바뀌기 전에는 그 땅을 갖겠다는 사람이 단 한 명도 없었다.

정부는 언제나 얼굴 흰 농부들의 소원을 들어줄 자세가 되어 있었다. 그들에게는 투표권이 있지만 얼굴 검은 원주민들에게는 없기 때문이었다. 원주민들이 무엇을 원하는가는 상관하지 않았다. 결국 무엇이든 얼굴 흰 사람들이 바라는 대로 되었다.

또 한 명의 유명한 원주민 전사이자 코란데르크 공동체의 지도자가 있었다. 루이자 할머니의 친구인 윌리엄 바라크가 그 사람이었다. 원주민들은 그를 '야라야라 부족의 마지막 왕'이라 불렀다. 그는 말 그대로 빅토리아 지방에 사는 모든 원주민 부족의 마지막 왕이었다. 얼굴 흰 사람들조차 그를 왕이라고 불렀다. 호칭만 그런 것이 아니라 성품도 왕다웠다. 그는 원래 워이워룽 부족의 지도자였으며, 청소년기에 멜버른 지역의 60만 에이커에 달하는 땅이 얼굴 흰 사람들 손에 고스란히 넘어가는 것을 두 눈으로 지켜보았다. 아버지 베베젠을 비롯해 다른 일곱 명의 원주민 추장과 함께 얼굴 흰 사람들과의 조약을 맺는 자리에 어린 바라크도 참석했던 것이다.

처음에 바라크는 멜버른의 학교에 다니면서 기독교인이 되었다. 그러나 다시 사랑하는 덤불숲으로 되돌아와 자신의 부족과 함께 살기 시작했다. 그는 강하고 용감한 남자로 성장했으며 불 피우기, 부메랑 던지기, 사냥 기술이 뛰어난 것으로 소문이 자자했다. 젊은 시절, 그는 원주민 경찰에 가입해 뛰어난 수색자가 되었다. 그후 경찰을 그만 두고 결혼을 한 뒤 아내의 부족인 야라야라 부족과 함께 살기 시작했다. 그러다가 부족 사람들 전체를 이끌고 코란데르크 보호 구역으로 이주했다.

바라크가 처남인 윙가의 뒤를 이어 부족의 추장이 된 것은 코란데르크에서였다. 다들 그가 언제나 꼿꼿한 자세를 잃지 않았으며 진정한 위엄을 지닌 사람이었다고 말했다. 구불거리는 머릿결에 이목구비가 잘생기고, 사람의 마음을 꿰뚫어보는 듯한 검은 눈의 소유자였다.

바라크는 부족 사람들의 권리를 위해 싸운 위대한 운동가였다. 그는 루이자 할머니처럼 언제나 원주민을 위해 앞장서는 데 주저하지 않았다. 코란데르크 보호 구역을 폐쇄하려는 백인 정부에 항의하기 위해 지지자들과 함께 멜버른으로 도보 행진을 하기도 했다. 그 일에는 많은 용기가 필요했다. 그 당시 거리낌 없이 말하는 원주민은 종종 그것에 대한 처벌로 보호 구역에서 멀리 쫓겨났기 때문이다.

바라크가 세상을 떠났을 때, 당시의 한 신문에는 '원주민들의 왕 바라크'라는 제목으로 다음과 같은 기사가 실렸다.

호주 원주민 추장들 중 가장 기억에 남는 추장은 바라크 왕이다. 그는 한때 남부 빅토리아 주를 방랑하던 야라야라 부족의 뛰어난 지도자였다.

바라크는 이름뿐 아니라 성품으로도 왕다웠다. 그는 여러 분야에서 활동했다. 정치가, 사냥꾼, 가수, 화가이자 부족의 전사였다. 그는 또한 원주민 부족의 위대한 대변인이었다. 위엄 있고 지성적이고 깨끗한 성품은 원주민들의 삶에 영향력을 미치는 위치에 있는 모든 주지사들과 정치가들의 존경과 찬사를 받기에 충분했다.

바라크는 식민지 초기 시절 자기 부족의 험난한 운명을 무척 가슴 아파했다. 그래서 원주민들의 편에 서서 용감하고 설득력 있는 연설을 했다. 그는 여러 차례 추장 대표단을 이끌고 백인 정부 관리들을 찾아가기도 했다. 그의 노력 덕분에 원주민들의 짐을 덜어 주는 조치가 많이 취해졌다.

바라크는 생에서 개인적인 아픔을 수없이 겪었다. 네 번이나 결혼했지만, 매번 아내의 죽음으로 결혼 생활은 지속되지 못했다. 멜버른 병원에서 결핵으로 사망한 열여덟 살 난 아들의 죽음은 말년의 그에게 크나큰 충격을 주었다. 결국 그의 자식들은 모두 그보다 앞서 세상을 떠났다.

얼굴 흰 사람들의 삶의 방식이 침투해 들어오면서 그의 부족은 큰 타격을 입었다. 세월의 흐름과 함께 부족 사람들의 수는 급격히 줄어들었다. 마침내 바라크 왕은 자신의 부족에서 유일하게 남은 생존자가 되었다. 그는 깊은 종교적인 신념에 의지해 노년의 슬픔을 견뎌냈다. 바라크는 자신의 죽음을 이렇게 예언했다.

"아카시아 나무에 꽃이 피면 난 고향으로 돌아갈 것이다."

그의 예언은 이루어졌다. 8월 초 아카시아꽃이 만발하기 시작할 무렵, 바라크는 85세의 나이로 조상들의 영혼이 있는 '꿈의 시대'로 돌아갔다.

꿈, 하지만 현실

아버지는 댐 건설 현장에서 일하기 위해 실반으로 갔다. 나도 아버지를 따라 그곳에 가기로 결정했다. 당시는 경제 대공황기라서 집안의 가장인 아버지들이 할 만한 일이 하나도 없었다. 그래서 정부가 나서서 기본적인 일자리를 만들어 주었다. 하지만 2주일 동안 일한 뒤에는 다른 사람에게 차례를 넘겨줘야만 했다. 그들은 여러 가지 일을 했다. 둑을 쌓고 강에 떠내려오는 통나무들을 치웠다. 보수는 얼마 되지 않았지만 다들 훌륭하게 해냈다. 원주민들은 일하는 것 자체를 보람으로 여겼다. 그들은 생을 살아오면서 온갖 힘든 일을 해왔다. 일이 있는 곳이면 주저하지 않고 어디든 달려갔다. 아버지도 그런 식으로 계속 일자리를 구했다.

오늘날과는 사뭇 다른 모습이다. 지금은 일하지 않고도 정부로부터 돈을 받는다. 그래서 오랫동안 일을 하지 않고 지내는 젊은 이들이 많다. 실직자 연금 같은 것이 나오기 때문이다. 그러다 결국 자신들은 일을 할 수 없다고 믿게 되는 상황에 이른다. 일 이야기를 하면 겁부터 집어먹는다. 일을 잘 못할까 봐 두려운 것이다. 그래서 그들은 언제까지나 실업 수당에 의존해서 살아간다. 그런 돈이 젊은이들의 삶을 다 망쳐 놓았다. 정부의 지원에 지나치게 의존하도록 만들기 때문이다. 나는 지금 얼굴 흰 젊은이들에 대해 말하고 있는 것이다. 그리고 바로 그것 때문에 원주민들의 삶도 망가졌다. 백인 정부와 보호 구역에서 나눠 주는 배급품 때문이다. 이제 백인 정부는 자기들의 젊은 실직자들에게도 똑같이 하고 있다. 그렇게 되면 아주 쉽게 자립정신을 잃고 만다.

타이어스 레이크 원주민 보호 구역 같은 곳에서는 일을 하면 얼굴 흰 감독관이 밀가루와 설탕, 차, 그리고 약간의 담배를 나눠 주었다. 어린아이들은 부모를 따라 덩치 큰 백인 감독관에게 배급품을 받으러 갔다. 그 결과 아이들도 어려서부터 배급 받는 것에 익숙해졌다. 원주민들이 큰 도시로 일자리를 구하러 가면 사람들이 그들을 멀리했기 때문에 그들은 거리 모퉁이에서 서성거릴 수밖에 없었다. 그때 선량한 얼굴 흰 남자가 다가와 아이들에게 묻곤 했다.

"얘들아, 너희들 어디서 왔니?"

아이들이 대답했다.

"이런저런 곳에서 왔어요. 혹시 동전 두 개 있으세요?"

그 얼굴 흰 남자는 동전 두 개를 건네주었다. 그러면 길 가던 모든 사람이 돌아다보며 말했다.

"저 게으른 원주민 녀석들! 거리를 배회하면서 허구한 날 구걸이나 하고 있어."

하지만 원주민 아이들은 보호 구역에서 어려서부터 그렇게 하라고 배웠다. 아이들은 항상 선교사에게 손을 내밀어야 했다. 얼굴 흰 사람에게 손을 내밀어야 한다고 배우며 자랐다. 그렇지 않으면 아무것도 얻지 못한다고 생각했다.

초기 시절 프램링햄 보호 구역에서도 잠깐 동안이지만 배급품이 지급되었다. 그러나 훗날 우리 때는 그렇지 않았다. 식민지 초창기에도 우리 부족 사람들은 일을 해서 자립적으로 살았고, 우리의 권리를 위해 부단히 싸웠다.

아버지를 따라 실반에서 일하기로 한 것은 잘한 결정이었다. 우리는 모처럼 많은 이야기를 나눌 수 있었다. 나는 보호 구역의 원주민 어른들이 어떻게 지내고 있는지 궁금했다. 아버지에게 젊은 시절의 삶이 어떠했느냐고 묻자, 아버지는 여러 가지 일들을 회상하셨다. 아버지는 내게 부족 간의 전쟁에 대해 설명해 주었다. 부족끼리의 전쟁은 주로 다른 부족에게서 여자들을 훔쳐오는 일 때문에 일어났는데, 양쪽 부족 중 어느 한 사람이라도 피를 흘리면 즉시 끝이 났다.

아버지는 젊었을 때 본 적이 있는, 사람들의 병을 고쳐 주는 어떤 현자의 이야기도 해주었다. 그 현자는 환자가 회복할 가망이 없거나 누군가가 죽어가면 마치 자기 자신이 그런 것처럼 큰 소리로 비명을 질렀다고 했다. 그리고 몸이 허약한 남자들에게 행해지던 수술에 대해서도 말해 주었다. 그런 남자들이 후손을 가질 수 없도록 하기 위한 수술이었다. 또한 네트네트에 대해서도 들려주었다. 네트네트는 얼굴 흰 사람들이 오기 전, 바위 사이의 골짜기에 살면서 덤불숲 음식과 물고기를 먹고 살던 신비한 어린 요정들이다. 그런 이야기를 듣고 있으니 다시 고향으로 돌아가 있는 듯한 기분이 들었다.

아버지와 내가 일하고 있는 실반 댐 부근을 종종 다른 원주민들이 지나가곤 했다. 그들은 짐 보따리에 도끼 한 자루를 넣고 과수원에서의 열매 따기나 벌목일을 하러 가는 중이었다. 때때로 나를 일하는 곳까지 데려가기도 했다.

아버지는 댐 일이 끝나자마자 곧바로 멜버른에서 노동 위원회와 관련된 고정적인 일자리를 얻었다. 하지만 나는 도시 생활에 차츰 염증을 느끼고 있었다. 거리를 걸어다니면 경찰이 수갑을 채우기 일쑤였다. 술 한 모금 마시지 않고 정신이 말짱한데도 경찰은 술에 취해 비틀거린다고 막무가내로 잡아 가두었다.

도시에서는 아무 데도 갈 곳이 없었다. 원주민 친구들은 공원에서 새우잠을 잤고, 대부분 한 달이 멀다 하고 감옥을 들락거렸다. 내가 정말 원하는 것은 하루빨리 고향의 덤불숲으로 되돌아가는 일이었다. 샛강을 따라 걷고 옛날처럼 물속을 들여다보며 물고기와 뱀장어를 잡아 보고 싶었다. 내 손으로 창을 만들고 싶었다.

그래서 나는 도시를 떠났다. 맨 처음 보따리를 둘러메고 멜버른을 떠났을 때가 불과 열세 살이었다. 그때부터 줄곧 나는 도회지와 고향의 덤불숲 사이를 오가며 온갖 군데에서 일을 했다. 공장에서도 일하고, 집 짓는 현장의 조수로도 일하고, 더 나이 들어서는 남자가 할 수 있는 일은 다했다. 벌목 일도 많이 했다. 벌목 일은 내 핏속에 흐르는 일이다. 걸음마를 하기 시작한 나이부터 아버지가 벌목하러 숲에 갈 때마다 나를 데리고 갔기 때문이다.

처음 여행을 떠났을 당시 나는 북쪽 지역으로 가서 벌목 일을 구했다. 마침 내 누이 하나가 시집을 가서 그 지역에 살고 있었다. 잠깐 동안 그곳에서 지내다가 다시 돌아오곤 했다. 그 다음에는 농장에서 열매 따는 일을 했다. 돌아다닐 때 나는 주로 기차에 무임승차를 했다. 오르막길 근처에서 기차가 짐을 잔뜩 실은 여러 대의 화물칸을 매달고 올 때까지 기다렸다. 기차의 속도가 줄면 그때 옆으로 달려가서 재빨리 기차에 올라탔다. 사촌과 나, 원주민 친구, 이렇게 셋이서 떠난 적도 있었다. 우리는 온갖 종류의 짐이 실린 화물칸 위에 몸을 숨겼다. 기차가 역에 도착하면, 다시 역을 출발할 때까지 거위처럼 몸을 숙이고 있었다.

간혹 우리가 숨어 탄 화물칸이 본체에서 분리되어 옆 선로로 이동할 때도 있었다. 사방이 조용해지면 그제서야 나와서 지나가는 사람에게 그곳이 어딘가를 묻고, 어느 방향으로 갈 것인가를 결정했다. 목장들을 가로질러 끝없이 걸어간 적도 많았다. 한 번은 밤중에 길을 걷는데 사방이 온통 메말라 있었다. 먼지만 날리고 풀 한 포기 찾아보기 힘든 황무지였다. 다른 마을로부터 멀리 떨어진 아주 외딴 곳에 농가가 하나 있었다. 우리는 그곳에 사는 농부에게 물을 좀 얻어 마실 수 없느냐고 물었다. 그가 물 한 병을 내미는데, 반쯤밖에 물이 들어 있지 않았다. 우리는 셋이서 그 물을 나눠 마셨다. 처음에는 그 농부가 무척 인색하다고 생각했지만, 사실을 알고 보니 그게 아니었다. 그 지역은 일 년 내내 한두 방울밖에 비가 내리지 않는 곳이었다. 그 농부는 어쩌면 자신이 마실 물 전부를 우리에게 주었는지도 모른다.

그렇게 우리는 계속 걸어 한 웅덩이에 이르렀다. 웅덩이에서 물을 실컷 마실 수 있게 되니 기분이 너무 좋았다. 그날 밤은 그곳에서 야영을 했다. 그런데 아침에 일어나 밤에 물을 마셨던 웅덩이를 바라보니 그 안에 양 한 마리가 죽어 있었다! 하지만 다행히 별 탈은 없었다.

어떤 곳에 이르니, 얼굴 흰 정착민 가족이 낡고 허름한 오두막 앞에 나와 있는 것이 보였다. 그들은 우리를 보자 손을 흔들었다. 한 엄마와 여러 명의 자녀들이었다. 우리는 배가 고팠지만 가서 먹을 것을 달라고 해야 할지 말아야 할지 판단이 서지 않았다. 그들도 무척 가난해 보였기 때문이다. 하지만 가난한 사람들에게 도움을 청하는 것이 훨씬 낫다는 것을 우리는 경험을 통해 배웠다. 그런 사람들이 음식을 나눠 줄 가능성이 더 컸다. 배고파 본 사람만이 배고픈 게 어떤 것인지 아는 법이다. 우리는 도로를 가로질러 판자를 이어붙여 만든 그 허름한 농가로 갔다. 아이들의 엄마는 매우 친절하게 우리를 대해 주었다. 진정 배고픔이 뭔지 아는 여인이었다.

그러나 나는 잘사는 사람들에게서도 종종 음식을 구했다. 부유하게 사는 집이 나타나면 그리로 가서 문을 두드렸다. 때로는 집주인이 한참 동안 밖으로 나오지 않을 때도 있었다. 원주민인 내가 무서운 모양이었다. 그러다 내가 떠나려고 하면 안에서 누군가 큰 소리로 물었다.

"여보시오. 무슨 일이오?"

그러면 나는 이렇게 말했다.

"봇짐을 싸들고 일거리를 찾아다니고 있어요. 요 며칠 동안 먹은 게 하나도 없어요. 혹시 이 집에 일거리가 없을까요?"

어떤 사람들은 냉정하게 고개를 저었지만, 마음씨 좋게 음식을 싸주는 이들도 있었다. 그런 선량한 사람들 중에 잊지 못할 어린 소년이 하나 있었다.

어느 날 나는 멜버른을 향해 걸어가고 있었다. 작은 목장 뒤쪽에 농가가 하나 보였다. 그곳으로 가서 뭘 좀 얻어먹는 게 낫겠다는 생각이 들었다. 다음 집까지 얼마나 더 가야 하는지도 알 수 없었다. 나는 큰 길가에 짐 보따리를 내려놓고 커다란 나무들이 줄지어 선 오솔길을 따라 그 집으로 향했다.

집에 가까이 다가가서 보니 지붕 옆에 높다란 탑이 하나 서 있었다. 오래된 요새 탑이었다. 원주민들이 정처 없이 방랑하고 얼굴 흰 농장주들은 겁에 질려 있던 식민지 초기 시절에 지은 탑인 듯했다. 얼굴 흰 사람들이 총을 들고 탑 위에 올라가 지나가는 원주민들을 토끼 사냥하듯 쏴 죽였다는 얘기를 들은 적이 있었다. 내게도 딱 그렇게 보였다. 그러나 한편으론 이런 생각이 들었다.

'난 원주민이지만 배가 몹시 고파. 위험할 수도 있지만, 어쨌든 이 사람들에게 먹을 걸 부탁해 보자.'

여러 가지 생각이 머리를 스쳐 지나가긴 했지만 돌아서 가기엔 이미 늦었다. 거의 집 앞에 다 왔기 때문이었다. 나는 부엌문을 두드렸다.

한 작은 소년이 모습을 나타냈다. 소년이 말했다.

"안녕하세요. 도움이 필요하세요?"

내가 물었다.

"엄마나 아버지는 집에 안 계시니?"

"아뇨, 멜버른에 가셨어요."

"그럼, 집을 지키는 사람이 있니?"

소년이 말했다.

"아뇨, 나밖에 없어요. 하지만 누나가 지금 목장에서 양들을 돌보고 있어요."

"그래, 알았다."

소년이 물었다.

"무슨 일인데요?"

내가 말했다.

"난 여행 보따리를 들고 일자리를 구하러 다니는데, 배가 고파서 먹을 걸 좀 얻을 수 없을까 하고."

그러자 소년이 말했다.

"그런 거라면 내가 드릴게요."

소년은 부엌문을 열어 놓은 채 안으로 들어가 빵과 고기가 보관된 식료품실로 통하는 문을 열었다. 그리고 의자를 들고 가서 선반에 놓인 돼지고기 통조림 하나를 꺼냈다. 그런 다음 집에서 만든 핫케이크와 빵을 내려놓고 커다란 양고기 다리 하나를 꺼냈다. 소년은 잘 드는 칼로 양고기를 썰어 깨끗한 종이 봉지에 담기 시작했다.

나는 소년이 서둘러 해주기를 바랐다. 소년의 가족들이 돌아와 원주민과 어린 소년이 자신들의 음식을 모두 꺼내가는 광경을 본다면 어떤 일이 벌어질 것인가!

내가 말했다.

"정말 고맙다. 그거면 충분해."

하지만 소년이 말했다.

"아네요, 더 드릴게요. 여기 많은 걸요. 우리 집에는 먹을 것이 많아요."

그러면서 소년은 계속해서 고기를 썰었다. 내가 초조해 하며 재차 말했다.

"그거면 됐어. 난 어서 가봐야 하거든."

"알았어요."

소년은 음식을 깨끗이 포장해 내게 건넸다. 그리고는 나와 함께 뒷마당으로 걸어나왔다.

내가 말했다.

"내 짐 보따리는 큰 길가에 있어."

소년이 물었다.

"조금만 함께 걸어가도 되나요?"

"아 그럼. 원하면 얼마든지 그러렴."

우리 둘은 큰길 쪽으로 향했다. 소년은 내 옆에 나란히 서서 걸었다. 걸음을 옮길 때마다 매번 소년이 나를 쳐다보는 것이 느껴졌다. 그래서 나도 소년을 바라보며 미소를 지었다.

소년이 마침내 입을 열었다.

"실례지만, 원주민이세요?"

"그래, 난 원주민이야."

그러자 소년이 외쳤다.

"와! 멋져요, 멋져! 엄마랑 아버지가 집에 오실 때까지 기다리세요. 원주민을 만나서 내가 음식을 주었다고 말할 거예요."

정말로 기뻐하는 게 역력했다. 소년은 계속 나와 함께 걸었고 목장으로부터 점점 멀어지게 되었다. 마침내 내가 소년에게 집으로 돌아가라고 말했지만 소년은 그럴 생각이 전혀 없었다. 어쩔 수 없이 나는 소년을 그 자리에 가만히 세워 놓고 길을 떠났다.

잠시 후 뒤를 돌아다보니, 소년은 그 자리에 그대로 서서 나를 바라보고 있었다. 그 어린 친구를 결코 잊을 수가 없다.

이따금 프램링햄의 집에 가 있는 동안 나는 주로 시릴 오스틴과 함께 지냈다. 우리 모두 그를 폼페이 아저씨라고 불렀다. 나는 아저씨가 벌목을 하는 숲 속에서 함께 야영도 하고, 둘이서 신작로를 걷다가 지나가는 차를 얻어 타고 와르남불 시내로 가기도 했다. 아저씨는 자신이 샛강에 설치한 어망으로 잡은 뱀장어와 물고기를 원주민 공동체에 공급해 주는 중요한 분이었다. 모든 아이들이 그의 일을 도왔다. 나는 어렸을 때도 그렇고 청소년기가 되어서도 폼페이 아저씨와 붙어 지냈다.

내가 반조라는 이름을 갖게 된 것도 그분 덕분이다. 태어났을 때 내 이름은 헨리 제임스였다. 그러나 전통적인 원주민 관습에 따라 열다섯 살이 되면 누구나 성년식을 치르고 새로운 이름을 가져야만 했다. 이름 짓는 일은 언제나 삼촌들 몫이었다. 오늘날 원주민들은 완전히 다른 환경에 적응해서 살아가고 있지만, 우리는 항상 그 전통을 지켜 왔고, 세상일에 대한 해답을 원주민 식으로 찾았다. 그래서 열다섯 살이 되자 나는 새로운 이름을 얻게 될 나이가 되었다. 사람들이 내게 "왜 이름이 반조야?" 하고 물으면 나는 모르는 척하면서 비밀을 말해 주지 않는다. 나는 이렇게 대답한다.

"나도 몰라. 하지만 난 늘 반조 패터슨(호주에서 가장 유명한 시인)의 시를 외우곤 하지."

그러나 진짜 이유는 내가 내 마음속에서 발견한 것들, 또는 모든 인간 내면에서 발견한 것들을 주제로 늘 시와 노래를 짓곤 했기 때문이다. 그래서 폼페이 아저씨는 그 시인의 이름을 따서 내 이름을 지어 주었다. 그리고 나는 이름에 합당한 사람으로 자라났고, 훌륭한 이야기꾼이 되었다.

어쨌든 일은 이렇게 되었다. 열다섯 살 무렵의 어느 날, 나는 폼페이 아저씨와 함께 와르남불 시내를 걷고 있었다. 그때 마침 아저씨가 오래전부터 알고 지낸 두 명의 얼굴 흰 남자와 마주쳤다. 그들이 말했다.

"어떻게 지내고 있나, 폼페이?"

아저씨가 말했다.

"잘 지내고 있지."

한 남자가 나를 가리키며 말했다.

"어린 친구가 있네. 이름이 뭐야?"

폼페이 아저씨가 대답했다.

"내 사촌이야. 이름은 반조 클라크이지."

나로선 생전 처음 들어보는 이름이었다. 그러자 얼굴 흰 남자들이 말했다.

"안녕, 반조. 이 친구와 늘 붙어 다녀. 널 잘 돌봐 줄 거다. 좋은 사람이야."

내가 말했다.

"네, 아저씨는 언제나 절 돌봐 주세요."

그리고 그날 이후 내 이름은 반조 클라크가 되었다. 그것이 60년 전의 일이다. 폼페이 아저씨가 그 이름을 붙여 주었으며, 나는 내 이름이 자랑스럽다. 지금 나는 어딜 가나 반조 클라크로 알려져 있기 때문이다.

폼페이 아저씨는 훌륭한 일꾼이며 아이들에게도 잘해 주었다. 마을의 모든 아이들이 그를 좋아했다. 그러나 그가 도시에 나타나면 얼굴 흰 사람들은 그의 겉모습만 보고는 게으름뱅이나 구걸하며 떠돌아다니는 원주민이라고 비난하고 업신여겼다. 원주민의 생활 방식으로 얼굴 흰 사람들의 사회에서 살아남는다는 것이 무척 힘들다는 사실을 그는 차츰 깨닫게 되었다.

하지만 폼페이 아저씨는 원주민의 삶의 방식을 끝까지 지켰다. 덤불숲에서 벌목할 일이 있거나 수확 시기가 되면 농장주들은 주로 그에게 일을 맡겼고, 그는 정직하고 성실하게 일을 했다. 심지어 아무 대가 없이도 남의 목장에서 소들의 젖을 짜주고 일을 거들었다. 아저씨는 법 없이도 사는 그런 사람이었다.

하지만 그가 와르남불에 갔다가 일자리가 없어 거리를 서성이

기라도 하면 얼굴 흰 사람들은 말했다.

"저기 저 원주민이 또 나타났네. 하는 일 없이 도시를 떠돌고 있어. 아무 쓸모없는 게으름뱅이야. 왔던 보호 구역으로 되돌려 보내야 해. 하는 일이라곤 거리를 배회하며 구걸하는 것뿐이거든."

그러나 그건 전혀 사실이 아니었다. 아저씨를 잘 아는 얼굴 흰 사람들은 아저씨에게 다가와 말을 걸었고, 그를 오랜 친구로 여겼다. 폼페이 아저씨는 어린 우리들을 모아 놓고 자주 함께 노래를 부르곤 했다. 우리는 진정으로 영혼을 울리는 노래를 불렀다.

'내 모든 기원들,

안녕, 안녕, 행복했던 희망들이여.

바람을 가로지르며 소리치네.

안녕, 안녕, 행복했던 희망들이여.'

제각기 목소리는 달랐지만 모두가 가슴으로부터 노래를 불렀다. 멀리 떨어진 곳까지 우리의 아름다운 노랫가락이 울려퍼졌다. 폼페이 아저씨는 노래 부르는 걸 좋아했다. 그는 죽는 순간에도 노래를 불렀다.

아저씨의 사촌들이 가끔씩 문제를 일으켰다. 그의 사촌들은 토끼 가죽을 훔쳐 팔아서 식량을 마련했다. 경찰은 속수무책이었다. 사촌들은 모두가 잠든 한밤중에 몰래 나가서 토끼 가죽을 훔쳐다가 다음날 팔았다. 그러던 어느 날 돈 가진 것이 경찰 눈에 띄는 바람에 체포되어 감옥에 갇혔다. 폼페이 아저씨도 심문을 받기 위해 함께 갇혔다. 다들 조사받을 차례를 기다리며 감옥 안에 앉아 있었다. 사촌들은 무척 초조해 했다. 그러나 폼페이 아저씨는 감방 안을 이리저리 거닐며 평소처럼 노래를 부르고 늘 그렇듯이 행복해 했다.

아저씨는 사촌들에게 말했다.

"난 오늘 너무 행복해. 하지만 이렇게까지 행복한 건 싫어. 행복 뒤에는 언제나 슬픔이 오기 마련이거든."

그리고는 계속해서 노래를 부르다가 쓰러졌다. 경찰이 들어왔을 때 그는 이미 숨이 끊어진 상태였다. 아저씨는 심장마비로 돌아가셨다. 불과 40대의 나이였다.

모두가 아저씨의 죽음을 슬퍼했다. 우리는 보호 구역으로 아저씨의 시신을 옮기고 장례를 치렀다. 그를 아는 모든 사람이 장례식에 참석했다. 사촌들도 외출 허가를 받아 감옥에서 나왔으며, 얼굴 흰 고용주들도 여럿 참석했다. 그들도 아저씨를 무척 존경했기 때문이다. 그러나 누구보다도 아이들이 폼페이 아저씨를 그리워했다. 아이들은 그를 정말로 좋아했다. 아저씨는 우리 아이들에게 어망 놓는 법을 비롯해 많은 것들을 가르쳐 주었고, 언제나 따뜻한 마음으로 우리를 대했다. 아저씨는 험난한 이 세상을 헤쳐 가기 위해 온갖 일들을 했지만, 남의 물건을 훔치거나 나쁜 짓을 저지를 분은 결코 아니었다.

원주민의 눈으로 바라본 세상

멜버른으로 돌아온 나는 때마침 아버지의 오랜 친구분을 만났다. 그는 자신이 전에 일하던 동쪽 삼림지대로 다시 가려던 참이었다. 그가 아버지에게 말했다.

"내가 일하는 곳에 반조를 데려가고 싶네. 거기서 좋은 사람들을 만나게 될 거야."

그렇게 해서 나는 그를 따라 티농이라는 마을로 가서 백인인 웨더헤드 가족을 알게 되었다. 아버지의 친구는 제재소에서 쓸 목재를 해 날랐는데, 나도 그 일을 도왔다. 나는 그가 다른 지방으로 떠난 뒤에도 한참 동안 그곳에 머물렀다. 웨더헤드 가족은 나를 자신들과 아무 차별 없이 대해 주었다. 원주민을 다른 사람과 똑같이 대해 주는 얼굴 흰 사람들과 생활하는 것은 무척 새로운 경험이었다.

이른 아침마다 사장의 딸 뮤리엘과 함께 제재소에서 일하는 황소들을 몰고 가던 일이 기억난다. 그 당시 그곳은 잡목이 우거진 시골 마을이었다. 우리는 우두머리 황소의 목에 맨 종소리가 울리기를 기다렸다가 소들을 몰러 나갔다. 다른 황소들은 자기네 우두머리가 가는 소리를 듣고 그 뒤를 따랐다.

웨더헤드 가족은 나를 사교 댄스 파티에도 데려갔다. 처음에 그들이 나더러 함께 가자고 했을 때 나는 고개를 저었다.

"아, 난 가지 않을래요."

그들이 물었다.

"왜지?"

"왜냐하면 난 원주민이니까요. 날 들여보내 주지 않을 거예요."

"바보 같은 소리 하지 마. 넌 우리 친구야."

"당신들은 괜찮을지 모르지만, 다른 사람들은 그렇지 않아요."

어쨌든 우리는 함께 댄스 파티에 갔다.

뮤리엘과 그녀의 오빠들은 나를 인종 차별적인 발언으로부터 보호해 주고, 언제나 도덕적인 버팀목이 되어 주었다. 그들을 통해 많은 얼굴 흰 젊은이들이 나를 알게 되었고, 나도 그들을 알게 되었다. 모두가 존중하는 마음을 갖고 나를 대했다.

웨더헤드 가족과 지내는 동안, 뮤리엘은 내게 계속해서 물었다.

"집 식구들한테는 언제 편지를 쓸 거야?"

나는 그 질문에 뭐라 대답할지 망설이며 이렇게 변명했다.

"지금은 편지 쓸 시간이 없어."

그녀가 말했다.

"어디서 뭘 하고 있는지 부모님이 궁금해 하실 텐데."

"부모님도 내가 어디 있는지 아셔."

"그래도 여기서 어떻게 지내고 있는지 말씀드려야지."

거의 날마다 뮤리엘은 그렇게 말했다. 어느 일요일 오후, 커다란 나무 그늘 아래 앉아 있는데 뮤리엘이 친구들과 함께 내 쪽으로 다가왔다. 뮤리엘의 손에 종이가 들려 있었다. 난 생각했다.

'맙소사! 제발 나더러 글을 써보라고 하지 말아 줘.'

뮤리엘은 펜과 잉크도 들고 왔다. 그리고 말했다.

"자, 여기 있어. 더 이상 변명은 하지 마. 오늘은 집에 계신 엄마에게 편지를 쓰는 거야."

내가 이의를 제기했다.

"오늘 말야? 이렇게 날씨가 좋은 날?"

"그래, 집에 보낼 편지 쓰기엔 아주 적당한 날씨야. 안 그래도 네가 온갖 변명거리를 생각해 낼 거라고 이 친구들에게 말하던 중이었어. 글을 쓸 줄 모른다는 변명을 댈지도 모른다고 말야. 정말 그렇게 변명하려고 했지?"

내가 대답했다.

"맞아, 난 글을 쓸 줄 몰라."

뮤리엘이 다른 여자 친구들을 돌아보며 말했다.

"봤지? 내 말이 맞지? 내가 예상한 변명을 하고 있잖아."

나는 입을 다물었다. 차라리 사실대로 말하는 게 낫겠다는 생각이 들었다. 결국 나는 솔직하게 털어 놓았다.

"난 정말로 글을 쓸 줄 몰라. 쓸 수 있다면 벌써 오래전에 편지를 보냈지."

원주민의 눈으로 바라본 세상 117

"정말이야?"

"그래, 이젠 사실대로 말하는 게 낫겠어."

소녀들의 표정이 슬퍼졌다. 조금 전까지는 즐겁게 웃고 떠들던 그들이었다. 뮤리엘이 내게 말했다.

"넌 내 친구야, 그렇지? 그러니까 거짓말하면 안 돼."

"천만에! 넌 내 자매나 다름없어. 내 가족에게까지 거짓말을 할 이유가 없잖아."

뮤리엘이 말했다.

"이젠 널 믿어. 그런 줄은 정말 몰랐어. 미안해. 이런 식으로 친구들 앞에서 널 창피하게 만들 생각은 아니었는데."

소녀들은 돌아서서 먼 산을 바라보았다. 한 소녀는 눈물을 훔쳤다. 이들은 정말 나에 대해 미안해하고 슬퍼하고 있었다. 그들은 내 어깨에 팔을 두르고 말했다.

"걱정 마. 우리가 널 도와줄게."

그들은 곧 자신들의 말을 행동으로 옮겼다. 그때부터 하루도 빠짐없이 일과가 끝나면 뮤리엘과 그녀의 여동생은 아버지 서재로 나를 데려가서 읽기와 쓰기를 가르쳤다. 그들은 '병원'과 '부상' 같은 온갖 단어들을 가르쳤다. 내가 투덜거렸다.

"왜 이런 복잡하고 어려운 단어를 가르치는 거야? 외우기가 너무 힘들어."

뮤리엘이 말했다.

"다쳤을 경우에 집에 편지를 써서 식구들에게 알릴 수 있어야지."

나는 단지 뮤리엘과 그녀의 여동생을 기쁘게 하고 또 그들과 함께 있고 싶다는 이유 때문에 글을 배웠다. 나로서는 읽기와 쓰기를 배워야 하는 목적을 이해할 수 없었다. 그런 걸 몰라도 어쨌든 나는 일을 할 수 있고, 돈을 벌 수 있었다. 일하는 방법을 안다는 것은 내게 매우 중요했지만, 읽고 쓰는 것은 그다지 중요하지 않았다. 일을 할 수 있다면 그것으로 행복했다.

그러나 두 자매는 글 가르치는 것을 포기하지 않았고, 나도 결국 글 배우는 재미에 푹 빠지게 되었다. 마침내 내가 먼저 이렇게 말하는 날이 오게 되었다.

"자, 이제 공부할 시간이야. 서둘러! 어서 공부를 시작할 수 있도록 내가 접시 닦는 걸 도와줄게."

내가 열심히 배우자 두 자매는 기뻐했다. 훗날 뮤리엘은 내가 글 배우는 속도가 하도 빨라서 무척 놀랐다고 말했다. 알파벳부터 시작해 그 다음은 근방의 마을 이름을 마스터했다. 얼마 안 가서 나는 뮤리엘의 학교 교과서에 실린 시를 읽고 있었다. 누구의 무슨 시였는지도 기억난다. 헨리 켄달이 쓴 '원주민 부족의 최후'였다. 그리고 드디어 나는 집 식구들에게 편지를 썼다. 글씨는 삐뚤삐뚤했지만 마음으로부터 우러나온 진실한 편지였다. 엄마는 무척 놀라워했다. 휴가 때 집으로 놀러 가서 식구들에게 자초지종을 설명했다. 나를 돌봐 준 이 선한 백인 가족 이야기를 듣고 모두들 기뻐했다.

뮤리엘과 나는 더없이 가까운 친구가 되었고, 60년이 넘은 지금까지도 여전히 우정을 간직하고 있다(반조가 세상을 떠났을 때, 뮤리엘은 그의 장례식에 참석했다. 그리고 몇 달 후 그의 뒤를 이어 뮤리엘도 세상을 떠났다). 뮤리엘은 커서 학교 교사이자 작가가 되었다. 그녀는 늘 이렇게 말했다. 내가 자신의 첫 학생이었노라고.

나는 지금 글 읽는 것을 매우 사랑한다. 책도 좋아하고 신문도 늘 읽는다. 이제까지 살아오면서 나는 얼굴 흰 사람들의 관점에서 쓰여진 많은 책을 읽었다. 그 책들을 읽으면서 원주민의 눈을 통해 본 세상에 대해서도 사람들에게 말해 주어야겠다고 마음먹게 되었다.

뮤리엘의 가족을 떠나 나는 잠시 멜버른으로 돌아왔다. 얼굴 흰 친구들이 학교에 다니는 동안 나는 주로 집 근처에 있는 권투 체육관을 기웃거렸다. 형과 형의 친구들이 그곳에서 권투 연습을 하고 있었다. 그래서 나도 따라다니며 연습하는 광경을 지켜보았다. 형은 곧 멜버른을 떠나 권투 흥행단과 함께 각지를 돌아다녔고, 형의 친구들도 각자 다른 곳에 정착을 했다. 하지만 나는 여전히 혼자서 체육관 주위를 서성였다.

어느 날 트레이너가 내게 말했다.

"권투할 줄 아나?"

내가 말했다.

"아뇨, 몰라요."

"그럼, 다음번엔 짧은 바지랑 권투화를 신고 와."

이튿날 나는 반바지를 하나 사고 권투화를 빌렸다. 트레이너가 내게 줄넘기와 샌드백 치기를 시켰다. 훈련은 그다지 어렵지 않았다. 그 다음에 그는 내게 연거푸 펀치 날리는 기술을 가르쳤다. 나는 금방 그 기술을 마스터했다. 친구들과 늘 스파링을 해왔기 때문에 매우 빠른 속도로 배울 수 있었다. 나는 어린 나이치고는 꽤 잘하는 편이었다. 열심히 훈련했고 실제 경기에 참가해서도 좋은 성적을 올렸다. 질 때도 있었지만 심한 부상은 입지 않았다.

열일곱 살이 되자 여러 복싱 팀이 내게 손길을 뻗었다. 주위에 그런 팀이 많이 있었다. 원주민이 권투 흥행단에 가입하기는 쉬운 일이었다. 매니저들은 우리가 얼굴 흰 선수들보다 더 유리한 흥행 카드라는 점을 알고 있었다. 청중들은 원주민의 야생적이고 흑인처럼 생긴 모습에 더 흥미를 느꼈다. 관람객들 중에는 인종 차별주의자도 있었다. 이따금 그들의 고함 소리가 내 귓가에 들려오곤 했다.

"검둥이 놈들을 죽여라!"

그런 말을 들으면 반드시 이겨야겠다는 투지가 불타올랐다.

스무 살 생일을 맞이한 직후, 나는 한 권투 흥행단과 함께 경기를 끝내고 트럭 뒤편에 몸을 실었다. 차가 나무껍질로 지은 어느 오두막집 앞을 지나가는 순간, 나는 금방 그 집을 알아보았다. 몇 년 만에 보는 고향의 집들이었다! 그때까지 나는 멜버른에서 수없이 권투 시합을 치렀고, 이제는 흥행단의 어린 선수들을 가르치고 있었다. 그 오두막집을 보았을 때는 오후 1시였다. 찌는 듯이 무더운 날이었다.

뒤이어 도로를 따라 내가 어렸을 때 들락거리던 옛 대장간의 평평한 지붕과 활짝 열린 문이 보였다. 그곳에서 우리는 말에게 편자 박는 모습을 구경하곤 했었다.

나는 자신도 모르게 소리쳤다.

"여긴 내 고향이야!"

나는 운전석 칸막이를 두드리며 차를 세우라고 소리쳤다.

"여기가 내 고향이라구!"

운전사가 무슨 영문인지 알아차렸다. 그는 차를 세우며 말했다.

"다음 경기장에서 우리와 합류하는 거야."

하지만 내가 그곳에 오리라고 기대하는 것 같지는 않았다. 나는 트럭에서 뛰어내려 백여 미터를 되짚어 대장간으로 걸어갔다.

대장간에는 수줍음 많은 원주민 처녀 오드리 쿠젠이 오빠와 함께 우유를 배달하고 있었다. 그때는 예상하지 못했지만, 그 여자가 바로 훗날 내가 결혼하게 될 여자였다! 같은 마을 출신인데도 오드리는 처음 보는 얼굴이었다. 우리 가족이 보호 구역을 떠났을 때 오드리는 겨우 갓난아기였다.

두 사람은 나를 집까지 태워다 주었다. 오드리의 오빠는 말이 끄는 수레 뒤칸에 우유통들을 실었다. 오드리는 나와 오빠 사이에 앉았다. 그녀의 오빠와 나는 이런저런 이야기를 나누었다. 그 당시는 남자 둘이 있으면 여자들은 대개 입을 다무는 것이 전통이었다. 오드리는 앞만 똑바로 쳐다보고 갔다. 검은색 머리를 두 갈래로 땋아 길게 늘어뜨리고 있었다. 고향의 아이들은 잘 자라고 있었고, 다시 돌아와서 정말 기뻤다.

보호 구역 모퉁이에서 두 사람과 헤어졌다. 두 사람은 자신들의 집으로 갔다. 새로운 판잣집이 너무도 많아서 놀랐다. 우리 부족은 전에는 대개 나무껍질로 엮은 오두막집에 살았다. 그런데 다들 판자 지붕으로 새롭게 바뀌어 있었다. 내 누이가 사는 집도 새 집이었다. 나는 오솔길을 걸어 누이 집으로 향했다. 그리고 도시로 돌아가기 전에 여러 달 동안 그곳에서 머물렀다.

나는 도시를 좋아하지 않았기 때문에 상황이 허락될 때마다 보따리를 싸서 시골로 향했다. 도시를 벗어난 곳이라면 어느 시골이든 좋았다. 그리고 기회가 주어지기만 하면 프램링햄의 오두막집으로 돌아왔다. 변함없이 옛 오두막집과 내가 태어난 장소를 사랑했기 때문이다. 그렇게 몇 해 동안 권투 흥행단을 따라다니고, 집 짓는 일꾼으로 일하고, 일자리를 구하러 봇짐을 들고 돌아다니던 끝에 마침내 나는 영원히 고향 땅으로 돌아왔다.

그후에도 여러 번 나는 근처 소도시로 일을 보러 가곤 했다. 그러면 얼굴 흰 사람들은 나를 달갑지 않은 표정으로 바라보았다. 비웃음 소리도 들리고 나를 피해 도망가는 사람도 있었다. 그러나 나는 어느 누구에게도 화를 내지 않았다. 다만 연민을 느꼈을 뿐이다. 그들의 삶이 행복하지 않은 것이 분명했다. 그래서 그 불행을 나에게 돌리는 것이 틀림없었다. 나는 그들에게 어떤 공격도 가하지 않았다. 그런데도 경찰은 허구한 날 나를 체포해 감옥에 가두었다. 그들은 내가 정직한 일거리를 찾고 있다는 사실을 믿으려고 하지도 않았다.

힘들고 불행한 순간들이 많았지만, 그것들은 살아내야만 하는 삶의 일부분들이었다. 나는 그것에 대해 한 번도 화를 낸 적이 없다. 얼굴 흰 사람들이 우리 원주민들을 대하는 잘못된 태도에 연민을 느낄 뿐이다. 한편으로 나는 많은 좋은 일자리를 얻었고 내

게 기꺼이 먹을 것을 준 선량한 백인들도 만났다. 그것이 내게 힘이 되어 삶을 살아나갈 수 있게 해주었다. 그들은 다가와서 진심으로 나를 친구로 받아들여 주었다. 그리고 원주민에 대한 백인 정부의 그릇된 태도에 동조하지 않았다. 그들과 그들의 자녀들은 오늘날까지도 내 친구로 남아 있다.

나는 일자리를 찾아 여러 곳을 여행했다. 멀리서 풍경을 바라볼 수 있는 것이 나는 좋았다. 원주민들은 그럴 때 더 안전함을 느낀다. 반면에 얼굴 흰 사람들은 벽에 둘러싸여 있어야 더 안전하다고 여긴다.

낯선 마을에 들어서면 나는 술집부터 들르곤 했다. 그곳에선 어떤 일자리를 구할 수 있는지 정보를 얻기가 쉬웠기 때문이다. 하지만 고용주들은 나를 보고 비웃거나 조롱 섞인 미소를 던지기 일쑤였다. 그러면 짐 보따리를 둘러메고 또다시 여행길에 나서야 했다. 날 쓰겠다는 사람은 없고, 모두가 문으로 몰려나와 떠나는 내 모습을 보며 웃어 댈 뿐이었다. 원주민들은 이런 일에 이골이 나 있었지만, 언제나 '왜?'라는 의문이 머릿속을 떠나지 않았다. 사람들은 왜 우리에게 화를 내고 우리를 그토록 미워하는 걸까? 우리는 아무것도 잘못한 것이 없는데.

경찰이 마을 밖까지 나를 따라왔다. 그들은 차를 몰고 내 옆으로 다가와서는 나더러 뭐 하러 다니느냐고 물었다. 일자리를 찾고 있다고 하면, 그들은 코웃음을 치며 말했다.

"너희 원주민들이 일을 한다고? 말도 안돼! 너, 경찰서로 좀 가야겠어."

그들은 몇 시간이나 나를 심문한 뒤, 술에 취해 난동을 피웠다는 말도 안 되는 혐의를 뒤집어씌워 철창 안에 가두었다. 그리고 이튿날 아침이 되어서야 겨우 풀어 주었다. 물 한 잔도 주지 않은 채. 나는 계속해서 길을 걸어갔다. 또 다른 작은 마을에 이르자, 멀리 다리 아래서 연기가 피어오르는 것이 보였다. 내 발길은 그곳으로 향했고, 나는 이내 나와 처지가 같은 원주민들에게 둘러싸이게 되었다. 그들이 다정한 목소리로 말을 건넸다.

"친구, 어디로 가나? 일자리를 찾고 있나? 이리 와. 먹을 걸 나눠 줄게."

우리는 모닥불 주위에 둘러앉아 여행 중에 겪어야 했던 온갖 힘든 일들을 이야기하며 웃음꽃을 피웠다. 우리는 우리에게 일을 주기를 거부한 얼굴 흰 사람들에 대해 연민을 느꼈다. 모르는 사람에게 그토록 심한 증오심을 느끼는 걸로 보아 그들의 가정생활이 몹시 불행한 것이 틀림없다고 우리는 결론을 내렸다.

나는 나 자신에게 말하곤 했다.

'이 다음 모퉁이를 돌면 좋은 사람들을 만나게 될 거야. 이 젊은 경찰도 나이가 들면 삶에 대해 뭔가를 배우고 인간답게 변하겠지.'

나는 언젠가는 좋은 사람들이 나타날 것이며, 시대가 서서히 달라지리라는 걸 알고 있었다. 그리고 반드시 그렇게 되어야만 했다. 마침내 그날이 찾아왔다. 1975년 7월, 내 삶에 가장 큰 변화가 일어났다. 바하이교를 믿는 얼굴 흰 사람들이 우리가 살고 있는 프램링햄 원주민 보호 구역을 방문했다. 그들은 보호 구역 경계선

너머 풀밭에 앉아 우리가 들어와도 좋다고 말할 때까지 노래를 부르며 공손하게 기다리고 있었다.

우리 원주민들은 자동차 한 대에 우르르 몰려 탄 채, 그들의 모습을 더 잘 보기 위해 그 앞을 지나갔다. 그곳에 앉아 있는 사람들은 제각기 국적이 달랐지만 행복한 한 가족처럼 보였고, 무엇보다 진실함이 느껴졌다. 나는 이 만남을 결국은 세상 전체가 우리 원주민들을 돌아보게 되리라는 강력한 신호로 받아들였다. 내 판단이 옳았다. 그날 만난 바하이교도 중 한 사람인 카밀라는 그날 이후 나의 가장 가까운 친구가 되었다.

그런 일이 있고 나서 얼마 후 나는 와르남불 시립 병원에 입원했다. 당시 나는 주기적으로 폐렴에 걸렸다. 너무 여러 해 동안 채석장 일을 했기 때문이다. 또 다른 원주민들도 같은 병실에 입원해 있었다. 우리가 그곳에 있는 동안, 그때까지 한 번도 원주민과 대화를 나눠 본 적이 없는 얼굴 흰 사람들이 우리와 얘기를 하게 되었다. 카밀라는 어린 자녀들을 데리고 와서 우리와 함께 많은 시간을 보내곤 했다.

다른 환자들과 간호사들은 자식들까지 둔 존경할 만한 백인 여성인 카밀라가 원주민을 만나는 이유를 이해할 수 없어 했다. 원주민들이 무엇이 그렇게 중요하단 말인가? 그들의 얼굴 표정에는 그렇게 쓰여 있는 듯했다. 도저히 이해할 수 없다는 눈치였다. 하지만 카밀라가 어느 누구에게도 나쁜 감정을 갖지 않은 올바른 여성이라는 사실을 알고 나자, 그들은 자신들도 카밀라와 똑같이 할 수 있다는 것을 깨닫게 되었다. 카밀라는 그들에게 피부색과 인종을 뛰어넘어 조화롭게 지내는 법을 가르치고 있었던 것이다. 그들은 차츰 우리를 다르게 대하기 시작했다. 존중하는 마음을 갖고 우리에게 다가왔다.

카밀라의 어린 딸은 우리를 위해 병실에서 우쿨렐레(4줄로 된 하와이의 현악기)를 연주했다. 병원 직원들은 빙 둘러서서 그녀의 연주를 지켜보다가, 연주가 끝나면 큰 박수를 보냈다. 음악이라는 도구는 사람들을 한데 모으는 힘이 있었다. 피부가 검든 희든 그건 문제가 아니었다. 한 아이가 노래를 부르면 환자들의 상태가 나아지고 기분이 좋아졌다.

이 바하이교 사람들과의 만남은 무엇인가 차이가 있었다. 그들은 많은 말을 하지 않는 대신 깊이 느꼈다. 우리는 그들에게서 동등하다는 것 이상의 대우를 받았다. 그들은 우리를 특별한 존재처럼 대했다. 우리가 원주민들이기 때문에 특별하다는 것이었다. 그런 얘기는 생전 처음 들어보았다. 언제나 들리는 소리라곤 원주민들은 형편없는 인간이라는 말뿐이었다. 그런데 지금 한 어린 백인 소녀가 내게 이렇게 말하고 있었다.

"당신은 매우 특별해요. 원주민이니까요. 당신들의 문화는 정말 훌륭해요."

그러면 나는 이런 마음이 들었다.

'어린 소녀가 이렇게 말하고 있는데 더 이상 바랄 것이 무엇인가.'

지금까지 얼굴 흰 사람들은 내게 온갖 수식어를 갖다 붙였다. 하지만 특별하다는 말은 없었다. 내가 진실한 친구로 대해 주기를 원하거나 일자리를 구해 달라고 도움을 청하면 얼굴 흰 사람들은 언제나 의심의 눈초리로 쳐다보았다. 고작해야 내게 인사를 건네거나 길거리에서 아는 체하는 게 전부였다. 지금도 우리가 원주민이라는 이유 때문에 무엇인가로부터 거부를 당하면 그동안 받은 모든 부당한 대우들이 기억 속에 되살아나곤 한다. 그 모든 일의 근본적인 원인은 편견에 있었다. 하지만 바하이교 사람들은 달랐다. 병원에서의 마지막 날, 카밀라가 찾아왔을 때 내가 말했다.

"방금 퇴원하라는 말을 들었어요. 이제 집으로 갑니다."

그녀가 말했다.

"알고 있어요."

그녀는 나를 차에 태우고 시내 중심가를 벗어났다.

내가 말했다.

"원주민 보호 구역은 이쪽 방향이 아녜요."

그녀가 말했다.

"당신은 당분간 내가 사는 집에 머물게 될 거예요."

내가 어리둥절해서 소리쳤다.

"하지만 난 이제 다 나았어요!"

그녀가 내게 말했다.

"아녜요, 아직 다 낫지 않았아요. 내가 의사에게 부탁을 해서 당신을 이곳으로 오게 했어요. 우리의 간호를 받으면 곧 완쾌될 거예요."

그렇게 해서 나는 한동안 그녀와 그녀 가족의 따뜻한 보살핌을 받게 되었다. 나는 생각했다.

'알고 보면 주위에는 좋은 백인들이 많이 있어. 다만 전에는 그런 백인들을 만나지 못했을 뿐이야! 그런 사람들은 대체 어디서 온 것일까? 열린 마음을 가진 어른들과 아이들.'

카밀라의 집에 머무는 동안 많은 친구들이 나를 찾아왔다. 얼굴 흰 사람들의 세계에 적응하느라 가슴 아픈 삶을 살아온 원주민들이었다. 카밀라는 처음 보는 그들을 믿고 아무 때나 집 안으로 들어오게 했다. 낮에 외출을 해야 하는 경우에도 그들을 위해 문을 잠그지 않았다.

나는 카밀라처럼 피부색과 인종에 상관없이 서로를 사랑하는 것에 대해 말하기 위해 이 책을 쓰기 시작했다. 나아가 세상 사람들이 원주민의 삶의 방식과 사물을 보는 눈을 이해하기를 바라며 이 책을 썼다.

나는 카밀라에게 책 쓰는 일을 도와달라고 부탁했다. 그녀는 기꺼이 그렇게 하겠다고 약속했다. 25년이 지난 지금, 우리는 여전히 내가 말하고 싶은 것들을 종이에 옮겨 적고 있다.

다시 덤불숲으로 돌아가다

쿠메라군자 보호 구역 원주민들이 얼굴 흰 감독관을 상대로 전쟁을 선포한 그해에 영국은 독일을 상대로 전쟁을 선포했다.

때마침 나는 쿠메라군자에 사는 친척을 방문하던 중이었다. 그때 그 유명한 동맹 파업이 일어났다. 최초의 원주민 파업이었다. 어머니의 고향이기도 한 뉴 사우스 웨일즈 주의 쿠메라군자 보호 구역은 머레이 강을 사이에 두고 빅토리아 주와 마주보고 있었다. 대다수의 정부 지정 원주민 보호 구역이 그렇듯이, 원주민들은 그곳을 떠날 수도 없었고 만일 떠날 경우에는 다시 돌아오지 못하도록 오두막집을 부숴 버렸다. 식량 배급은 너무도 형편없어서 많은 원주민들이 하루가 멀다 하고 병에 걸려 죽어 나갔다. 아이들도 강제로 부모 품에서 빼앗아갔다. 결국 보호 구역 사람들은 행동을 취하기로 결정하고 이 모든 부당한 일들에 저항하기 시작했다.

위대한 원주민 지도자 잭 페이튼이 와서 우리와 이야기를 하고 적극적으로 지원에 나섰다. 나는 그의 용기와 정직성, 그리고 그의 연설이 가진 힘에 깊은 인상을 받았다. 그러나 경찰이 와서 당장에 그를 체포해 갔다.

이튿날 얼굴 흰 감독관이 자동차 창문에 장총을 내민 채 우리들 앞을 지나갔다. 나의 외숙모가 하늘 높이 몽둥이를 흔들어 대며 그를 향해 소리쳤다.

"당신은 이제 더 이상 우리를 죽일 수 없어!"

나는 다만 그 자리에 서서 그 장면을 지켜볼 수밖에 없었다. 그 다음에 170명가량의 보호 구역 원주민들이 눈 깜짝할 사이에 머레이 강을 건너 이동했다. 대부분 배를 타고 갔지만, 이부자리를 들고 먼 거리를 돌아가는 사람들도 있었다. 어떤 이들은 물고기처럼 빠른 속도로 강을 헤엄쳐 건넜다. 아이들도 함께였다. 그렇게 해서 순식간에 한 텐트 마을이 강 건너 빅토리아 주에 세워졌다. 나는 숨을 크게 들이쉰 뒤 곧바로 그들과 합류했다. 저항은 성공적이었다. 덕분에 훗날 원주민 보호법이 개정되었다.

2차 세계 대전이 시작되자, 길거리마다 신병 모집 공고가 나붙었다. 친구 한 명과 나도 군에 입대해서 나라를 위해 뭔가를 하기로 결정했다. 그때 우리 나이 겨우 스무 살이었다.

우리는 곧장 신병 모집 사무실로 찾아갔다. 그곳에 군인들 몇 명이 일하고 있었다. 내가 그들에게 말했다.

"나와 친구도 입대하고 싶어요."

젊은 책임 장교가 대뜸 물었다.

"입대하고 싶은 이유가 뭐지?"

우리가 말했다.

"모두가 입대하고 싶어 하잖아요. 사태가 심각해지고 있는 것 같아요. 우리도 나라를 위해 싸우고 싶어요."

그가 우리에게 물었다.

"원주민들이 이 나라를 위해 싸울 이유가 뭐지? 이 나라에서 원주민들은 시민권도 없는데."

그 젊은 장교는 원주민들의 처지를 잘 알고 있는 듯했다. 우리는 이 호주 땅에 태초부터 살아왔는데도 자신의 나라에서 시민권조차 부여 받지 못하는 상황이었다. 그가 우리에게 말했다.

"전쟁터에 가는 것말고도 다른 유익한 일을 할 수 있어. 토목 공사 지원단에 가입하는 것도 한 방법이지."

우리가 물었다.

"그게 뭔데요?"

"멀리 북쪽 지대에서 군대를 위해 도로와 비행장 건설을 하는 것이지. 말하자면 고속도로를 닦는 거야."

우리는 그 자리서 토목 공사 지원단에 가입했다. 그리고 사흘 뒤 나는 친구와 함께 도로 공사에 참여하기 위해 북쪽으로 떠났다. 일은 고되고 힘들었다. 그러나 시골 일은 내게 익숙한 일이었다. 그 일들은 늘 우리 삶의 일부분이었다. 작업은 밤낮 가릴 것 없이 하루 24시간 진행되었다.

내가 그런 식으로 호주 전역을 돌며 도로 건설에 참여하고 있을 때, 나와는 달리 군 입대 허가를 받은 원주민들도 있었다. 그들은 전쟁터로 나갔고, 개중에는 사랑하는 조국을 위해 전사한 이들도 있었다. 참전한 원주민들은 비록 공식 시민으로 인정받지는 못했지만 전쟁터의 영웅이 되었다. 이 나라에서 원주민에게 시민권이 주어진 것은 1967년의 일이다.

원주민 병사들은 전선에서 온갖 위험을 무릅쓰고 훌륭하게 싸웠다. 프램링햄 보호 구역과 콘다 레이크 보호 구역 출신의 원주민만도 14명이 군에 입대했다. 그들은 멀리 프랑스, 터키의 갈리폴리(호주 원주민 출신의 청년 두 명이 갈리폴리 격전지에서 전투에 참가한 실화를 그린 영화 〈갈리폴리〉가 있다), 팔레스타인 같은 해외에서 싸웠다. 하지만 전쟁이 끝나 막상 집으로 돌아왔을 때 그들에게 주어진 혜택은 아무것도 없었다.

백인 정부는 얼굴 흰 병사들에게는 헐값에 땅을 지급하면서도 원주민들은 그 보상에서 철저히 제외시켰다. 원주민 병사들은 그야말로 양말 한 켤레 받지 못했다. 다른 원주민들과 처우가 달라진 점이 하나도 없었다. '너희들은 애초부터 지원 자격이 없었어.' 그것이 원주민 병사들을 보는 그들의 태도였다. 원주민은 평생 그런 취급을 받았다. 돌아온 백인 병사들은 토지를 받았지만 원주민들은 아니었다. 2차 세계 대전이 끝난 뒤, 콘다 레이크 원주민 보호 구역은 여러 구획으로 쪼개져 전부 백인 병사들에게 지급되었다. 그곳에서 태어나 자라고 전쟁에 참여한 원주민 병사들에게는 아무것도 돌아가지 않았고, 오히려 보호 구역에서 쫓겨났다.

무슨 이유인지 원주민은 호주 시민으로 분류되지 않았다. 수천 수만 년의 세월이 흐르는 동안 원주민은 변함없이 이 대지 위에 존재했었다. 그러므로 원주민에 대한 그런 결정은 실로 어리석은 짓이었다. 전투에 참가한 원주민 병사들은 얼굴 흰 병사들과 마찬가지로 사랑하는 조국을 위해 장렬히 전사했다. 살아 돌아온 사람들은 다시 게으른 원주민 취급을 받았다.

친구와 나는 호주 북부에서 1년 넘게 일한 뒤 멜버른으로 돌아왔다. 여전히 수많은 원주민들이 호주 전역에서 도시로 이주해 오고 있었다. 그들은 원주민을 환영하고 좋은 음식과 잠자리를 제공해 준다는 소문을 듣고 우리 집을 비롯해 몇몇 원주민 가정들을 찾아들었다. 원주민들은 다른 지역으로 갈 때 얼굴 흰 사람들에게 어떤 취급을 당하게 될지 알 수가 없었다.

친구와 나는 도시에서 얻을 수 있는 일거리면 무슨 일이든 했다. 건설 공사장 잡부, 하수구 파기, 기차역에서 마을까지 연탄 배달하기 등 안 해본 일이 없을 정도였다. 도시에는 말수레를 몰고 다니는 나이 든 원주민들도 많았다. 병 줍는 사람들과 가구 옮기는 사람들도 여전히 있었다. 우리는 그 사람들 일을 돕기도 했다. 그런 일이라도 하지 않으면 경찰로부터 술에 취했다는 혐의를 뒤집어쓰기 십상이었다.

경찰은 단지 원주민들이 거리에 나다니지 못하게 하려고 무슨 죄목이든 덮어씌워 감옥에 가두었다. 그러나 그런다고 문제가 해결될 리 없었다. 경찰은 원주민들을 감옥에 가뒀다가 풀어주고는, 또다시 거리에서 술을 마시고 비틀거린다는 이유로 잡아들였다. 그것은 끝이 없었다. 처음에는 원주민들도 법정에 서면 무죄라고 주장했다. 자신이 무죄라는 것을 알기 때문에 당연한 주장이었다. 그러나 그렇게 말해 봤자 아무 소용없다는 사실을 차츰 깨닫게 되었다. 판사의 태도는 이러했다.

"무죄라고? 어떻게 감히 무죄라고 말할 수 있지? 넌 원주민이야. 그러니 당연히 넌 유죄야."

그리고 판사는 약은꾀를 부렸다는 이유로 더 무겁게 형벌을 때렸다. 그래서 많은 원주민들이 조금이라도 낮은 형량을 받기 위해 자신이 하지도 않은 일을 잘못했다고 빌었다. 또 무죄라고 항변하고 싶어도, 그 당시 원주민에게는 변호사를 붙여 주지 않았다.

이 무렵, 얼굴 흰 여성 하나가 이 같은 곤란에 처한 우리 원주민들을 보호하고 나섰다. 그녀의 이름은 헬렌 베일리였다. 우리 사이에서는 그냥 미스 베일리로 통했다. 그녀는 부유한 백인 가정에서 자라난 간호사였다. 그녀의 가족은 전에 호주 서부 지역의 큰 농장주였다.

미스 베일리는 가능한 모든 방법을 동원해 원주민들을 돕는 데 헌신했다. 나는 그녀의 가족이 그녀의 뜻을 정말로 받아들였으리라고는 생각지 않는다. 미스 베일리는 우리가 법과 관련해 곤경에 처하면 자신의 연금을 털어서라도 변호사를 고용했다. 원주민 아이들이 아프면 병원에 데리고 갔다. 원주민들의 더 나은 처우를 요구하기 위해 대표단을 이끌고 정부 책임자를 만나러 가기도 했다. 미스 베일리는 검은 피부를 가진 우리 원주민들의 영웅이었다. 그녀는 모든 인간을 차별 없이 사랑했다.

그녀는 원주민들에게 하루 종일 자신의 집을 개방하고, 어려움에 처한 사람이면 누구나 환영했다. 그녀의 집은 회색 돌로 지어진 아름다운 집이었다. 집 한구석에서는 화사한 얼굴의 장미가 앞다퉈 피어났다. 정원에 열매 달린 나무도 많았다. 어떤 사람들은 살구나무 아래 누워 그 열매를 따먹기도 했다. 많은 원주민이 그녀의 집에서 살다시피 했고, 얼굴 흰 사람들도 도움이 필요하면 그녀를 찾아왔다. 술에 취해 비틀거리며 찾아오는 사람들도 많았지만 그녀는 그들 모두를 받아들이고 친절히 대해 주었다. 동시에 경찰이 찾아와 문을 두드리는 경우도 잦았다. 이웃 사람들이 술에 취한 사람들이 소란을 피운다고 불평을 해댔기 때문이다. 결국 그런 이유로 모두 그 집을 떠나야 했다. 그러나 미스 베일리는 많은 불편을 참았다. 그녀는 따뜻한 마음씨를 지녔고, 또 모든 원주민을 사랑했기 때문이다.

미스 베일리는 늘 작은 지갑에 돈을 넣어 허리춤에 묶고, 그 위에 치마를 입고 다녔다. 그리고 언제나 옛날 어머니 세대에 입던 것 같은 긴 구식 드레스를 입고 다녔다. 미스 베일리가 옷을 벗지 않고도 어떻게 그 지갑을 꺼냈다 넣었다 할 수 있는지 궁금해 하는 원주민들이 많았다. 때로는 술에 취한 사람들이 치마 밑에서 지갑을 꺼내려고 할 때가 있었다. 그럴 때면 미스 베일리는 손등을 찰싹 때리며 교양 있게 말했다.

"그러지 말아요."

때로 그녀는 그런 그들을 보고 웃음을 터뜨리곤 했다. 그녀는 유머 감각이 뛰어났고, 웃을 때면 항상 손으로 입을 가렸다. 특히 우리는 그녀가 모는 차 안에서 그녀와 우스갯소리를 주고받으며 가곤 했는데, 그녀의 운전 솜씨가 썩 좋지 않아서 큰일 날 뻔한 적이 한두 번이 아니었다. 그래서 우리는 운전할 때는 되도록이면 그녀에게 말을 걸지 않았다. 말을 하면 운전에 집중하기 어렵기 때문이었다. 그러나 그녀는 언제나 원주민들을 태우고 정부 선거가 진행되는 곳에 데려가 주었다. 투표는 할 수 없더라도 원주민들이 자신의 주장과 할 말을 갖게 되기를 그녀는 바랐다.

그녀가 자신의 집에서 함께 사는 원주민들에게 엄격하게 대할 때도 있었다. 그녀는 모든 사람들에게 원주민의 원칙과 서로에 대한 의무를 일깨웠다. 한번은 원주민 한 사람이 병원에 입원한 적이 있었다. 그때 미스 베일리는 함께 사는 원주민 모두를 데려가 병원 밖 잔디밭에 둥글게 앉아 있게 했다. 원주민의 방식대로 아픈 사람이 부족 사람들의 영혼을 느낄 수 있도록 하기 위한 배려에서였다.

미스 베일리의 집안은 매우 부자였지만, 그녀 자신은 늘 돈이 있는 게 아니었다. 때로는 돈이 바닥나서 여러 날 동안 방 안에만 있어야 할 때도 있었다. 그 집에 함께 사는 사람들 모두는 그녀가 외출하지 않는 이유를 알고 있었고, 그래서 그녀를 방해하지 않았다. 그러다 마침내 그녀가 다시 방 밖으로 모습을 나타내면 돈이 다시 생겼구나 하는 걸 다들 알아차렸다.

미스 베일리는 그 당시 내가 아는 어느 누구보다도 원주민들을 위해 많은 일을 했다. 자기 자신을 생각하느라 봉사의 손길을 멈춘 적이 없었다. 그러나 그녀의 존재는 사람들의 뇌리에서 너무 빨리 잊혀졌다. 그녀는 '원주민을 사랑하는 모임'을 만들었고, 생애 대부분의 시간을 호주 전역의 원주민 보호 구역들을 방문하는 데 바쳤다. 한번은 운전사를 고용해 몇 달 동안 호주 북부와 서부를 돌아다니며 원주민들을 만나 그들이 겪는 문제를 알리고 노력했다.

그녀는 또 다른 훌륭한 지도자들과 손을 잡고 원주민의 권리를 위해 투쟁할 작은 단체를 만들었다. 그들은 보호 구역 안의 열악한 환경에 항의하는 집회를 열고, 시위를 벌이는가 하면, 자선 음악회 등을 열었다. 그들은 무일푼으로 시작했는데, 그나마 들어온 돈을 미스 베일리가 매번 원주민들의 옷을 사는 데 다 써버리는 바람에 다른 회원들과 불화를 겪곤 했다.

이 모임에 참가했던 사람들 모두가 훗날 원주민 공동체의 위대한 지도자들이 되었다. 그들 모두 정직한 사람들이었다. 그러나 오늘날 헬렌 베일리를 기억하는 사람은 많지 않다. 그녀는 바람 앞에 촛불 격인 원주민들을 위해 늘 든든한 바람막이가 되어 주었다. 나는 살아생전에 내가 직접 하지 못하면 죽고 난 뒤라도 미스 베일리를 위해 기념관을 지어달라고 아는 사람들에게 부탁해 놓았다. 그녀와 같은 무명의 영웅들은 그들이 행한 선한 행위들로 언제까지나 인간의 기억 속에 남아 있어야만 한다.

친구와 나는 더 이상 도시에 있고 싶지 않았지만, 먹고살기 힘든 시절이라 도시 밖에서 일을 구한다는 것이 거의 불가능했다. 모든 원주민들이 일자리를 잃지 않으려고 안간힘을 썼다. 하지만 고용주와의 마찰과 인종 차별적인 발언 때문에 그 일들이 마음에 들지는 않았다. 그래서 일단 충분히 돈이 모이면 다른 곳으로 떠났다. 나도 마찬가지였다. 어느 곳이든 시골 농장에 일자리가 있다는 소식이 들려오면 잠깐씩이라도 도시를 떠났다. 이따금 한 젊

은 원주민 친구가 도시를 벗어나고 싶어하면서 내게 말하곤 했다.

"나랑 같이 떠나자, 친구."

그러면 나는 얼른 보따리를 쌌다. 우리는 오르막길에서 큰 기차가 오기를 기다렸다가 빈 화물칸에 몸을 날려 뛰어오르곤 했다.

한 농장에서 여섯 달 동안 덤불을 걷어내며 일을 하고 났는데, 어느 날 얼굴 흰 농장 주인이 내게 어디 출신이냐고 물었다.

내가 대답했다.

"호주 남부에서 왔습니다."

그가 다시 물었다.

"아니, 내 말은 호주로 오기 전에 어디서 왔느냐고."

내가 그를 쳐다보며 말했다.

"난 호주에서 태어났는데요. 원주민이에요."

얼굴 흰 농장 주인들이 원주민에 대해 얼마나 무지한지 알 수 있는 대목이었다.

얼마 후 나는 도시를 떠나 내가 태어난 프램링햄 보호 구역으로 아주 되돌아갔다. 그곳에서 지난번 만났던 오드리 쿠젠과 다시 만났다. 오드리는 원주민 보호 구역 안에서만 자란 흠잡을 데 없는 소녀로 매우 엄격한 교육을 받고 자랐다. 나는 가능한 한 오래 보호 구역에 머물렀고, 그러는 사이 우리는 서로를 잘 알게 되었다. 그후 우리는 사랑에 빠졌으며, 나는 그녀와 결혼하기로 결심했다.

먼저 나는 오드리의 부모에게 내가 좋은 남편감이라는 것을 입증해 보여야만 했다. 열심히 일하며 아내와 아이들을 부양할 능력이 충분하다는 걸 보여 줘야 했다. 그분들은 한동안 나를 받아 주지 않았다. 많은 어려움에 부딪쳤지만 사랑에 빠진 두 젊은 남녀는 결국 모든 시련을 이겨냈다.

마침내 2년 뒤 우리는 결혼을 했고, 아내는 우리의 첫 아이를 임신했다. 오드리는 아이가 태어났을 때 아이의 이름에 내 성을 붙이길 원했다. 우리는 아이의 장래에 대해 많은 얘기를 했고, 서로에 대해서도 깊은 생각을 했다.

결혼 후, 한동안 삶이 힘들고 고달팠다. 나는 일자리를 구하러 때로 수백 킬로미터나 떨어진 곳까지 가야 했고, 그럴 때마다 아내와 나는 서로를 그리워했다. 장인 장모는 아내와 어린 자식을 데리고 살 집 한 채 없는 나를 원망에 찬 눈으로 바라보았다. 그리고 아내를 언제나 당신들 곁에 두고 싶어했다. 나는 주로 벌목 일을 했기 때문에 작업장 근처에 오두막집을 짓고 싶었지만, 그분들은 딸과 손자를 멀리 데려가는 것을 허락하지 않았다. 그분들 심정은 이해가 갔다. 아내가 외동딸이라서 장인 장모는 아내를 몹시 사랑했다. 게다가 내게 딸을 빼앗겼다고 약간 화가 나 있었다. 그래서 우리는 그분들 가까운 곳에 집을 마련할 때까지 장인 장모와 한 집에서 살아야만 했다.

아이는 태어나면서부터 몇 차례 병원 신세를 졌다. 목 안쪽에 병이 있었다. 하지만 병원에 계속 있지는 않았고, 진찰을 받은 뒤 집으로 돌아왔다. 아이의 할머니는 손자를 고치기 위해 할 수 있는 일은 다 했다. 원주민 보호 구역 안에는 의사가 한 명도 없었다. 아이는 잠깐 동안 상태가 나아지는 듯했다.

그러던 어느 날, 아이가 세 살쯤 되었을 무렵 한 가지 이상한 일이 일어났다. 아이는 하루 종일 창가에 서서 밖을 내다보다가 누가 집 앞 도로로 지나가기만 하면 달려가서 옹알옹알 뭐라고 말하고는 그 사람과 악수를 했다. 우리는 문간에 서서 그 모습을 지켜보았다. 아이는 악수를 나눈 뒤 곧장 집 안으로 뛰어들어왔다. 사람들은 우리에게 다가와 말했다.

"아이가 달려와서 악수를 청하더군요. 그리곤 금방 돌아서서 다시 뛰어갔어요."

장인이 대답했다.

"하루 종일 저러고 있다네! 집 앞을 지나가는 사람만 있으면 달려나가니, 무슨 영문인지 모르겠어."

그날 오후, 아이는 학교를 마치고 집으로 돌아가는 아이들을 보았다. 스무 명쯤 되었다. 아이는 문을 열고 그 아이들에게 달려가 일일이 악수를 나누었다. 아이들은 이 어린 남자 아이를 좋아했고, 아이의 그런 행동을 마음에 들어했다. 그 아이들은 행복한 마음을 안고 집으로 돌아갔다. 조그마한 아이가 자기들을 보고 반가워하며 악수해 준 것이 기뻤던 것이다.

장인이 장모에게 말했다.

"뭔가 이상해. 무슨 일이 있는 거야. 저렇게 창 밖만 내다보는 걸 보면 내 마음이 편치 않아. 저 애는 모든 사람을 마치 처음 보는 것처럼 대하고 있어. 마치 작별인사를 하고 있는 것 같아."

자전거를 타고 가는 사람, 말수레를 모는 사람, 양을 끌고 가는 사람……. 아이는 그들 모두에게 달려나갔다. 모두가 가던 길을 멈추고 아이와 악수를 나누었다.

그날 늦은 저녁, 아이는 병이 재발해서 숨쉬기가 힘들어졌다. 선교사의 차를 빌려 타고 급히 병원으로 데려가자 의사가 여러 가지 질문을 던졌다. 그러더니 아이를 병원에 입원시키는 게 좋겠다고 말했다. 우리는 아이를 병원에 남겨 두고 집으로 돌아왔다.

새벽 3시, 차 한 대가 집 앞에 멈춰 섰다. 근처 학교의 교사가 차에서 내려 우리에게 말했다.

"병원에서 찾고 있어요. 전화가 왔었어요."

우리는 무슨 일이 일어났는지 모른 채 차에 올라타 병원으로 향했다. 병원에 도착하자 간호사가 우리에게 다가와, 최선을 다했지만 결국 우리 아들이 평화롭게 숨을 거두었다고 말했다. 사망 원인은 밝혀지지 않았다고 덧붙였다.

간호사가 병실로 우리를 안내했다. 아들은 손에 아름다운 꽃 한 송이를 쥔 채 침대에 누워 있었다. 그 꽃이 유난히 눈에 띄었다. 우리 집 근처에 사는 테리크 아저씨가 보호 구역에 핀 야생화를 따서 내 아들에게 가져다주곤 했기 때문이다. 테리크 아저씨는 늙었지만 아들의 친구였다. 아이는 날마다 테리크 아저씨에게 야생화를 꺾으러 가자고 조르곤 했으며, 꽃을 꺾어 와서는 집 안의 특별한 장소에 꽂아 두었다. 야생화는 아이의 삶과 많은 연관이 있었다. 아이는 야생화를 무척 좋아했다.

병원 침대에 잠든 것처럼 누워 있는 아들의 죽음이 믿겨지지 않았다. 아이의 손에는 여전히 꽃 한 송이가 들려져 있었다. 간호사가 어떻게 우리 아들이 꽃을 좋아했는지를 알았나 궁금해서 그녀에게 말했다.

"손에 아름다운 꽃 한 송이를 쥐고 있는 아들 모습이 정말 평화로워 보여요."

간호사가 대답했다.

"네, 정말 아름답고 평화로워 보이죠. 꽃 한 송이가 저 아이 삶의 완성이라는 생각이 들 정도예요."

간호사가 아들이 꽃을 얼마나 좋아했는지 알았던 것은 아니었다. 아들의 영혼이 간호사에게 이렇게 말한 게 틀림없었다.

'난 지금 꽃 한 송이가 필요해요. 우리 가족들이 왔을 때 꽃을 들고 있는 내 모습을 보여 주고 싶어요. 가족들은 언제나 꽃과 함께 있는 나를 봐 왔으니까요.'

간호사는 그 꽃이 병원 안에 피어 있던 가장 아름다운 장미라고 말했다. 그리고 자신도 모르게 그 꽃을 꺾어 아이의 손에 쥐어 주게 되었다고 했다.

그날 저녁 무렵 테리크 아저씨가 목장을 가로질러 우리가 살고 있는 곳으로 걸어왔다. 그가 우리 집에서 30미터쯤 떨어진 곳에 서 있는 모습이 보였다. 원주민들은 보통 존중의 표시로 남의 집에서 멀찌감치 떨어져서 집 주인이 와도 좋다는 초대의 표시를 할 때까지 기다린다. 평소에 테리크 아저씨는 우리 집에 올 때 아이에게 주려고 꽃 한 묶음을 들고 왔고, 아이는 그에게 반갑게 달려갔었다.

그러나 그날 그는 벗은 모자를 손에 들고 있었다. 이미 소식을 들은 것 같았다. 하지만 그럴 리가 없었다. 그는 물건도 사고 사람들을 만나느라 멀리 시내에 갔다 오는 길이었다. 그런 날이면 대

다시 덤불숲으로 돌아가다

개 집으로 오는 길에 친구네 집에서 하룻밤 자고 이튿날 혼자 사는 집으로 돌아왔다. 그리고 구입한 식료품을 내려놓자마자 어린 친구를 보러 곧장 달려오곤 했다.

테리크 아저씨는 잠시 모자를 손에 쥔 채 그대로 서 있었다. 나는 그를 맞이하러 다가갔다. 그도 나를 보고 다가왔다.

내가 말했다.

"아저씨께 좋지 않은 소식이 있어요."

그가 말했다.

"그래, 안다."

내가 물었다.

"누가 말해 주었나요?"

"우리의 어린 친구를 말하는 거지?"

"네, 제 어린 아들이 새벽 3시에 숨을 거두었어요."

"나도 알아."

내가 그에게 오다가 누구를 만났는지 다시 물었다.

"아니, 곧장 집으로 갔다. 아무도 만나지 않았어."

나는 더 이상 묻지 않았다.

아이를 땅에 묻고 나서 석 달 뒤, 테리크 아저씨가 말했다.

"이제 네 어린 아들 이야기를 할 때가 되었구나. 그날 밤 내가 어떻게 알았는지 말야."

그 이야기가 몹시 궁금했다.

"평소와 다름없이 시내에 갔다가 돌아오는 길에 친구 집에서 하룻밤 묵었어. 그런데 새벽 3시에 뭔가 내 발을 누르는 무게에 잠이

깼네. 개가 방에 들어와 침대 발치로 뛰어올라왔나 보다 생각하고 개에게 소리를 질렀지. 하지만 무게는 여전했어."

아저씨가 말을 이었다.

"그래서 난 손을 더듬어 성냥을 찾았어. 그리고 침대에서 일어나 성냥 한 개비를 켜서 내 발을 누르는 게 뭔지 보았지. 침대 발치에 작은 흰색 관 하나가 놓여 있더군. 문득 내 어린 친구가 생각났어. 마치 그 애가 내게 무슨 말을 하려는 것 같았어. 난 아침까지 기다릴 수가 없었네. 곧장 옷을 챙겨 입고 집으로 향했지. 그리고 가능한 한 빨리 자넬 만나러 간 거야."

호주 대륙이여, 눈물을 닦아라

나는 오랫동안 수많은 곳을 돌아다닌 뒤 결혼한 한 가정의 가장이었다. 어린 아들을 잃고 상실감이 이루 말할 수 없이 컸지만 삶은 다시 시작되었다. 뒤로 줄줄이 아이들이 생겨났고 내 책임도 따라서 무거워졌다.

마침내 오드리와 나는 장인 장모의 집을 떠나 우리 집을 한 칸 마련했다. 먹고 사는 게 힘들기는 해도 한편으론 행복했다. 장모는 나의 가장 친한 친구가 되었다. 다른 사람이 나에 대해 안 좋은 말을 하면 장모는 그들에게 당장 집에서 나가라고 명령했다. 장모한테서 늘 불평만 듣다가 그런 말을 들으니 기분이 좋았다. 장모만한 사람은 세상에 없었다.

나는 집에서 7킬로미터쯤 떨어진 채석장에서 일했다. 그곳에는 얼굴 흰 인부들도 많았다. 점심시간이 되어 함께 식사를 할라치면, 얼굴 흰 사람들은 여자들 이야기를 하면서 추잡하고 성적인 농담을 비롯해 온갖 저속한 이야기를 늘어놓았다. 나는 도무지 이해가 가지 않았다. 자기 민족에 대해 왜 저런 식으로 말하는 걸까?

어느 날 나는 그들과 멀찌감치 떨어져 혼자서 점심을 먹었다. 얼굴 흰 사람들이 내게 소리쳤다.

"우리 같이 식사하지. 우리가 별로 마음에 들지 않아?"

내가 말했다.

"아니, 당신들은 좋아. 하지만 여자들에 대해 그런 식으로 말하는 건 싫어."

"여자들에 대해서 뭘?"

"여자들을 마치 하찮은 존재처럼 말하잖아. 그 여자들은 당신들과 피부색이 같아. 누구든 우리 부족의 여자들을 그런 식으로 저속하게 말하는 건 싫어. 당신네들 대부분도 아내와 딸이 있어. 그런데 왜 다른 사람의 딸들을 그런 식으로 말하지? 난 그런 게 싫어. 그래서 당신들과 함께 점심을 먹지 않는 거야."

그런 일이 있은 다음부터, 얼굴 흰 인부들은 내가 옆에 있을 때는 절대로 그런 이야기를 하지 않았다. 잘못된 일이라는 걸 깨달은 듯했다. 전에는 모두가 재미있어 하면 그만이라고 생각했을 것이다. 그런 생각을 갖고 있었다니 슬프기 짝이 없는 일이었다. 내가 볼 때 그들은 자신들의 어머니와 딸, 누이, 그 밖의 여자 친척에 대해 그런 식으로 말하고 있는 것이나 다름없었다. 자신들이 사랑한다고 믿어 의심치 않는 여자들에 대해 그렇게 함부로 이야기할 수는 없었다.

나는 열심히 일했다. 작업이 끝나면 친구들과 어울렸고, 취했다는 이유로 여러 차례 감옥에 끌려가기도 했다. 그러나 우리는 그것에 대해 결코 화내지 않았다. 다만 원주민들이 감수해야 하는 삶의 일부분이라고 생각했다. 우리는 얼굴 흰 사람들이 중심인 세상에 살고 있었고, 원주민으로서의 삶은 곧 사라질 것처럼 보였다. 법은 우리를 옥죄었고, 호텔이나 좋은 식당들은 얼씬도 못하게 막았다.

우리가 겪는 아픔을 이해하는, 그들 자신도 힘겹게 살아온 얼굴 흰 노동자들도 만났다. 가난하고 못 배웠다는 이유로 자신들의 사회에서 시련과 고통을 겪어온 그들은 원주민들과 금방 가까워졌다. 아예 우리에게로 와서 함께 사는 이들도 있었다. 얼굴 흰 노동자들에게도 삶은 힘든 것이지만 원주민들에게는 두 배나 더 힘들다는 것을 그들은 알고 있었다. 그래서 우리는 서로 친구가 되었으며, 그 우정은 오래 이어졌다.

하지만 그들에게는 원주민들에게는 막혀 있는 많은 기회가 있었다. 우리와 함께 살던 얼굴 흰 사람들은 형편이 나아지거나 농장을 사들이거나 사업을 시작하게 되면, 우리와 살면서 많은 것을 배웠으며 고맙다는 편지를 보내왔다. 원주민들로부터 분노에 호소하거나 폭력을 행사해서는 안 된다는 교훈을 배웠다고 했다. 적이 당신에게 무슨 짓을 했는가는 잊어버려라. 누군가 어려움에 처하고 도움을 필요로 하면 그런 기억일랑 지워 버리고 편견 없이 그들을 도우라. 이것이 원주민의 철학이었다.

그런가 하면 달리 의지할 데가 없을 때 우리를 이용만 하고 속이는 얼굴 흰 사람들도 있었다. 그들이 무슨 짓을 하는지, 그리고 더 좋은 발판이 생기면 우리를 더 이상 아는 척하지 않으리라는 것을 우리는 알고 있었다. 그래도 우리는 그들을 똑같이 보살펴 주었다.

원주민들은 다른 사람들이 마음속으로 무슨 생각을 하는지 파악하는 능력이 뛰어났다. 원주민들에 대해서는 예나 지금이나 온갖 좋지 않은 이야기가 들린다. 우리가 질이 나쁘고 게으르다는 것이다. 우리는 늘 그런 소리를 들어 왔다. 한 번도 담배를 입에 댄 적이 없고 평생 술을 마셔 본 적도 없는 원주민이라 해도 똑같이 취급당했다. 이제는 대놓고 말하지는 않지만 그런 편견은 오늘날에도 계속되고 있다. 얼굴 흰 사람들의 마음을 지배하는 원주민들에 대한 편견은 여전하다. 하지만 우리는 그런 것에 대해 신경 쓰지 않는다. 얼굴 흰 사람들이 우리에게 저지른 온갖 나쁜 짓들을 계속 생각했다면, 우리는 매 5분마다 감옥에 들어갔을 것이다.

앞에서는 친절하게 대하고 뒤에서는 비난을 하는 얼굴 흰 사람들을 만나면 마음이 편치 않다. 우리는 그들의 속성을 잘 알고 있다. 하지만 그럼에도 불구하고 만나는 모든 사람에게 마음을 열고 다가간다면, 우리는 그 거짓말쟁이들보다 더 강한 사람들이다. 그리고 마음도 더 평화롭다.

거짓말이란 이렇다. 일단 거짓말을 하면, 진실로 돌아가려고 애를 써도 잘 되지 않는다. 진실로 돌아가기 위해 오히려 더 많은 거짓말을 하게 된다. 결국 모든 것이 순수성으로부터 멀어지게 되고, 그 사람이 하는 말에서 진실성이란 찾아볼 수가 없다. 처음부터 거짓말을 했기 때문에 진실에 다가갈 수 없고, 또 그것 때문에 더 많은 거짓말을 하게 되는 것이다. 거짓말이란 그렇다.

어느 날 술집에 앉아 있을 때였다. 얼굴 흰 중년 남자 하나가 들어왔다. 그는 나를 보자 대뜸 인종 차별적인 욕설을 퍼붓기 시작했다. 나는 그냥 무시했지만 그는 멈추지 않았다. 내가 자기 말에 신경을 쓰지 않자 그 남자는 더욱 화가 나서 내게 다가와 주먹을 날렸다. 나는 아무 말도 하지 않았고 아무 짓도 하지 않았다. 하지만 보안관은 그 즉시 나를 술집에서 내쫓았다. 물론 나는 권투로 다져진 주먹이 있었지만 사용하지 않기로 하고 그냥 내 갈 길을 갔다.

그로부터 2년 뒤, 폭풍이 몰아치는 어느 늦은 밤, 누군가 보호 구역에 있는 우리 집 문을 두드렸다. 문을 열자 그때 술집에서 내게 욕설을 퍼붓고 주먹을 날리던 그 인종 차별주의자가 서 있었다. 그는 근처에서 차가 고장 나 빗속을 걸어 우리 집까지 오게 되었다고 사정 얘기를 하며, 전화 좀 써도 되느냐고 물었다.

내가 말했다.

"들어와요. 흠뻑 젖었군요. 들어와서 옷부터 말려요."

남자가 빗물을 뚝뚝 흘리며 집 안으로 들어왔다. 나는 따뜻한 차 한 잔과 간단한 먹을 것을 내놓았다. 그리고 난롯가에서 옷을 말리게 했다. 그는 내내 아무 말이 없었다. 나를 알아보고 긴장하고 있는 게 아닌가 하는 생각이 들었다.

잠시 후, 남자는 벌목장을 찾으러 차를 몰고 덤불숲 부근을 가다가 길을 잃었노라고 말했다. 그래서 내가 목적지까지 데려다 주겠다고 제안했다. 우리는 함께 내 차에 올라타고 덤불숲으로 향했다. 그는 여전히 아무 말도 없었다. 두려움에 떨고 있다는 걸 느낄 수 있었다.

마침내 남자가 입을 열었다.

"나를 알아보시오?"

내가 말했다.

"아, 네."

또다시 침묵이 흘렀다. 남자는 내가 자기한테 보복을 하리라고 생각하는 것 같았다. 남자가 말했다.

"여기서라면 날 죽일 수도 있어요."

내가 웃으며 말했다.

"알아요."

"그런데 왜 죽이지 않죠? 왜 내게 친절을 베풀고 도와주죠?"

내가 그에게 말했다.

"난 당신이 원주민도 당신들과 똑같은 사람이고 우리가 정말 친절한 사람들이라는 사실을 깨달았으면 해요. 당신이 내게 해줬으면 하는 대로 나도 당신을 대해 주고 싶어요."

얼굴 흰 남자는 내 말을 듣고 몹시 놀란 듯했다. 그는 잠시 침묵을 지킨 뒤 말했다.

"지금부터 내 자식들과 손자들에게 원주민도 백인들처럼 똑같이 존중해야 한다고 가르치겠어요."

나는 그를 덤불숲 벌목장 입구에서 내려 주었다. 우리 원주민들이 선량한 사람들이라는 사실을 보여 줄 수 있어서 기뻤다.

아내 오드리는 보조 교사로 몇 년 동안 보호 구역 안의 학교에서 일했다. 아내는 많은 아이들에게 읽기와 쓰기를 가르쳤다.

그 시절에는 학교에 가려면 적지 않은 용기가 필요했다. 경찰과 가정복지부 사람들이 정기적으로 학교를 방문해 아이들을 뽑아서 강제로 데려갔기 때문이다. 백인 가정에 입양시키거나 기독교 학교에 집어넣기 위해서였다. 그 아이들이 울면서 엄마 아빠를 소리쳐 부르던 광경은 아무리 세월이 흘러도 잊을 수 없다. 복지부 사람들이 차의 유리문을 올리고 나면 아이들은 꼼짝없이 갇혀서 일단 고아원으로 보내졌다. 다시는 돌아오지 못하는 아이들도 있었는데, 그 아이들에게 무슨 일이 일어났는지 아무도 알 수 없었다.

수많은 날들을 오드리와 나는 아이들이 경찰차에 실려 끌려가는 모습을 지켜봐야만 했다. 그리고 아이들은 다음번 차례는 자신들이 될지도 모른다는 두려움에 떨었다. 오드리와 나는 공무원 차가 나타나면 아이들에게 강가로 뛰어가서 우리가 부를 때까지 숨어 있으라고 소리쳤다.

지목된 아이들은 겁에 질린 채, 학교에서 끌려나와 자동차를 타고 떠났다. 엄마 아빠를 찾아 울부짖는 아이들의 울음소리는 죽는 날까지 원주민 어른들의 기억 속에서 떠나지 않았다. 마을의 노인 중 한 분인 벨라 할머니는 오랜 세월이 흐른 뒤에도 내게 말했다.

"아이들의 비명 소리가 아직도 들리는 듯해."

벨라 할머니는 죽을 때까지 그 비명 소리에 시달렸다. 한편으로 그녀는 많은 아이들이 고아원이나 얼굴 흰 양부모에게 입양되지 않도록 구해 주었다. 자신의 손자 손녀들을 비롯해 멜버른과 보호 구역 출신의 다른 아이들을 품 안에 숨겨 준 것이다.

어느 날 벨라 할머니는 뇌졸중으로 쓰러져 한 많은 생을 마쳤다. 그녀의 갑작스런 죽음에 남겨진 모든 사람들은 망연자실했다. 아이들은 혼란 속에 내던져진 채 고아원으로 끌려갈 날만을 기다려야 했다. 그러나 벨라 할머니의 친척들이 부족의 전통을 이어받아 아이들을 받아들이고 최선을 다해 지켜 주었다.

내 조카뻘인 아치 로치(호주 원주민 출신의 유명한 가수)의 엄마는 벨라 할머니의 양딸이었다. 하루는 부모가 시내에 일을 보러 간 사이 벨라 할머니가 아치 형제자매들을 돌보고 있었다. 그런데 아이들의 부모가 돌아오자 그 가련한 할머니는 울면서 손자 손녀들이 떠났다는 말만 되풀이했다. 사람들이 강제로 데려갔다는 것이었다.

"어떤 사람들이요?"

"굽바들, 얼굴 흰 사람들이 자동차를 타고 왔어."

아치의 부모는 어떻게 된 일인지 알기 위해 사방팔방을 찾아다녔다. 원주민들은 자식들을 강제로 빼앗아 가는 얼굴 흰 사람들의 법률과 방식이 이해가 가지 않았다. 아치의 부모는 다른 많은 원주민들과 마찬가지로 덤불 속 양철집에 살았다. 흙바닥에 찬장 없는 집이었다. 그들은 원주민의 원래 생활 방식대로 살았다. 다시 말해 원주민들이 수천 년 동안 살아온 방식대로 살고 있었다. 그런데 최근에 법이 바뀌어 '모든 원주민은 얼굴 흰 사람들처럼 살아야 한다'는 것이었다. 얼굴 흰 사람들은 원주민들의 오두막집을 들여다보고 침대 위에 시트도, 저장된 음식도 없는 것을 보고는 어린아이들이 학대를 받고 있다고 결론 내렸다. 하지만 우리는 땅

에서 나는 것들을 먹으며 살고 있었기에 따로 음식을 저장할 필요가 없었다. 먹을거리가 사방에, 그리고 일년 내내 널려 있었다. 우리의 생활 방식은 얼굴 흰 사람들의 세상에서는 전혀 이해 받지 못했고, 많은 원주민 아이들이 단지 그 이유 때문에 고아원으로 끌려 가야만 했다.

아치의 부모는 살아 있는 동안 자식들을 다시는 만나지 못했다. 여러 해를 찾아 헤맸지만 결국 부모와 자식들은 생이별을 했고, 마침내는 찾기를 포기했다. 아치는 양부모 밑에서 자랐으며, 나중에 친어머니가 가슴에 한을 품고 세상을 떠났다는 사실을 알게 되었다. 그때까지 아치는 자신이 누구인지 알지 못했다. 그로 인해 아치는 분노했고, 원주민들과 함께 여기저기 정처 없이 돌아다녔다. 아치의 여동생은 시드니에서 불행한 생을 마감했다. 자동차 사고로 사망한 것이다.

아치뿐 아니라 입양된 아이들의 사연은 모두를 슬픔에 잠기게 했다. 입양되는 순간 아이의 삶은 불행한 길로 접어든 것이며, 입양아들은 방황하며 다시 친부모와 고향을 찾아 헤맸다. 아치도 똑같은 과정을 겪었다. 아치는 도시 부근의 원주민들과 어울려 살았고, 도시의 잘못된 삶들을 봐왔다. 그들에게는 희망이 없었다. 그러나 아치는 어렸을 때 보았던 덤불숲 고향을 자주 떠올렸고, 원주민 어른들이 자신을 얼마나 친절하게 대해 주었는가를 기억했다. 부족의 어른들은 그에게 어떻게 살아야 하는가를 가르쳐 주고, 노래를 불러 주고, 어린 시절의 이야기를 들려주었다.

아치는 뛰어난 가수이자 작곡가가 되었지만 가슴에 슬픔이 가득한 사람이었다. 그는 삶에서 가장 소중한 것들을 잃었다. 부모와 자신이 태어난 대지로부터 멀어진 것이다. 게다가 하나밖에 없는 남동생과 여동생까지 잃었다. 덤불숲 작은 오두막의 행복했던 시절은 차츰 잊혀져 갔다. 그는 얼굴 흰 사람들의 세상으로 떠밀려 온 순간 그렇게 그 모든 것을 잃어버렸다.

다시 원주민의 느낌을 되찾기는 어려웠다. 그러나 아무리 오랫동안 얼굴 흰 사람들의 손에서 자라났다고 해도 언제나 무엇인가에 대한 갈망이 사라지지 않았다. 얼굴 흰 사람들이 그에게 아무리 친절하고 따뜻하게 대해도 마음 한구석은 늘 공허했다. 자신이 그들과 하나가 될 수 없음을 절실히 깨달은 것이다. 아치는 그것을 알고 있었다.

원주민의 피를 조금이라도 이어받은 사람은 자신이 원주민이라는 사실을 모른다 하더라도 자신의 근원으로 돌아가려는 초자연적인 어떤 힘에 이끌린다. 그 힘은 말 그대로 초자연적이다. 그들은 자신들도 모르게 원주민 친구들을 사귀고, 또 원주민들과 함께할 때 강한 소속감을 느낀다. 여기에는 말로 설명할 수 없는 무엇인가가 있다.

가정복지부에서 일하는 한 원주민 여성이 흰 피부를 가진 50대 남자의 이야기를 들려준 적이 있다. 그 남자는 자신이 순수 백인인 줄 알고 평생을 살아왔는데 최근에야 비로소 원주민 혼혈이라는 사실을 알게 되었다. 그런데 자신이 원주민인 줄 모르는 상태에서 그가 사귄 친구들은 모두가 원주민들이었다. 그는 그 많은 세월을 낭비했다는 사실이 너무도 슬펐다.

설령 아이들이 얼굴 흰 사람들의 학교에 다닌다 할지라도 우리의 전통은 계속 이어졌다. 아이들은 방학이 되어 집에 돌아오면 원주민의 전통에 따라 생활했다. 그리고 오늘날까지도 대부분의 원주민들이 부족 고유의 생활 방식으로 살아가고 있다. 우리는 결코 고향 땅을 떠나지 않을 것이다. 이 대지는 우리 영혼의 땅이다. 이 대지에서 우리 조상들과 할머니 할아버지들이 태어났다. 조상들은 이 대지 위를 걸었고 여기서 사냥을 했다. 이곳은 우리들의 영적인 터전이며, 우리는 이 터전 위에서 생을 마칠 것이다.

호주 전 지역을 돌아다녀 보면 우리 원주민들은 북쪽에서나 서쪽에서나, 어디서나 똑같다는 것을 알 수 있다. 원주민들은 모두 같은 차원에서 같은 내용을 이야기한다. 누구보다도 도시에 사는 원주민들은 우리를 만나면 기뻐한다. 그들은 대지와의 연결 고리가 끊어졌지만, 영혼의 갈망은 그들 가슴속에 여전히 남아 있다. 도시에서는 채워질 수 없는 그 무엇인가를 갈망하고 있는 것이다.

오지에 살던 원주민이 도시를 방문하면, 같은 오지 출신의 원주민들이 바쁜 일들을 제쳐 놓고 사방에서 그를 만나러 온다. 고향 소식을 듣기 위해서다. 그들은 묻는다.

"우리가 전에 놀던 장소는 아직 그대로 있나? 강에 아직도 커다란 낚시 구멍이 있나?"

몇 년 동안 도시에서 살았음에도 불구하고 그들은 덤불숲에서 보낸 행복했던 어린 시절을 머릿속에서 지워 버릴 수 없는 것이다. 그들이 방랑하던 대지, 강물 속을 들여다보며 물고기를 잡아 집으로 가던 일, 밤이면 모닥불을 피우고 둘러앉았던 작은 오두막집……. 모든 것들이 그들의 기억 속에 예전 모습 그대로 살아 있는 것이다.

원주민들은 얼굴 흰 사람들의 사회에 살면서 인간의 평등한 권리를 되찾기 위해 아직도 싸우고 있다. 그것에 대해 얼굴 흰 사람들은 이렇게 말한다.

"당신들은 이제 우리와 똑같은 대우를 받고 있다. 문명인들의 사회 속에서 버젓이 살고 있고, 어떤 편견도 인종 차별도 존재하지 않는다. 우리는 같은 방식으로 이야기하며, 같은 일을 하고, 같은 가게에서 물건을 산다."

그러나 이런 것들과는 다르게, 얼굴 흰 사람들과 원주민 사이에는 큰 차이가 있다. 원주민과 함께 산다고 할지라도 결코 이해하지 못할 커다란 차이가 있다. 원주민들 속에서 생활하면 처음에 그들은 무척 당황할 것이다. 원주민들이 영어를 사용해 이야기한다고 해도 그들은 우리가 전혀 다른 언어로 말하고 있다고 여길 것이다. 다시 말해 자기가 안다고 여겼던 사람들이 전혀 다른 생각과 매우 낯선 방식을 갖고 있다고 느낄 것이다. 하지만 그런 방식과 사상들은 원주민들의 오랜 전통의 일부다.

예를 들어, 원주민들은 삶에서 일어난 일, 그리고 성장하면서 배운 일들에 대해 가슴으로부터 진실하게 이야기한다. 원주민들이 말을 할 때, 그것은 단순히 입술을 움직이는 것이 아니다. 우리 입에서 나오는 모든 말은 진실하고 깊이가 있다. 그리고 진정한 의미를 담고 있다. 마찬가지로 우리가 가진 기억 또한 진실하다. 억울하게 죽어가거나 강제 입양된 어린 자식들에 대한 기억이 지금도 우리 안에 생생히 살아 있다. 언제 어디서 무슨 일이 일어나든 그 기억은 우리에게 영원히 남는다.

내 자식은 한 명도 강제 입양되지 않았지만, 내 손자 중에는 있었다. 내 아들 부부가 아이를 낳았는데, 그 애의 이름은 린든이었다. 린든은 생후 몇 달 만에 부모가 자리를 비운 사이에 경찰에 의해 멜버른으로 납치되었다. 경찰은 자신들이 정당한 일을 하고 있다고 여겼다. 린든은 이렇게 강제 입양된 마지막 원주민 아이들 중 한 명이다.

우리는 린든이 누군가의 가정에 입양되었다는 것말고는 수년이 지나도록 린든의 행방을 알 수 없었다. 며느리 엘리자베스를 비롯해 내 자식들과 친구들이 오랫동안 포기하지 않고 린든의 행방을 추적했다. 그리고 마침내 린든이 양부모를 따라 영국으로 이주했으며, 1986년 오토바이 사고로 사망했다는 사실을 밝혀냈다. 린든의 나이 겨우 17살이었다. 우리 모두는 이제 겨우 찾은 자식을 또다시 잃어버린 슬픔에 말할 수 없는 충격을 받았다. 양부모의 집 주소를 알아낸 뒤 엘리자베스는 양어머니 베티와 전화 통화를 했다. 그후 베티는 엘리자베스에게 눈물 어린 편지 한 통을 보냈다.

린든에 대해 무슨 말을 할 수 있을까요? 린든은 사랑스런 소년이었습니다. 말수가 적고 생각이 많았지만 다른 아이들에 비해 유머 감각이 뛰어났어요. 아이들과 동물들을 좋아했고, 예술적인 감각이 훌륭했어요. 린든이 나이를 먹자 어느덧 거리의 아이들이 모두 린든에게 와서 자전거를 수리해 달라고 하더군요. 린든은 한 번도 그들을 그냥 돌려보낸 적이 없답니다.

물론 린든이 천사였던 건 아니에요. 다른 아이들처럼 곧잘 짓궂은 장난도 저질렀죠. 하지만 솔직히 말해 린든은 한 번도 저를 힘들게 한 적이 없었어요. 린든은 자동차 엔지니어가 되는 게 꿈이었습니다. 그 애는 엔진을 분리해서 다시 조립할 때만큼 행복해 한 적이 없었어요.

학교를 졸업하고 린든은 클로버 리프 자동차 회사에서 1년 간 연수를 받게 되었답니다. 한 가지 단점은 그곳이 대중교통을 이용해 출근하기가 어렵다는 점이었지요. 그래서 린든은 소형 오토바이를 사달라고 졸랐어요. 린든은 운전을 잘하고 또 조심했지만 전 늘 걱정이 되었어요. 사고가 나던 밤의 일은 돌이키고 싶지도 않습니다. 너무도 고통스런 기억이니까요. 그날은 비가 내리고 있었고, 도로의 나뭇잎들이 젖어 있었어요. 린든은 커브길을 돌다가 그만 미끄러져 가로등을 들이박았답니다. 의사들은 린든을 살리려고 최선을 다했지만 부상이 너무 심해 살릴 수가 없었어요. 그 고통스런 시간을 어떻게 견뎌냈는지 모르겠어요. 린든은 1986년 11월 6일 땅에 묻혔습니다. 18번째 생일을 넉 달 앞둔 날이었어요. 200명이 넘는 사람들이 장례식에 참석했고, 장례 행렬이 1킬로미터나 이어졌습니다. 묘지에는 꽃이 수북이 쌓였지만 눈물이 앞을 가려 볼 수가 없었어요.

린든의 사망 소식은 당신에게도 엄청난 충격으로 다가올

것입니다. 린든은 자신이 원주민 입양아라는 사실을 알았지만 그 문제로 고민하진 않았어요. 그 애가 살아서 호주의 친부모를 만나고 싶어했다면 전 기꺼이 보내 줬을 거예요. 그 아이에게 자신의 존재를 찾을 기회를 주었을 겁니다. 아이의 사랑을 잃는 것은 두렵지 않았어요. 사랑은 무한하며 모두를 껴안을 수 있으니까요.

2년 후, 린든의 양부모가 우리 가족을 만나기 위해 영국에서 호주로 날아왔다. 그들은 엘리자베스와 함께 머물며 린든의 사진과 삶의 추억들을 보여 주었다. 그들을 만날 수 있어서 큰 위안이 되었다. 린든이 양부모 밑에서 잘 자라 주었다니 기쁘고 감사했다. 그들은 린든이 성장한 뒤 그가 호주 원주민이라는 사실을 알려 주었다고 했다. 엘리자베스는 그들에게 원주민 깃발을 하나 주며, 집에 가져가서 린든의 사진 옆에 꽂아 달라고 부탁했다.

우리는 언제나 이곳에 있었다

아이들을 위해 새끼 주머니쥐 한 마리를 집에 가져온 적이 있었다. 나는 종종 작은 동물들을 집으로 가져오곤 했다. 아이들이 동물들과 함께 지내면서 무엇인가를 배울 수 있게 하기 위해서였다. 우리는 그 새끼 주머니쥐의 이름을 썬이라고 불렀다. 썬은 자라서 큰 주머니쥐가 되었다. 밤이면 썬은 밖으로 나가서 집 주위를 어슬렁거렸다. 그런데 다른 주머니쥐들에게 쫓겨 다녀야 했다. 썬에게서 사람 냄새를 맡은 것이다. 그럴 때면 썬은 잔뜩 겁에 질려 문 바깥 손잡이를 움켜잡고 어서 안으로 들어가게 해달라고 꽥꽥거렸다.

우리가 문을 열어 주면 어깨 위로 폴짝 뛰어올라 곧추 서서 문 밖에 있는 다른 주머니쥐들을 노려보았다. 일단 집 안에만 들어오면 썬은 잔뜩 으스대며, 자기를 추적하는 조무래기들에게 으르렁거리며 위협을 가했다. 그 으르렁거리는 표정이 볼 만했다. 그러나 다시 밖으로 나가지는 않았다.

우리가 차를 마시고 있으면, 썬은 찻잔 속을 일일이 들여다보며 맛을 보았다. 찻잔 사이를 왔다갔다하며 어느 차가 맛있는지 꼼꼼히 심사했다. 물론 설탕 넣은 차를 가장 좋아했다. 우리는 썬에게 차와 먹을 것을 따로 주었다. 썬만을 위한 특별한 차와 음식이었다. 저녁이 되면 우리 식구는 모닥불을 피우고 앉아 이야기를 나눴다. 여섯 살 된 아들 이안이 그림을 그린 종이를 엄마에게 내밀며 말했다.

"엄마, 내 그림 좀 봐요."

주머니쥐도 우리 틈에 앉아 있었다. 아내가 그냥 건성으로 "오, 그래. 잘 그렸네." 하고 말했다. 그때 갑자기 썬이 그 그림을 잡아채서는 모닥불 속에 휙 던져 버렸다. 꼭 어린애 같은 행동이었다. 종이는 불에 타고 이안은 놀라서 멍하니 바라보았다. 주머니쥐가 그런 짓을 하는 데 이안은 충격을 받았다. 주머니쥐는 이렇게 말하고 있었다.

"그까짓 종이 쪼가리 말고 내게 주목해 줘요. 나 주머니쥐가 여기 있어요. 난 중요한 존재란 말예요."

주머니쥐는 정말 중요한 존재답게 종이를 정확히 모닥불 한가운데로 날려 보냈다.

새끼 때부터 기른 동물은 영리하고 더없이 사랑스럽다. 자신이 사랑 받는다는 것을 안다. 썬은 나이가 들자 더운 날이면 다리를 쭉 뻗고 벽에 기대어 비스듬히 앉아 있었다. 마치 술 취한 노인 같아 보였다. 배가 불룩 튀어나온 썬의 모습을 보면서 우리는 소리

내어 웃었다. 그러던 어느 날 썬은 불쌍하게도 페인트 통을 핥다가 납 중독으로 죽었다. 우리는 썬이 페인트를 핥고 있었다는 사실을 몰랐다. 알았다면 그냥 핥게 내버려두지 않았을 것이다. 썬은 뭐든지 핥으려고 했다. 결국 문명의 독이 썬을 죽인 것이다. 우리 원주민들도 그 주머니쥐와 다를 바가 없었다.

우리는 또 아이들을 위해 자그마한 새끼 토끼를 키웠다. 그 놈을 토끼 굴에서 발견했다. 어미는 개들에게 이미 죽임을 당한 후였다. 털도 아직 안 나고 눈도 뜨지 못하는 갓 태어난 새끼였다. 나는 이 수놈 토끼를 주머니에 넣어 집으로 데려왔다. 그리고 물 탄 우유를 조금 먹였다. 다행히 새끼 토끼는 건강을 되찾았다. 우리는 토끼에게 신선한 어린 풀과 토끼풀 싹을 주었다. 토끼풀 싹은 토끼들이 아주 좋아하는 먹이다.

때로 토끼가 보이지 않으면, 우리는 서로 쳐다보며 개가 물어 갔으면 어쩌나 하고 걱정했다. 그러나 토끼는 개의 따뜻한 목덜미 속에서 잠들어 있었다. 우리의 늙은 개는 토끼와 나란히 누워 잤다. 우리 집 개들은 사나운 사냥개였지만 토끼를 친구처럼 대해 주었다. 우리 집에 찾아오는 사람들은 이렇게 말하곤 했다.

"언제나 날쌔게 내 주위를 뛰어다니는 뭔가가 있어요. 내 주위를 뛰어다니는 그게 뭔지 모르겠어요."

우리가 말했다.

"아, 그건 우리 집 토끼예요."

토끼는 손님들 앞에서 재롱을 부렸다. 재주넘기를 하고 공중 점프를 하고 탁자 위로 뛰어올라 빙그르르 돈 다음 마룻바닥으로 다시 뛰어내렸다. 우리는 배꼽을 잡고 웃었다. 토끼의 익살을 보고 있으면 생의 모든 시름을 잊을 정도였다.

여섯 살이 될 무렵부터, 나는 아들 이안을 데리고 물고기를 잡으러 다녔다. 내가 어린 시절 물고기를 낚던 그 장소로 아들을 데려가곤 했다. 그곳에는 물냉이가 많이 자라고 있었다. 물살이 좀 센 웅덩이였지만 송어들은 물이 범람한 뒤에도 그 웅덩이를 떠나지 않았다. 그곳은 송어의 터전이었기 때문이다. 물고기를 잡을 때 우리는 물냉이도 함께 뽑았다. 그래서는 물냉이를 뱀장어나 물고기 목 부근에 얹어 집으로 가져왔다. 그렇게 하면 아주 먹음직스러워 보였다. 깨끗하고 신선한 물냉이 덕분에 맛이 더했다.

그날이 되면 이안은 무척 들떴다. 우리가 강에 나타나자 물고기들은 삽시간에 도망쳐 돌 틈에 숨었다. 물고기가 어디 있나 찾아보면 돌 밑에 커다란 송어 한 마리가 꼬리를 삐죽 내민 채 숨어 있었다. 내가 아들에게 말했다.

"네가 잘 지켜봐야 한다."

물속에 들어가면 그림자가 어른거려 잘 보이지 않지만, 물 밖에 서 있으면 물고기가 어디로 가는지 볼 수 있기 때문이다. 아들이 속삭이며 말했다.

"저쪽으로 갔어요, 아버지. 그쪽 돌이 아니라 이쪽 돌이에요. 여기 있어요. 꼬리가 보여요!"

송어가 보였다. 송어는 우리를 헷갈리게 하려고 계속 왔다갔다 했다. '어린애에게는 좀 크겠는 걸.' 하고 나는 생각했다. 하지만 이안에게 잡아 볼 기회를 주고 싶었다. 이안에게 물었다.

"네가 한번 해볼래?"

이안이 신이 나서 말했다.

"네, 네!"

하지만 겁이 나는 모양이었다. 내가 창으로 물고기 잡는 것을 옆에서 많이 봐왔지만, 자기가 직접 잡는 건 처음이라 아이는 잔뜩 긴장했다.

내가 창을 건네며 말했다.

"자, 이걸 받아라."

이안이 창을 움켜쥐고 커다란 송어를 노려보며 바위 위에 섰다.

내가 말했다.

"아직 아니다. 아직 아냐."

이안이 나를 바라보았다. 흥분으로 몸이 떨리고 있었다. 창끝이 약간 흔들리는 걸 알 수 있었다. 아이는 지금 창으로 커다란 물고기를 낚기 직전이었다.

내가 말했다.

"괜찮아, 이안. 내가 신호를 보내는 순간 재빨리 창으로 찌르면 돼."

그리고 이어 말했다.

"지금이야, 지금! 창으로 찔러!"

이안은 주저하지 않고 창을 내리찍었다. 창이 버둥거리기 시작했다. 아이는 창을 꽉 붙들고 눈이 휘둥그레져서 나를 쳐다보았다. 마치 '이제 어떻게 해요?' 하고 묻는 듯했다.

내가 말했다.

"꽉 붙들어, 이안. 꽉 붙들어! 놓치지 마."

창을 통해 물고기의 몸부림이 전해졌을 것이다. 이안은 창을 내리눌러서 밑바닥에 찍었다. 나는 손을 물속에 담가 창에 찔린 송어를 건져 올렸다.

"해냈다, 이안. 이것 봐!"

아들이 너무도 놀란 눈을 하고서 커다란 송어를 바라보았다. 굉장히 큰 송어였다. 그렇게 큰 놈은 전에도 후에도 본 적이 없었다.

내가 말했다.

"이제 넌 대단한 낚시꾼이야. 물고기 잡는 법을 알면 어디 가도 굶어 죽는 일은 없겠지?"

아들이 말했다.

"네, 맞아요."

아들은 그 큰 물고기에서 잠시도 눈을 떼지 못했다.

"이제 집에 가요."

"그래, 가자."

아들은 자기가 잡은 물고기를 식구들에게 얼른 보여 주고 싶어 안달이었다.

나는 양치식물 줄기를 꺾어다가 물고기의 아가미 사이에 끼워 고리를 만들었다. 아이는 그 고리를 두 손으로 잡고서 집까지 물고기를 들고 왔다. 도중에 내가 도와주려고 하자 아이는 얼른 말했다.

"내가 들고 갈래요!"

이안은 맨 먼저 높은 언덕 위에 있는 할아버지의 집으로 갔다.

할아버지의 집이 가까워 오자 점점 더 걸음이 빨라졌다. 물고기가 워낙 크다 보니 바닥에 질질 끌며 들고 갔다.

아들은 걸으면서 소리쳤다.

"봐요, 봐요, 할아버지! 보세요, 할아버지! 제가 잡은 물고기예요! 제가 잡았어요!"

할아버지가 맨발로 뛰어나오며 말했다.

"오오오, 네가 잡았니?"

가족들은 믿을 수가 없었다. 다들 내가 대신 잡아 준 것이라고 생각했다. 하지만 내가 분명히 말했다.

"아녜요. 이안이 잡았어요. 모든 것을 혼자 했어요."

이안은 좋아서 어쩔 줄 몰라 했다! 우리 모두 이안이 잡은 물고기를 실컷 먹었다. 온 식구가 먹기에 충분한 양이었다.

그것이 내 아들이 처음으로 잡은 물고기였다. 그때부터 이안은 자주 창을 들고 나가 뱀장어를 잡았다. 그리고 창을 다룰 줄 모르는 사람들에게 기술을 보여 주곤 했다. 이안은 다른 사람이 잡지 못하는 장소에서도 물고기를 잡았다. 어디를 바라봐야 하는지 알고 있었기 때문이다. 세월이 흘러서도 이안은 그때를 이야기하곤 했다.

"내가 어렸을 때 잡았던 물고기 기억하세요, 아버지?"

그러면 내가 고개를 끄덕이며 말했다.

"그럼, 기억하고말고. 정말 대단했지!"

나는 그 물고기를 결코 잊지 못할 것이다. 평생 본 것 중에서 가장 큰 갈색 송어였다. 두 팔로 다 안을 수도 없을 만큼 큰 물고기였다. 그것이 내 아들의 첫 사냥 입문이었다. 아들은 그 사실을 언제나 자랑스럽게 여겼다. 그후 이안은 많은 물고기를 잡았지만, 처음 잡은 그 큰 물고기를 늘 기억했다. 나도 그 물고기가 생각난다. 아들이 바위 위에 서서 물고기가 어디로 간다고 말하던 장면이 지금도 눈에 선하다. 나에겐 너무도 특별한 추억이다. 아들은 이제 우리 곁에 없기 때문이다. 이안은 어느 날 홀연히 세상을 떠났다.

생의 중반기에 나는 몇 차례 감옥을 들락거렸다. 죄목은 내 권리를 주장했다는 이유이거나, 아니면 내가 하지도 않은 일로 누명을 썼을 때가 더 많았다. 어느 날 누가 코트를 훔쳤는데 경찰이 나더러 범인이라고 지목하면 나는 그냥 이렇게 생각했다.
'잘 됐지 뭐. 누군가 따뜻한 코트 한 벌이 생겨서 기뻐하겠군.'
그것 때문에 감옥에 가도 개의치 않았다. 그것이 원주민의 삶의 일부였다. 우리는 그대로 받아들였다. 원주민이기 때문에 온갖 부당한 일도 받아들이고 흐름에 순응했다. 정당하지 못하다고 맞서 싸울 수도 없었다. 그냥 묵묵히 받아들이는 도리밖에 다른 방법이 없었다. 우리의 권리를 주장하는 것은 불가능했다. 우리를 위해 싸워 줄 변호사도 없었다.
원주민이 감옥에 가면 신문에 대문짝만하게 기사가 실리고, 원주민이 저지른 사소한 잘못도 신문 전면을 장식하기에 충분했다. 최대한 원주민을 무시하고, 위축시키고, 사기를 떨어뜨리는 것이 얼굴 흰 사람들의 정책이었다. 그들은 마치 원주민이 사악한 인간이 되기를 바라는 것 같았다.

한번은 감옥에 갇혔을 때 그곳 죄수들에게 재미있는 이야기를 해서 모두를 웃긴 적이 있었다. 죄수들이 모두 두려워하는 한 교도관이 이 광경을 보고는 나를 미워하기 시작했다. 원주민은 웃어서도 안 되고 즐거워해서도 안 되기 때문이었다.

나는 본인이 원하면 교도소에 딸린 밭에서 일을 하며 형기를 마칠 수 있다는 사실을 알게 되었다. 그래서 교도소 소장을 만나고 싶다고 요청했다. 모두의 두려움의 대상인 그 교도관이 나를 가로막고 소리치기 시작했다.

"소장님을 만나고 싶다고? 네가? 용건이 뭐지? 술이 마시고 싶나? 그런가?"

내가 말했다.

"아닙니다. 술은 마시고 싶지 않습니다."

"그럼 일을 하지 못해서 불만인가?"

"아닙니다. 일은 중요하지 않습니다."

교도관이 몇 가지 더 신경질적으로 질문을 던졌다.

"그럼 뭐지? 여자가 그립나?"

내가 다시 말했다.

"아닙니다."

"그렇다면 원주민 친구들이 보고 싶은가?"

내가 대답했다.

"아닙니다. 내 친구들은 모두 이곳에 있습니다."

주위에 서 있던 죄수들이 키득거리기 시작했다. 교도관은 불같이 화가 났다. 그는 벌게진 얼굴과 이글이글 타는 눈을 내게 바짝 들이대고 소리쳤다.

"빌어먹을, 그럼 대체 무엇이 부족하단 말인가?"

내가 말했다.

"내 어린 자식들의 웃음소리가 그립습니다."

교도관은 입을 벌린 채 그 자리에 얼어붙었다. 그는 더 이상 아무 말도 하지 못했다. 1분 정도 그렇게 서 있다가 돌아서서 가버렸다. 죄수들은 지금까지 본 것 중에서 가장 깨끗한 싸움이고 가장 감동적인 승리였다고 내게 환호를 보냈다. 그러나 나는 애초부터 그를 놀릴 의도가 아니었다. 내 생각에 그 교도관은 아이를 잃어 버렸거나 아니면 그것과 비슷한 일을 겪은 듯했다. 어쩌면 아내가 아이들을 데리고 집을 나갔는지도 모를 일이었다. 슬프고 고통스런 어떤 일이 그에게 일어난 게 틀림없었다. 교도관에게 미안한 마음마저 들었다.

그후로 그 교도관은 다시는 내게 가까이 오지 않았다. 내가 보이면 얼른 자리를 피했다. 내 얼굴을 쳐다보지도 않았다.

이 사건을 알게 된 다른 교도관 하나가 나를 밭으로 불러내 일을 시키며 말했다.

"언제든 필요한 게 있으면 나를 찾아와."

아이들이 자라자, 나는 기본적인 원주민 언어를 가르쳤다. 물론 자유자재로 말할 정도는 아니었다. 하지만 오늘날 그 아이들은 필요할 때면 얼굴 흰 친구들이 알아듣지 못하는 원주민 언어를 사용해 서로 대화할 수 있다. 많은 사람들 속에서도 자신들만이 아는 언어로 의사소통을 할 수 있게 된 것이다.

원주민 아이들은 아주 어렸을 때부터 날마다 영적인 것들에 대해 배웠다. 어려운 시기가 닥칠 때마다 눈에 보이지 않는 무엇인가가 우리를 안내하고 경고를 보낸다고 우리는 배웠다. 얼굴 흰 사람들이 기독교 사상을 믿는 것과 마찬가지로 우리는 그런 믿음을 간직하고 살았다.

우리 원주민은 사람의 영혼을 매우 가깝게 느낀다. 그리고 어떤 존재들은 영혼의 세계로부터 와서 우리에게 중요한 사실들을 알려 준다. 그것이 원주민의 전통이다. 원주민이라면 지금 내가 말하는 것이 무엇인지 정확히 이해할 것이다. 죽은 사람의 영혼은 종종 우리의 꿈속에 나타나 메시지를 전하고, 친구나 친척이 아프게 될 것이라고 경고를 한다.

무엇인가 이상한 일이 일어나면, 그것을 영혼들의 세계에서 보낸 중요한 메시지로 받아들여야 한다. 원주민들은 전 생애 동안 이것들을 민감하게 자각하고 살지만, 그것에 대해 얼굴 흰 사람들에게 떠들지 않는다. 절대적인 진실인데도 불구하고 괜히 말했다가 비웃음을 살까 두렵기 때문이다.

거기 분명히 무엇인가가 있다. 나 자신도 이해는 안 되지만, 무엇인가 있다는 것을 안다. 우리 원주민들은 학자나 과학자가 아니다. 그러나 중요한 점은, 그런 일이 실제로 일어난다고 우리가 믿는다는 사실이다.

보호 구역에서 원주민들과 함께 생활한 적이 있는 얼굴 흰 사람들이 하는 얘기를 들어보라. 그들은 원주민 세계에 발을 들여놓은

이후부터, 전에 얼굴 흰 사람들의 세계에서 살 때와는 전혀 다른 일들이 그들 삶에 일어난다고 말한다. 마치 누군가 자신에게 중요한 메시지를 보내는 듯한 느낌이 든다는 것이다. 그런 암시는 꿈이나 새 같은 외부의 것들을 통해서 온다. 원주민들이 모닥불 주위에 둘러앉아 이런 이야기를 하면, 얼굴 흰 사람들은 마치 외국어를 듣는 듯한 느낌이 들 것이다.

나의 아버지는 멜버른에서 30년 가까이 사신 뒤 다시금 옛 원주민 보호 구역으로 돌아와 살기 시작했다. 물론 어머니가 아직 일하고 있는 도시에 몇 차례 오가긴 하셨다. 어머니도 이따금 집에 오셨다. 그러나 어머니는 언제나 일을 가까이 하셨다. 멜버른에는 어머니가 할 수 있는 일이 많았다. 식당 일도 있고, 가정부 일도 있었다. 어머니는 자신의 고향인 쿠메라군자 보호 구역도 들르곤 하셨다.

내 막내 동생 버트는 아버지와 함께 살았다. 버트는 평생 열심히 일했지만 오래가지 않아 몸이 약해졌다. 그는 죽어가고 있었다. 병원을 들락거리는 데 진저리를 치던 버트는 결국 병원에 아예 드러누웠다. 우리 모두 병원으로 찾아갔다. 동생은 나도 아파 보인다고 생각한 듯, 나더러 여동생에게 돈을 달라고 하라고 말했다. 버트는 내게 말했다.

"나한테 돈이 많이 있어. 병원에 있기 때문에 그 돈은 별로 쓸 일이 없어. 형이 모두 가져. 이제 난 돈이 필요 없어."

동생은 자신이 죽어가고 있다는 것을 알고 있었다.

내가 말했다.

"나도 돈은 필요 없어. 그건 네 돈이야. 잘 간직하고 있어. 언제 필요할지 모르잖아."

그러나 동생은 계속 고집을 피웠다.

"형에게는 지금 간호사가 필요해. 어서 간호사를 불러."

"아니야, 그러지 마. 그 돈은 네가 갖고 있어. 난 아무것도 필요하지 않아."

나는 끝내 한 푼도 받지 않았다. 아픈 사람의 재산을 가져갈 순 없었다. 동생이 죽은 뒤 그 돈이 어떻게 되었는지는 모른다. 누가 가졌는지 물어보지도 않았다. 진정한 원주민들에게 돈은 큰 의미가 없다. 누군가 가졌다면 그 사람에게 필요했기 때문이리라. 그것으로 충분하다. 우리는 그것에 대해 더 이상 왈가왈부하지 않는다. 우리는 늘 그런 정신으로 살아왔다.

어느 날 채석장에서 일하고 있는데, 아버지가 하루를 넘기기 어렵다는 전갈이 왔다. 아버지가 나를 보고 싶어하신다고 했다. 그 무렵 아버지는 보름 동안 병원에 입원해 있었다. 나는 한달음에 아버지가 입원해 있는 병원으로 달려갔다. 그리고 아버지 옆에 앉아 많은 이야기를 나누었다. 아버지가 갑자기 심각하게 물었다.

"아들아, 넌 우리 부족의 땅을 떠나지 않을 거지? 그렇지?"

내가 대답했다.

"네, 아버지."

"절대 그래서는 안 된다. 이 대지는 우리 영혼의 땅이야. 이 대지는 너의 조상님들과 나의 모든 것이었어. 내가 한 가정을 일으킨 좋은 터전이었다. 이곳은 영혼의 장소다. 우리가 조상들과 연결되어 있고 그들과 하나임을 느낄 수 있는 유일한 곳이야. 이곳을 떠나지 않겠다고 내게 약속해다오."

내가 말했다.

"떠나더라도 곧 돌아오겠어요. 이곳은 제 영혼의 고향이기도 하니까요."

아버지가 말했다.

"꼭 그렇게 해야 한다."

오래전 아버지는 부족에 전해져 오는 한 가지 법률에 대해 들은 적이 있다고 했다. 한 원주민이 한 장소에 계속해서 살고 있으면, 원주민이 아닌 사람에게 그 땅을 강제로 넘기지 못한다는 법이었다. 그 법은 얼굴 흰 사람들 자신이 만들었다고 했다.

그 이야기를 끝낸 뒤 아버지는 이제 그만 쉬어야겠다고 말했다.

아버지가 내게 말했다.

"나중에 보자."

내가 말했다.

"네, 그럼 편히 쉬세요, 아버지."

나는 침대 옆을 떠나지 않고 졸았다가 깨었다가 하면서, 아버지가 주무시는 모습을 지켜보았다. 아버지를 바라보면서, 아버지가 더 이상 우리 옆에 계시지 않으리라는 걸 알았다. 나는 아버지가 마지막 숨을 거두시는 것을 보았다. 그리고 그 순간 아버지가 부족의 조상들 땅으로 영원히 떠나셨다는 사실을 알았다.

지나가던 간호사가 나를 물끄러미 바라보더니 다가와 물었다.

"아버님께서 깊이 잠드신 것 같군요."

내가 말했다.

"네, 깊이 잠드셨어요."

잠시 후 간호사가 다시 와서 이번에는 아버지의 맥박을 짚었다. 그러더니 그녀는 당황하며 소리쳤다.

"이런 세상에! 어서 여기서 나가요!"

아주 화난 목소리였다.

하지만 아버지는 영혼의 땅에 대해 말하고 내가 그 땅에 머물러야 한다는 사실을 일깨우기 위해 나를 특별히 부르신 것이다. 내가 그 자리에 있는 것은 하나도 잘못된 일이 아니었다. 어쨌든 나는 자리를 뜨지 않았다. 간호사가 의사를 불러왔다. 의사가 내게로 와서 말했다.

"우린 최선을 다했어요."

내가 말했다.

"압니다. 아버지는 당신들의 간호에 고마워하셨어요. 아버지가 마지막 숨을 거두는 것을 보았습니다. 간호사는 몰랐지만 난 아버지가 돌아가신 걸 알고 있었어요."

마지막 숨을 거두실 때 아버지의 유일한 소망은 자신의 아들이 부족의 땅과 믿음을 잘 지켜 나갈지 확인하는 것이었다. 나는 그 사실이 기뻤다. 아버지는 원주민인 내 삶의 영적인 면을 신뢰하고 싶으셨던 것이다. 그리고 나는 임종을 맞이하는 아버지 앞에서 결코 부족의 땅을 떠나지 않겠다고 약속했다. 그 약속대로 오늘날 나는 온갖 비극적인 일을 겪고도 이 땅에 남아 있다.

아버지가 내게 하신 말씀 때문에 나는 우리의 땅이 언제나 원주민의 나라로 남으리라는 자신감을 잃지 않았다. 모든 시련과, 정부와 땅 주인과 토지 소유권에 관련된 온갖 문제에도 불구하고, 이 땅은 변함없이 원주민들의 터전이다. 우리는 결코 이 대지를 버려두거나 비워 두지 않았다. 누군가는 항상 이곳에 머물렀다. 우리 조상들이 방랑하던 영혼의 땅을 지키는 수호자처럼.

덤불숲은 우리 원주민에게 그런 의미다. 우리가 방랑할 수 있는 영혼의 대지. 이 대지는 단순히 나무나 강이 아니다. 돈으로는 살 수 없는 신성한 그 무엇, 영원한 그 무엇이다.

그 얼굴 흰 간호사는 원주민들이 죽음에 익숙하다는 것을 이해하지 못했다. 우리 친구들이 죽는 순간을 우리는 멀리서도 알 수 있다. 어린 시절부터 우리는 죽어가는 친척들을 보살펴 주었다. 그리고 그들의 마지막 소원을 들어주었다. 원주민들은 그런 일에 익숙하다. 태어나는 순간부터 우리는 죽음과 더불어 살아간다. 죽음의 순간이 다가올 때 어떻게 해야 하는가를 우리는 안다. 그것이 우리 원주민의 삶의 방식이다. 우리는 행복뿐 아니라 고통도 함께 나눈다. 죽음이 삶의 반대가 아니라 삶의 당연한 일부라는 것을 우리는 안다. 간호사가 그것을 이해하지 못한 것은 그녀의 잘못이 아니다.

어머니는 오래오래 사셨다. 백 세 가까이 사셨다. 그리고 평화롭게 생을 마쳤다. 어머니는 마지막 순간까지 프램링햄의 집에 아름다운 정원을 가꾸었다. 그리고 날마다 작은 모닥불을 피웠다.

어머니는 말했다.

"난 언제나 불을 피워 둔단다. 아주 더운 날에도 피우지. 꿈을 들여다보려면 그것이 필요하거든."

어머니는 모두를 편견 없이 공정하게 대하려고 늘 노력하셨다. 그리고 누구에게나 따뜻한 도움의 손길을 내밀었다. 인종이나 종교는 따지지 않았다. 모든 사람을 돕는 것, 그것이 어머니의 삶의 일부분이었다. 특히 원주민의 권리 회복을 위해 최선을 다해 싸웠다. 우리의 보호 구역이나 자신의 고향인 쿠메라군자뿐 아니라, 원주민들이 부당한 대우를 받는 호주의 다른 지역에서도 원주민 공동체가 얼굴 흰 사람들의 사회와 똑같은 대우를 받을 수 있도록 노력했다.

말년에 어머니는 쿠메라쿤자 보호 구역에서 살던 이야기를 우리에게 들려주었다. 어린 시절 친구들이 어떻게 끌려갔는지도 말해 주었다. 어머니는 고아원에는 한 번도 끌려가지 않으셨다. 외할아버지 외할머니는 자식들을 위해 싸운 강인한 분들이었다. 부모가 아이들을 보호하고 끌려가지 않게 숨기면 그 아이들은 살아남았다. 하지만 주위에 보살펴 주는 사람이 제대로 없으면 아이들은 잡혀 가기 쉬웠다.

어느 날 밤, 나는 무서운 꿈을 꾸었다. 우리는 꿈을 통해 많은 메시지를 전달 받는다. 원주민 전통에 따르면, 흙탕물 꿈은 죽음을 의미한다. 아내와 막내딸 피오나를 태운 이륜마차가 강물에 둥둥 떠 있는 꿈이었다. 온통 흙탕물이었다.

나는 아내와 아이를 구하려고 필사적으로 애를 썼다. 그러나 오드리를 잃고 말았다. 아내는 물속으로 가라앉았다. 나는 어린 피오나를 잡고 강둑으로 헤엄쳐 왔다. 뒤돌아보았을 때 아내는 이미 어디에도 보이지 않았다.

이 꿈을 꾸고 나서 얼마 안 돼 길을 걷고 있는데 큰딸이 소리치며 뛰어왔다.

"큰일 났어요. 빨리 오세요! 엄마가 쓰러지셨어요."

나는 집으로 달려가 바닥에 쓰러진 아내를 일으켜 세웠다. 늙으신 장인어른의 도움을 받아 아내를 침대 위에 눕혔다. 아내는 죽어가고 있었다.

아내가 팔을 뻗어 내 손을 잡더니 나를 가까이 끌어당겼다. 그리고 내게 입맞춤을 했다. 그런 다음 아내는 어린 딸 피오나를 가까이 불러 약병을 손에 쥐어 주었다. 피오나는 그 무렵 간질병을 앓고 있었다. 아내는 딸아이에게 말했다.

"이제부터는 네가 네 자신을 돌봐야 한다."

어린 딸은 겨우 열 살이었다. 아이가 소리내어 울었다.

"엄마를 죽게 하지 말아요! 엄마를 죽게 하지 말아요!"

피오나는 달려가서 숟가락을 가져와 혀를 깨물지 않도록 오드리의 입 속에 숟가락을 집어넣었다. 엄마가 자기처럼 간질 발작을 일으켰다고 생각한 것 같았다. 그런 다음 아이는 밖으로 뛰어나가 차가운 물에 수건을 적셔 와서 엄마의 이마에 얹었다.

한편 큰딸은 전화가 있는 곳까지 달려가 구급차를 불렀다. 우리 집에는 전화가 없었다. 큰딸이 돌아와 말했다.

"어떡해요? 어떡해요? 오지 않겠대요!"

내가 딸아이에게 말했다.

"다시 가서 꼭 와야 한다고 말해라. 진짜 응급 상황이라고 해."

큰딸은 두 번이나 더 구급차를 불렀다. 그러나 대답은 마찬가지였다. 먼저 경찰의 통지가 없으면 원주민 거주지에 가지 않는다는 것이었다. 술에 취해 싸움을 했거나 누군가 술병에 맞았나 보다고 여기는 게 틀림없었다. 그들은 원주민의 일은 긴급 상황으로 보지 않았다. 그저 자신들과는 상관없는 일이라 여겼다.

큰딸의 애원에 못 이겨 그들은 마지못해 오겠다고 말했지만 시간은 마냥 지체되었다. 그 사이에 내 불쌍한 아내는 죽어가고 있었고, 피오나는 계속해서 울부짖었다.

"엄마를 죽게 하지 말아요! 엄마를 죽게 하지 말아요!"

내가 달래며 말했다.

"엄만 죽지 않아. 엄만 죽지 않을 거야."

침대 머리맡에 앉아 흐느껴 울면서 피오나는 엄마의 이마에 찬물수건을 얹었다. 구급차가 도착하기 바로 전 아내는 마지막 숨을 거두고 말았다. 엄마가 숨을 거두었다는 사실을 나는 차마 어린 딸에게 말할 수 없었다.

피오나는 쉴 새 없이 말했다.

"엄마를 죽게 하지 말아요, 아버지! 엄마 죽으면 안 돼."

구급대원이 집 안으로 들어와 불친절한 목소리로 말했다.

"아프다는 사람은 어디 있습니까?"

나는 아무 말도 하지 않았다. 그저 침대에 눕혀진 오드리의 상체를 두 팔로 껴안고 있었다. 어린 피오나는 우리를 지켜보며 흐느껴 울었다. 딸아이는 어떤 엄청난 기적이 일어나기를 기대하고 있었다. 구급대원은 오드리의 맥박을 짚어 보더니 마치 모든 상황이 귀찮다는 듯 퉁명스럽게 말했다.

"여기까지 오느라 시간만 낭비했군. 이 여자는 이미 죽었어요."

어린 딸이 비명을 지르며 뛰쳐나갔다. 피오나는 그렇게 엄마가 죽었다는 사실을 알게 되었다.

나중에 경찰이 나와서 주위를 둘러보았다. 판에 박힌 절차라는 생각이 들었다. 아내는 심장 발작으로 죽었다. 구급차가 조금만 일찍 도착했어도 아내는 생명을 건졌을 것이다.

피오나가 비명을 지르던 모습은 그 이후 평생 동안 나를 따라다녔다. 그때부터 피오나의 모든 반응은 그 비명에서 나오는 것 같았다. 우리와 가까운 누군가가 죽을 때마다, 피오나는 엄마의 죽음과 함께 '이 여자는 이미 죽었어요'라고 말하는 남자의 끔찍한 목소리를 기억했다. 아무리 세월이 흘러도 그 기억은 지워지지 않았다. 그것은 내게도 마찬가지였다.

원주민들에게 있어서, 사랑하는 사람이 죽음을 맞이하는 순간에 겪는 고통은 늘 우리와 함께 한다. 그들이 지상에서의 마지막 순간에 느끼는 고통을 우리도 함께 느끼고, 그 죽음의 순간을 지켜보는 우리 자신의 슬픔도 느낀다. 우리와 가까운 누군가가 죽으면 우리는 이전에 지켜본 모든 죽음의 순간들까지 다 기억에 되살린다.

얼굴 흰 사람들은 말한다.

"이제 다 지나간 일이야. 그러니 잊고 자기 삶을 살아야지."

하지만 그것은 원주민의 방식이 아니다. 우리에게 지나가 버린 일이란 없기 때문이다. 과거에 일어난 모든 일은 지금 이 순간도 존재하고 있다. 그때 그 사람의 영혼이 느꼈던 것은 아직도 그 자리에 있고, 언제까지나 우리 마음속에 머물러 있다. 우리는 좋은 일들과 마찬가지로 나쁜 일들도 받아들여야 한다. 우리 모두가 영혼들의 세계와 연결되어 있다는 것을 알 때 비로소 우리는 진정한 삶을 사는 것이다.

대지를 지키는 사람들

원주민에게 삶은 결코 쉬운 것이 아니다. 생존을 위해, 본래의 모습을 지키기 위해 끝없이 싸워야 하기 때문이다. 어렸을 때부터 우리는 거의 날마다 얼굴 흰 사람들을 용서해야만 했다. 왜냐하면 그들은 우리 원주민들과는 달리 공손함이라는 규칙을 전혀 이해하지 못하는 인종이기 때문이었다.

원주민들은 다른 이들의 종교와 문화를 존중한다. 그것이 원주민들의 삶의 원칙이다. 세상은 하나이며, 인간 모두가 한 가족이다. 모든 인간이 같은 대지 위에서 살아가는 소중한 존재들이다. 문화는 다르지만 한 가족으로서 같이 웃고 대화하고 친구가 될 수 있다. 인종 차별이나 편견의 벽을 허물고 누구나 형제자매가 될 수 있다. 그렇게 되면 너나 할 것 없이 행복해질 것이다.

나는 이따금 내 손으로 직접 만든 바구니와 장식품들을 들고 얼굴 흰 아이들이 다니는 학교를 찾아간다. 그리고 원주민 문화를 더 잘 이해할 수 있도록 아이들과 대화를 나눈다. 그 아이들의 부모들은 이 땅에 살면서 원주민을 이해할 기회가 많지 않았을 것이다. 신문과 방송을 통해 원주민을 비난하고 깎아내리는 얘기만 들었을 것이다. 따라서 아이들 역시 원주민은 아무 짝에도 쓸모없는 존재라고 배웠다. 아이든 어른이든 원주민이라고 하면 그저 게으르고 달라질 여지도 없는 좀도둑이라 여긴다. 백인 정부가 사람에게 할 수 있는 온갖 나쁜 말을 원주민에게 갖다 붙인 탓에 얼굴 흰 아이들의 머릿속은 원주민에 대한 부정적인 이미지로 가득하다.

이것은 얼굴 흰 사람들이 원주민의 땅을 빼앗은 먼 옛날부터 시작되었다. 1788년 죄수들을 가득 태운 11척의 함대가 이 대륙에 도착한 그날부터 그들은 자신들의 양과 소떼를 풀어먹이기 위해 우리가 대대로 삶을 누리던 모든 초원, 덤불숲을 가로챘다. 우리가 변변한 농장 하나 갖고 있지 않았다고 그들은 우리를 게으른 야만인이라고 말한다. 하지만 우리는 훨씬 더 많은 다른 것들을 갖고 있었다. 어망을 놓아 물고기 잡는 법을 알았고, 자연을 파괴하지 않고 대지를 일구는 방법을 알고 있었다. 해마다 같은 자리에서 땅을 파헤쳐 농사를 지으면 대지가 생명력을 잃는다는 것을 우리는 알고 있었다. 그래서 우리는 땅도 살고 우리도 사는 방법을 택한 것이다.

우리 원주민들은 세상 만물을 신성하게 여겼다. 또한 대지를 어머니로 여겼다. 어머니 대지는 자식들을 어떻게 돌봐야 하는지 알았고, 우리 역시 어머니를 어떻게 보살펴야 하는지 알았다. 인간의 욕망을 채우기 위해 땅을 제멋대로 파헤치면 어머니 대지가 병들어 죽는다는 것은 불을 보듯 뻔한 일이다. 따라서 우리는 땅에 해가 되는 짓은 절대로 하지 않았다. 병들어 죽어 버리면 대지는 더 이상 인간을 위해 먹을 것과 입을 것을 제공할 수 없다.

우리는 오로지 자연에 기대어 살았기 때문에 당연히 그런 마음 자세를 가질 수밖에 없었다. 지금처럼 어디서든 돈을 벌게 해주는 거대한 공장들도 없었다. 돈을 벌려고 서로 다투거나 돈에 자신을 팔아 버리는 사람도 없었다. 우리 원주민은 그런 것들의 노예가 된 적이 한 번도 없었다. 우리는 언제나 조화를 이루며 살았다. 물론 원주민들도 부족끼리 전투를 한 적이 있었다. 하지만 그 전투는 금방 끝이 났다. 하지만 오늘날의 전쟁은 끝도 없이 계속된다.

내가 학생들에게 들려주는 이야기는 바로 이런 슬픈 내용들이다. 그리고 이야기를 시작하기 전에 나는 내가 슬픈 내용을 말하리라는 걸 미리 알려 준다. 나는 아이들에게 말한다.

"만일 내가 그 비극적인 부분을 말해 주지 않으면, 너희는 진실한 역사를 알지 못할 것이다. 내가 말할 내용은 진실한 역사에 대한 것이다. 오랜 세월 동안 한 번도 알려지지 않았던 역사 말이다."

그리고 또 나는 말한다.

"우리 원주민은 지난 일에 대해 화내지 않는다. 다만 슬플 뿐이다. 나는 얼굴 흰 사람들이 우리에게 저지른 야만적인 일들을 갖고 그들을 비난하고 싶은 마음은 없다. 그들은 자기 나라에 살 때 범죄를 저지른 사람들이었기 때문에, 처음 이 땅에 올 때도 쇠사슬에 묶인 채 끌려왔고, 그들 자신이 짐승과도 같은 취급을 당했다. 그런 사람들이 짐승과 같은 행동을 한 것은 너무도 당연한 일이다. 그들은 비좁은 우리에 갇혀 있다가 뜻밖에도 이 드넓은 공간, 이 광활한 대지를 만나게 되었다. 그러니 머리가 돌아 버리지 않고 어떻게 견딜 수 있었겠는가.”

지나친 욕심도 머리가 돌아 버린 일 중 하나다.

우리뿐만 아니라 전세계 원주민들에게 똑같은 일이 벌어졌는데 어떻게 우리가 원한을 품을 수 있겠는가? 어떻게 화를 낼 수 있겠는가? 물론 그런 비극은 일어나지 말았어야 했다. 하지만 문제는 정부 책임자나 뛰어난 학자들까지도 아예 그 사실을 부정하고 있다는 것이다. 그들은 분명히 일어난 일을 시인하지 않고 일어나지 않았다고 억지를 부리고 있다.

얼굴 흰 사람들이 이 땅에 도착한 첫날부터 무슨 일이 일어났는지 부족의 어른들은 우리에게 생생히 전해 주었다. 그들은 원주민들을 동물처럼 특정 구역 안에 몰아넣고 다른 곳으로 이동하지 못하게 했다. 음식도 거의 주지 않아서 풀뿌리로 연명해야 했고, 얼굴 흰 문명인들이 퍼뜨린 독감이나 홍역을 앓다 죽어간 사람만 수십만 명에 이른다. 자신들이 태어난 땅에서 쫓겨나 외딴 무인도에 감금된 원주민들도 있었다. 이들은 바다 건너에 있는 자신들의 고향을 그리다 마음에 깊은 상처를 안고 죽어갔다. 타즈메니아 부근의 섬들, 특히 브루니 섬이 대표적인 곳이다. 앞에서도 말했듯이 그곳은 나의 조상 트루가니니 여왕이 태어난 곳이다.

얼굴 흰 사람들은 지금도 이렇게 말하기를 서슴지 않는다.

"원주민을 모두 잡아다가 섬에 가두고, 그곳에서 죽게 내버려두

라. 원주민이 다 죽고 나면 더 이상 골치 아픈 문제는 일어나지 않을 것이다. 그렇게 되면 정부가 원주민 구호물자에 들이는 아까운 비용도 절약할 수 있을 것이다."

이런 이야기를 해주자, 아이들은 이내 슬픈 얼굴이 되었다. 하지만 곧 이구동성으로 말했다.

"반조 아저씨, 그런 일은 더 이상 일어나지 않을 거예요. 이제는 우리가 원주민들의 문화와 삶의 방식, 조상을 대하는 영적인 자세에 대해 잘 알게 되었으니까요."

진심이 담긴 아이들의 말을 듣고 나는 너무도 기뻤다.

나는 얼굴 흰 학생들에게 원주민들의 세계와 영적인 면을 설명하고, 우리보다 앞서 살다 간 조상들에 대해 얘기해 주었다. 학생들은 그런 얘기는 여태까지 한 번도 들어본 적이 없다고 말했다. 피부색이 달라도 정원에 피어난 갖가지 색깔의 꽃처럼 사람은 누구나 아름다운 법이라고 나는 말해 주었다.

나는 아이들에게 내 혼을 다해 원주민에 대한 이야기를 들려주었다. 원주민들이 어떻게 세상을 느끼며, 어떻게 사물을 이해하는가를 전했다. 그리고 지금 원주민에게 일어나고 있는 희망적인 변화들에 대해서도 말했다. 원주민의 힘이 얼마나 강해졌고, 지식을 갖춘 사람들이 얼마나 많아졌으며, 일들이 얼마나 공정하게 처리되고 있는지를. 나아가 원주민의 문화와 언어가 다시 등장하고 있다는 것도 알려 주었다.

시드니 올림픽에서 금메달을 딴 육상 선수 캐시 프리먼은 호주 원주민 출신이다. 그녀는 온갖 어려움에도 불구하고 위대한 일을 해냈다. 오늘날은 운동선수라면 피부색에 상관없이 받아들인다.

그것조차도 우리는 가슴 아픈 역사를 갖고 있다. 과거에는 운동선수가 원주민이면 아무리 기량이 뛰어나다 해도 원주민이 아닌 척해야 했다. 선수 명단에 다른 국적을 써 넣는 일이 예사였다. 도대체 왜 그런 일이 벌어졌을까?

내가 어렸을 때는 운동에 재능이 있는 청소년들은 실력을 더 쌓기 위해 보호 구역을 빠져 나와 멜버른으로 갔다. 경찰도 이를 허용했다. 하지만 사실 경찰은 그들을 멀리 쫓아 버리려고 그렇게 한 것이다. 결국 그 젊은이들은 대도시 빈민가를 어슬렁거리다가 공원이나 빈집에 들어가 술을 퍼마시며 인생을 보냈다. 대부분은 감옥신세를 져야 했으며, 꽤 많은 숫자가 감옥 안에서 생을 마감했다. 절망이 너무 깊어 죽은 것이다. 고향을 떠난 뒤에 찾아온 삶에 대한 환멸, 좌절감, 긴장 등이 원인이었다.

하지만 일단 스포츠 세계에 발을 들여놓으면 상황이 달라졌다. 그들은 눈앞에 있는 모든 힘든 상황을 물리쳤으며, 어린 나이에도 불구하고 뛰어난 기량을 나타냈다. 그 당시 원주민들의 소망은 단 한 가지뿐이었다. 마음이 열려 있고 정상적인 생각을 가진 얼굴 흰 사람을 한 명이라도 만나 보는 것이 그것이었다. 하지만 그 소망이 이루어지지 않았기 때문에 대다수 원주민들은 깊이 절망할 수밖에 없었다. 법에 저촉됨이 없이 그 분노를 표현할 수 있는 유일한 방법이 바로 링 위에서 권투를 하는 일이었다. 링 위에서라면 아무 문제가 없었고, 아무것도 거리낄 것이 없었다. 그 무렵 나를 비롯해 많은 원주민들이 권투를 선택한 이유가 그것이다. 그리고 원주민 가운데 뛰어난 권투 선수가 많이 나온 것도 바로 그 이유에서다. 이들 대부분이 링 위에 올라서기 전까지는 권투 장갑을 구경한 적도 없었다. 그럼에도 그들은 좋은 체육관에서 날마다 권투 장갑을 끼고 훈련을 쌓은 얼굴 흰 선수들을 한 주먹에 쓰러뜨렸다. 원주민은 호주 전체 인구의 2퍼센트에도 못 미치지만, 호주 권투 챔피언의 15퍼센트가 원주민 출신이다.

우리에게는 체육관이 따로 없었다. 덤불숲에서 도끼로 나무를 패거나 힘든 육체노동을 하는 것이 고작이었다. 밤에 치러질 시합을 앞두고 하루 종일 아무것도 먹지 못하고 대기하는 일이 허다했다. 시합을 할 때도 맨발로 싸우거나, 아니면 다른 사람의 신발을 빌려 신고 나왔다. 링 위에 오르면 인종 차별주의자들이 대놓고 퍼붓는 욕설을 들어야만 했다. 그런 일이 비단 링 위에서만 일어나는 것은 아니었다. 세상 어딜 가나 마찬가지였다.

인종 차별 문제를 해결하는 유일한 길은 세상의 다양한 인종들이 서로에 대해, 서로의 문화에 대해 이해하는 일이다. 사람들에게 다가가 대화를 나누라. 말을 알아듣지 못한다고 "무슨 말인지 잘 모르겠는데요." 하고 피하면 안 된다. 다가가서 손을 잡으며 말하라.

"난 당신의 친구예요. 당신의 문화에 대해 얘기해 주세요. 나도 우리 문화에 대해 말할게요. 그러면 우린 서로 친구가 될 거예요."

결코 싸우거나 화내지 말라. 화낸다고 해결될 것은 아무것도 없다. 폭력을 사용하는 것도 마찬가지다. 누군가 우리에게 폭력을 쓴다고 우리도 똑같이 폭력적으로 나온다면 그 사람보다 나을 것이 아무것도 없다. 이 악순환에 말려들면 끝이 없다. 따라서 다만 행복하라! 그것이 가장 좋은 길이다.

그해 5월 나는 다윈(호주 노던 테리토리 주의 중심 도시)에서 열린 세계 원주민 회의에 참석했다. 그 자리에서 남아메리카와 북아메리카를 비롯해 캐나다, 브라질, 필리핀, 하와이 그리고 일본에 이르기까지 세계 각지에서 온 원주민들을 만날 수 있었다. 돈에 눈이 어두워 대자연을 파괴하는 문명인들의 행위로 원주민들이 겪어야 하는 고통은 세계 어디서나 차이가 없었다.

호주 대륙 각지에 흩어져 살고 있는 원주민들이 회의에 참석하기 위해 차를 타고 또는 걸어서 먼 길을 왔다. 진실을 세상에 알릴 당사자들이 한 자리에 모일 수 있다는 것은 매우 의미 있는 일이었다.

언젠가 나는 내 자식들과 함께 숲 속에 앉아 이런저런 이야기를 나누고 있었다. 아이들의 친구들도 그 자리에 있었다. 그러다 문득 나는 아직도 이 대지가 법적으로 우리의 소유라는 사실이 떠올랐다. 우리는 한 번도 이 땅을 떠난 적이 없기 때문이다. 내가 아주 어렸을 때도 우리는 이곳에서 전통적인 방식대로 나무껍질로 지은 오두막집에서 살았다. 우리는 이 대지를 사랑했다. 이곳은 다름 아닌 우리 영혼의 터전이기 때문이다. 이 땅을 끝까지 지켜 이곳에 우리의 뼈를 묻고 싶었다.

나는 아이들에게 이 덤불숲은 언제까지나 우리 원주민의 소유라고 말했다. 그냥 느낌으로만 그런 것이 아니라 서류상으로도 명백히 우리의 소유라고. 그러자 아이들이 물었다.

"어째서 그렇죠?"

내가 말했다.

"공식적으로 빼앗긴 적이 없기 때문이지. 처음에 원주민들이 이곳에 모였을 때 얼굴 흰 사람들은 우리가 앞으로 이곳을 떠나지 않는 한, 이 덤불숲을 영원히 우리의 사냥터이자 주거지로 사용하게 하겠다고 법으로 정해 놓았거든."

내가 아주 어렸을 적, 그러니까 예닐곱 살쯤 되었을 때, 어느 날 아버지가 이 덤불숲 나무 더미 위에 올라앉아 있는 내게 말했다.

"이 땅은 절대 얼굴 흰 사람들의 손에 넘어가지 않을 것이다. 이곳은 우리 부족의 땅이다. 하지만 명심해라. 만일 우리가 이곳을 떠나면 이곳은 공식적으로 아무도 살지 않는 텅 빈 땅이 될 것이고, 그렇게 되면 누구든 이 땅을 차지할 수 있는 거란다. 나는 이 얘기를 오래전 정부 고위 관리로부터 들었다."

그러면서 아버지는 말했다.

"우리가 원하는 한 언제까지나 이곳에 살 수 있다. 원주민이 모두 떠나면 그때는 얼굴 흰 사람들이 이 땅을 사거나 임대하는 일이 가능해진다. 하지만 원주민이 단 한 사람이라도 남아 있으면 그들도 어쩌지 못한다."

그로부터 몇 년이 지나서도 이 땅에 대한 권리를 놓고 별다른 말썽이 생기지 않는 걸 보고, 나는 오래전 아버지가 하신 말씀이 바로 이런 의미였구나 하고 새삼 느끼게 되었다. 아버지가 그런 말을 하고 싶은 기분이 들었을 때 마침 어린 내가 그 자리에 있었던 것이 참으로 다행이라는 생각이 들었다. 덕분에 나는 이 모든 사실을 알게 된 것이다.

어쨌거나 몇 해 뒤 얼굴 흰 사람들의 정부가 이곳에다 농업대학을 세우려고 했다. 하지만 아직 우리가 이곳에 살고 있기 때문에 그렇게 할 수가 없었다. 그 다음에는 산림 위원회가 땅에 대한 권한을 넘겨받아 이곳에서 나오는 목재를 관리하기 시작했다. 원주민들은 목장주를 위해 나무 베는 일을 해오고 있었다. 이 부근에서 구할 수 있는 일거리라곤 나무 베는 일밖에 없었기 때문이다. 목장주들은 산림 위원회에 나무 값을 지불해야 했다. 산림 위원회는 우리 원주민들에게도 나무 값을 요구했다. 하지만 우리는 들은 척도 하지 않았다. 오히려 우리는 그들에게 말했다.

"목재가 필요한 사람들은 우리에게 나무 값을 지불해야 한다. 이곳은 우리 원주민들의 숲이기 때문이다."

나무를 벨 때도 우리는 언제나 존중하는 마음을 갖고 베었다. 나무의 일부분만 잘라 나머지는 그대로 썩게 내버려두지도 않았다. 그런 짓을 해서는 안 된다. 나무는 산소와 신선한 공기, 그리고 비와 관련해 더없이 중요한 역할을 한다. 나무는 빗물을 머금고, 뿌리로 흙을 껴안아 준다.

아들 이안은 친구들과 함께 요즘 숲을 휘젓고 다니는 산악 오토바이들에 대해 이야기했다. 오토바이족들이 굉음을 울리며 지나갈 때마다 땅에 홈이 파이고, 겨울철에는 흙이 쓸려 내려갔다. 더구나 요란한 소음에 야생 동물들이 놀라, 갈수록 동물의 모습을 볼 수 없게 되었다. 우리는 길에 차단막을 설치해 숲을 이전의 평화로운 상태로 되돌려 놓기로 결정했다. 우리는 숲으로 들어오는 모든 길을 막고, 다음과 같은 푯말을 세웠다.

'이 땅의 권리를 원주민에게 보장할 때까지 도로를 폐쇄한다.'

마치 옛날로 돌아온 기분이었다. 원주민들이 자신들의 권리를 위해 무엇인가를 할 수 있게 된 것이다. 이제 더 이상 벽만 바라보며 답답하게 집 안에 틀어박혀 있을 필요가 없었다. 우리는 다시 별을 보고 잠이 들고, 모닥불을 피워 식구들이 먹을 음식을 만들었다.

마을의 얼굴 흰 사람들은 모든 덤불숲이 나라의 소유라고 여기는 듯했다. 얼굴 흰 사람들은 자신들이 이 숲을 발견하기 전에는 결코 아름다운 곳이 아니었다고 착각한다. 하지만 우리는 이곳에서 수만 년 동안 살아왔다. 그들이 나타나기 훨씬 전인 그때도 웅장한 폭포며 아름다운 나무들이며 바위들이 이곳에 있었다. 그리고 우리는 모든 사물에는 존재 이유가 있다는 것을 알고 있었다.

우리가 차단막을 설치하는 것을 보고 많은 이들이 처음에는 우리를 미쳤다고 생각했다. 하지만 시간이 지나면서 차츰 이런 말들이 들려오기 시작했다.

"저 숲은 원주민들에게 속한 땅이야."

"그래, 맞아. 저곳은 그들 소유야."

국영 텔레비전 방송과 크고 작은 신문사들이 앞다퉈 우리를 취재했다. 1987년 5월 마침내 호주 정부는 덤불숲에 대한 공식 관리 자격을 원주민 부족의 어른들에게 부여했다. 그날 이안은 한 신문과의 인터뷰에서 말했다. 기사 제목은 '대지를 지키는 사람들'이었다.

"땅에 대한 권리를 회복하는 일은 이곳에 사는 원주민들이 자신의 진정한 모습을 되찾는 데 큰 도움이 될 것이다. 이것은 이 땅에 대한 원주민들의 역사적 권리를 인정하는 첫걸음이 될 것이다."

이안을 비롯해 내 아들들은 덤불숲을 되찾기 위해 그동안 밤낮으로 애를 썼다. 그렇게 노력한 세월이 무려 16년이나 된다. 원주민들은 지난 2백 년간 온갖 거짓 약속에 속아 왔다. 마침내 땅에 대한 권리를 되찾게 된 것은 중요한 의미가 담겨 있다. 이것은 우리 원주민과 원주민의 정신세계에 큰 변화의 바람을 불어다 줄 것이다.

우리가 차단막을 설치하기 전에는 대학생들이 원주민 문제에 많은 도움을 주었다. 대학생 수십 명이 와서 우리와 함께 야영을 했다. 지금은 훌륭한 의사, 변호사가 되어 활동하고 있는 그들을 다시 만나 이 기쁜 소식을 알려 준다면 얼마나 좋아할 것인가. 당시 학생들은 개방되어 있는 우리의 목장 둘레에 울타리를 설치해 주고, 우유 가공 시설 두 곳을 마련해 주었다.

그것만이 아니었다. 그들은 여러 문서 보관소를 뒤져 원주민에게 도움이 될 만한 정부 문서들의 사본을 구해 우리에게 전해 주었다. 덤불숲이 본래 우리 원주민 소유라는 사실은 이미 오래전부터 알고 있었지만, 증거 자료를 손에 넣은 것은 중요한 일이었다. 학생들이 원주민을 돕는 것을 얼굴 흰 사람들의 정부가 좋아했을 리 없다. 정부는 이 땅에서 하루빨리 우리를 몰아내지 못해 안달이었으니까.

차단막을 설치하고 산악 오토바이족이 진입하지 못하도록 도로를 폐쇄한 지 얼마 안 가 숲에는 변화가 일어났다. 사라졌던 동물들이 다시 돌아와 새끼를 치기 시작한 것이다. 어린 포테루들도 어슬렁거리며 등장했다. 이안과 나는 회색 털을 한 놈, 까만 털을 한 놈 등 여러 색깔을 가진 포테루를 목격했다. 사람의 손길이 거의 닿지 않는 산등성이 쪽에 아직도 많은 동물들이 살고 있는 모양이었다.

어렸을 때 나는 여러 동물들의 습성과 각각의 동물이 가진 독특한 성격에 대해 배웠다. 지금도 덤불숲에서 하루를 지내고 집으로 돌아오는 길에 왈라비 녀석을 살금살금 따라가곤 한다. 작은 캥거루과에 속하는 왈라비는 주로 오솔길을 따라 덤불숲을 어슬렁거린다. 길가에 갖가지 초록색 풀들이 자라고 있기 때문이다. 녀석은 연한 풀을 발견하면 몸을 구부려 열심히 먹는다.

숲 속에서 왈라비 녀석을 발견하면 가만히 서 있어 보라. 왈라비는 몸을 세우고 주위를 두리번거릴 것이다. 그래도 사람이 가만히 서 있으면 왈라비는 이내 고개를 숙이고 다시 풀을 뜯는다. 그런 식으로 조금씩 왈라비 곁으로 다가가서 다시 가만히 서 있으라. 왈라비가 다시 주변을 둘러볼 것이다. 움직이는 것을 보지는 못했지만 무엇인가 거기 있다는 것을 왈라비도 느끼는 듯하다. 녀석은 정지해 있는 사람을 길 한복판에 서 있는 나무 그루터기 정도로 여긴다. 그러면서도 뭔가 이상하다고 생각한다. 나무 그루터기가 조금 전 있던 곳에서 금방 다른 장소로 이동을 했고, 게다가 점점 더 가까이 다가오고 있는 것 같기 때문이다. 어떻게 그럴 수가 있지?

왈라비는 더 자주 움직이고 더 빨리 주위를 살핀다. 왈라비란 놈은 혼자 있다고 생각되지 않으면 절대로 먹이를 먹지 않는다. 이쯤 되면 왈라비도 약간 안절부절못한 상태가 된다. 무언가가 분명히 있는 것 같은데 왈라비 눈에는 그 무언가가 보이지 않는다. 왈라비가 다시 먹이를 먹을 때 또 조금 다가간다. 그러면 왈라비는 두 발을 세우고 앉아 귀를 쫑긋거리며 주위를 다시 한 번 둘러본다. 그리고는 자기 바로 앞에 서 있는 사람을 뚫어지게 쳐다본다. 녀석은 이제 혼란에 빠졌다. 그런데도 사람이 여전히 움직이지 않고 그대로 서 있으면 왈라비는 다시 아무것도 아닌 모양이라고 생각한다. 그리고 고개를 숙여 먹이로 시선을 돌린다. 그러다가 문득 무언가 있는 게 틀림없다는 생각이 들면 냅다 덤불 속으로 도망친다. 왈라비는 이제 완전히 두려움에 사로잡혔다. 그래서 나뭇가지를 부러뜨리며 쏜살같이 줄행랑을 친다. 소리를 내거나 다른 수상한 짓을 하지 않았어도 녀석은 누군가가 줄곧 자신을 지켜보고 있었다는 것을 깨달은 것이다.

숲에 캥거루가 너무 많아졌다고 불평하는 얼굴 흰 농장주를 만난 적이 있다. 그는 우리더러 자신의 목장 주변에 캥거루를 막을 철조망을 설치해 달라고 부탁했다. 물론 우리는 그 부탁을 들어줘야만 할 것이다. 그를 행복하게 해주는 것도 우리의 의무이기 때문이다.

하지만 얼굴 흰 사람들이 이 땅에 들어온 이후 우리는 수많은 덤불숲이 파괴되는 것을 지켜봐 왔다. 땅의 소유주가 누구이든 우리는 이곳에서는 그런 일이 일어나지 않기를 바란다. 야생 동물들도 살아야 한다. 동물들도 자연의 일부이고, 이 나라의 일부분이다. 세상 전체의 일부분이다. 야생 동물들도 다른 생명체들과 마찬가지로 이곳에서 살 자격이 있다. 인간은 형제자매인 동물들에게 친절히 대하고, 그들의 친구가 되어 주어야 한다.

늙은 모포크는 원주민들에게 소식을 전하는 새다. 수백 킬로미터, 때로는 천 킬로미터가 넘는 거리 밖에서도 누군가 병이 나거나 갑자기 세상을 떠나면 모포크는 우리 가까운 곳에 와서 평소와 다른 흥분한 목소리로 울어댄다. 노랫가락이 아무리 구성지고 아름답다 해도 어딘가에 있는 누구에겐가 나쁜 일이 생긴 것이다.

모포크의 울음소리가 들리면 원주민들은 서로 소곤댄다.

"뭔가 안 좋은 일이 일어난 것 같아. 우리와 잘 아는 사람이 멀리서 세상을 떠났나?"

그리고 며칠 지나면 우리 부족에 속한 누군가가 아프다거나 오래 살기 힘들다는 전갈이 온다.

이것들은 아주 오래전 그러니까 수천 년 전부터 전해 내려오는 원주민의 전통이다. 오늘날에도 우리는 그 방식에 의지해 살아간다. 먼 옛날 원주민에게는 전화도 없었고 편지도 보낼 수 없었다. 그래서 신은 우리가 서로 소식을 주고받을 수 있도록 다른 방법을 생각해 낼 필요가 있었을 것이다. 자연과 더불어 살아가는 사람들은 언제 날씨가 변할지 잘 알고 있어야 한다. 우리 원주민은 일기예보를 보지 않아도 언제 태풍이 몰려올지, 언제 긴 가뭄이 오고 또 언제 우기가 올지 알 수 있다.

모포크가 산골짜기나 덤불숲에서 평소와 같은 곡조로 노래를 부르다가 이내 울음소리가 달라지면 우리는 서로에게 말한다.

"이보게들, 모포크가 무슨 소식을 전하고 있는데, 잘 들어 봐."

이런 얘기를 굳게 믿는 쪽인 이안은 모포크 새의 울음소리가 들릴 때마다 이렇게 소리쳤다.

"아, 저 소리는 더 이상 듣고 싶지가 않아. 또 무슨 안 좋은 소식이 있는 모양이야. 어서 집 안으로 들어가자."

그러면 그날 밤 안으로, 또는 그 다음날 아침에 영락없이 누군가 끔찍한 사고를 당했다는 소식이 들려온다. 십중팔구는 그렇게 된다. 마도요 역시 으스스한 새다. 마도요가 날카롭게 비명을 지르는 날엔 어김없이 무슨 일이 생긴다. 모포크처럼 자주 나타나지는 않지만 한번 등장했다 하면 대형 사고가 발생한다. 한밤중에 마도요 소리가 들리면 어떤 여자가 살해당했거나 위기에 처해 도움을 요청하고 있는 것임에 틀림없다. 전에 마도요 울음소리를 들은 적이 없는 사람은 한 번만 들어도 온몸에 소름이 돋는다. 등골이 오싹해지면서 다시는 듣고 싶지 않아진다.

내 손녀 낸시가 얼굴 흰 젊은이와 사귀고 있을 때였다. 둘은 한 집에서 살고 있었다. 그 젊은이는 인종 차별주의자가 아니었다. 그런데 어느 날 그가 새 한 마리를 사서 집으로 가져왔다. 새를 보자마자 어떤 새인지 알아차린 낸시는 다짜고짜 몽둥이를 들고 남자 친구의 두 팔을 묶었다. 그리고는 어서 새를 내보내라고 소리를 질렀다.

일주일 뒤 그 젊은이가 내게 자초지종을 얘기해 비로소 알게 되었다. 그는 말했다.

"원주민들은 사고방식이 좀 특이한 것 같아요. 내가 가져온 새를 보고 기겁을 하더니 밧줄로 내 팔을 묶더군요. 그러면서 당장에 새를 내보내라고 막무가내로 소릴 지르는 거예요. 하도 난리를 치기에 하라는 대로 했어요. 그런 모습을 처음 봐서 그런지 낸시가 영 딴 사람 같았어요. 그러면서 이러더군요. '우린 그 새하고 별로 사이가 안 좋아. 되도록이면 멀리하고 있어.' 새 이름을 말해주었는데 그만 잊어버렸어요."

내가 물었다.

"어떤 종류의 새였지?"

"글쎄요, 올빼미 같기도 하구요."

"모포크였나?"

"맞아요, 그렇게 불렀던 것 같아요. 전 낸시 말대로 얼른 그 새를 내다 버렸어요. 어쨌거나 아직도 이해할 수가 없어요. 대체 그 새가 원주민들에게 무슨 의미를 갖고 있기에 그런 반응을 보인 걸까요?"

내가 그에게 말했다.

"그 새는 죽음을 의미한다네."

그가 놀라서 말했다.

"저런, 그랬군요. 원주민에 관해서 전 아직도 모르는 것투성이네요. 어쨌든 뭐, 그 새를 내다 버렸으니까……."

그런 일이 있고 나서 일주일 정도 지났을 때의 일이다. 이안이 바깥에 나가 있었다. 날은 점점 어두워져 가고 있었다. 바로 그때 골짜기에서 모포크의 울음소리가 들려왔다. 모포크는 목소리를 바꾸어 소리를 지르고, 고함을 치기 시작했다. 평소와는 다른 울음소리였다.

이안이 소리쳤다.

"아버지, 아버지! 빨리 이쪽으로 와보세요. 모포크가 골짜기에 날아와 앉았어요. 저 소리 좀 들어 보세요. 이렇게 소름끼치는 소린 들어본 적이 없어요."

나는 모포크의 울음에 귀를 기울이고 나서 말했다.

"오늘 밤에 좋지 않은 일이 일어나려는 모양이구나. 모포크가 저런 식으로 미친 듯이 울어대는 건 나도 평생 들어본 적이 없다. 몹시 신경질적으로 울부짖는구나."

이안이 속삭이며 말했다.

"어서 안으로 들어가요, 아버지. 저 소린 이제 그만 들어요."

우리는 집 안으로 들어가 뭔가 불길한 소식이 들려올 것만 같은 기분으로 앉아 있었다. 하지만 밤늦도록 아무 소식이 없기에 그냥 잠자리에 들었다.

다음 날 새벽 5시 반, 이안이 내 방으로 뛰어들어왔다. 그리고는 울음을 터뜨리며 말했다.

"아버지, 아버지! 어서 일어나세요. 낸시가, 낸시가 죽었대요!"

내 귀를 의심할 수밖에 없었다. 불과 이틀 전에 만났을 때도 그토록 건강하고 멀쩡했는데 내 손녀가 갑자기 죽다니 도저히 믿어지지가 않았다.

내가 물었다.

"낸시가 죽다니, 그게 무슨 말이냐?"

이안이 슬프게 말했다.
"자동차 사고래요, 아버지."

나중에야 우리는 낸시의 죽음에 대해 들을 수 있었다. 교통사고로 심한 부상을 입은 낸시는 그런 상태로 몇 시간이나 방치되었다가 발견되었다. 끔찍하고 비극적인 죽음이었다.

이런 식으로 새들은 언제나 우리에게 소식을 전해 준다. 그것이 원주민들의 삶의 방식이다. 우리는 모든 것에 영적인 의미가 있다고 믿는다.

슬픈 이별

원주민 보호 구역에서 자란 이안의 세대는 도시에 있는 학교에 다니면서 얼굴 흰 아이들에게 모욕과 따돌림을 당한다고 화를 낼 때가 많았다. 하지만 그들의 부모 세대인 우리가 젊었을 때는 그 모든 것을 참고 견뎌야만 했다. 그것은 단지 원주민의 삶의 일부분이었다. 더 이상 참을 수 없는 경우에는 서로 치고받기도 했지만, 싸우고 나면 금방 잊었다.

다른 아이들에 비해 이안은 특히 무시당하는 걸 못 견뎌했다. 그래서 곧잘 문제를 일으키곤 했다. 그리고 그 문제들로 인해 더 풀이 죽었다. 하지만 이안에게는 얼굴 흰 친구들도 많았다. 그 젊은이들은 지금도 나를 찾아온다. 이안이 살아 있는 동안 그 친구들과의 우정은 변함이 없었다.

이안은 자신의 부족을 위해 일하겠다는 뜻을 한순간도 잊은 적이 없다. 또한 어떤 일이든 남을 돕는 일에는 주저하는 법이 없었다. 이 때문에 나중에 큰 곤란을 겪었다.

어느 날 이안은 덤불숲에서 농장주를 위해 나무 베는 일을 하다가 등을 심하게 다쳐 집에 누워 있었다. 그날 밤 원주민 친구 한 명이 와르남불 시내 호텔의 한 술집에서 전화를 걸어 이안에게 자기를 데리러 와달라고 부탁했다.

이안은 그런 식의 부탁을 받을 때가 많았다. 그 당시 이안은 작은 중고차 한 대를 갖고 있었는데, 차에 태워 달라는 사람들의 요청을 한 번도 거절한 적이 없었다. 이런 나눔은 우리 원주민에게 전해 내려오는 오랜 전통이었다. 보호 구역에 살고 있는 원주민이 자동차를 한 대 사면, 그 마을에 거주하는 모든 사람을 태워 줄 의무가 있었다. 그래서 차 주인은 정작 자신이 가고자 했던 목적지로 가지 못하는 경우가 종종 있었다.

그날 밤 이안이 아픈 몸을 일으키면서까지 차를 몰고 원주민 친구를 데리러 간 것도 바로 그런 전통 때문이었다. 이안의 형 레니는 이안에게 몇 번이나 당부했었다.

"술집을 멀리 해야 한다. 요즘 그곳에는 술과 마약에 찌든 사람들이 몰려 있어. 잘못하다간 문제에 휘말릴 수 있으니 조심해라."

이안이 와르남불의 술집에 도착하자 사람들이 텔레비전을 보고 있었다. 원주민과 관련된 토크 쇼가 방영되고 있었는데, 인종 차별주의자들이 나와서 원주민을 비하하는 발언을 하고 있었다. 그런 일은 예나 지금이나 아주 흔했다. 신문과 방송들은 걸핏하면 원주민들을 미개인 취급했다. 자신들이 우리의 입에 술을 들이부었으면서도 우리를 술주정뱅이라고 무시했다.

그때 텔레비전을 보고 있던 얼굴 흰 남자 하나가 이안 쪽으로 얼굴을 돌리며 말했다.

"물론, 이런 얘기들은 너하고는 상관없는 내용이겠지? 너야 뭐 어느 모로 보나 유럽인처럼 생겼으니까."

그 말이 끝나자 술집에 있던 사람들이 박장대소를 하며 웃음을 터뜨렸다. 그도 그럴 것이 이안은 원주민임을 단번에 알아차릴 수 있을 정도로 원주민 특유의 거무스름한 피부를 갖고 있었다. 이안은 그런 원주민의 유산을 물려받은 것을 늘 자랑스럽게 여기고 있었다.

이안이 말했다.

"이봐, 친구. 내 말 잘 들어. 아무것도 모르고 지껄이는 사람과 싸울 생각은 조금도 없다. 하지만 너희 얼굴 흰 자들이 우리 여자 조상들을 강간하지만 않았어도 오늘날 우리 몸속에 백인의 피가 섞이진 않았을 것이다."

사내는 물러서지 않고 인종 차별적인 발언을 몇 차례 더 퍼부었다. 그 사내와 함께 온 동행 두 명이 그의 말을 가로막고 나섰다.

"자, 이제 그만 하고 가지."

또 한 사람은 이렇게 말했다.

"너만 아니었으면 난 이곳에 오지도 않았어. 오늘 밤은 전혀 술 마실 마음이 아니었다고."

두 사람에게 이끌려 술집을 나가던 사내가 발길을 돌리더니 다시 안으로 들어왔다. 이안의 친구와 그 사내 사이에 몇 차례 언성이 오갔다. 모욕을 참을 수 없었던 이안의 친구가 급기야 사내에게 주먹을 날렸다. 싸움이 붙자 의자가 날아다니고 술집 안은 난장판이 되었다. 이안은 그 안에 있고 싶지도 않았고, 싸움에 휘말려들기도 싫었다. 술집 주인이 그 얼굴 흰 사내에게 나가라고 소리쳤다. 그 사내가 싸움을 시작했다는 걸 알고 있었기 때문이다.

잠시 후 이안은 술집 밖으로 나왔다. 그러자 그 얼굴 흰 사내가 다시 나타나 이안을 가로막고는 주먹을 올려붙였다. 이안은 본능적으로 자신을 방어해야겠다고 생각했다. 등에 통증을 느낀 이안은 뒤로 물러나며 어설프게 팔을 들어올렸다. 그런데 그날 밤 술집에 오고 싶지 않았다던 사내의 친구가 이안이 휘두른 팔에 맞고 뒤로 넘어졌다.

그 불운한 남자는 길 가장자리 콘크리트 턱에 머리를 부딪쳤다. 그는 아마 싸움을 건 친구를 말리려고 했던 것 같았다. 그는 넘어진 채 꼼짝하지 않았고 이안은 몹시 걱정이 되었다. 사람들이 모여들기 시작했다. 이안은 주위에 서 있는 얼굴 흰 사람들에게 소리쳤다.

"이 사람을 빨리 병원으로 옮겨 주세요. 머릴 다쳤어요."

그리고는 차를 몰고 집으로 돌아왔다. 이안은 조용히 집 안으로 들어와 아무 말도 없이 불가에 앉아 있었다. 내가 뭘 물어도 이안은 대답하지 않았다.

마침내 내가 말했다.

"이안, 이제 그만 자라. 여기 앉아 뭘 하고 있니?"

그러자 이안이 입을 열었다.

"경찰을 기다리고 있어요."

"그렇다면 같이 기다려 주마."

그렇게 말하고 나는 더 이상 묻지 않았다. 우리는 몇 시간을 그렇게 침묵 속에 앉아 있었다. 마침내 이안이 다시 입을 열었다.

"아무래도 제가 사람을 죽인 것 같아요."

결국 그 얼굴 흰 남자는 병원에서 숨을 거두었고, 이안은 몹시 괴로워했다. 이안은 계속해서 말했다.

"그 사람의 어린 자식들은 어떻게 될까요? 싸움을 해서는 안 되는 거였어요. 다른 사람들이 싸움을 시작했고, 난 그 자리에 있고 싶지도 않았어요. 난 그저 싸움을 피하려고 했을 뿐이에요. 나를 방어하려고 팔을 올렸을 뿐인데 왜 이런 일이 일어났을까요?"

이안은 졸지에 아버지를 잃은 아이들 생각에 견딜 수 없어했다. 일은 거기서 끝나지 않았다. 이안은 결국 살인 혐의로 체포되었다. 경찰이 이안을 차에 태우고 멜버른으로 호송하는 현장에는 이안의 친구들과 많은 젊은이들이 나와 격려의 말을 아끼지 않았다. 경찰은 차 문을 굳이 잠그려 하지 않았다. 그들은 말했다.

"자네는 도망칠 사람 같지는 않군."

이안은 펜트릿지 교도소에 수감되었으나 곧 보석으로 풀려났다. 살인 혐의를 받고 있는 사람은 일반적으로 보석이 허가되지 않기 때문에 이는 매우 이례적인 일이었다.

이안은 집으로 돌아와 우리와 함께 생활했다. 재판이 진행되는 몇 달 동안 이안은 좀처럼 밤에 잠을 이루지 못하고 몇 시간 동안 집 안을 서성거렸다. 하지만 강해지려고 스스로 노력했으며, 자신에게 이렇게 말하곤 했다.

'힘을 내야 한다. 그렇지 않으면 우리 집안은 풍비박산이 나고 말 것이다.'

이안은 날마다 경찰서에 출두해야만 했으며, 보호 구역을 떠나는 일은 허락되지 않았다.

이 사건으로 인해 와르남불에서는 원주민 모두를 향해 대대적인 인종 차별 행위가 벌어졌다. 순진무구한 원주민 아이들이 학교 가는 길에 인종 차별주의자들이 던지는 오물과 쓰레기더미를 뒤집어쓰는 일이 허다했다. 아이들을 밖으로 내보내는 일이 위험했기 때문에 원주민 부모들은 아이들을 집에만 있게 했다. 계속되는 위협 때문에 보호 구역 주위에도 철조망을 설치했다. 몇몇 얼굴 흰 자들은 와르남불에서 차를 몰고 우리가 사는 곳까지 몰려와 소리를 질러댔다.

"저 검둥이 원주민들을 모두 죽여 버리자!"

지방 법원에서 예비 심리가 진행되었다. 사람들은 이안이 고의적 살인죄에서 벗어나 조금이라도 감형이 되기를 바랐지만 치안 판사는 살인죄를 그대로 적용했다. 몇 달 뒤 멜버른에 있는 대법원에서 다시 재판이 열렸다. 판사는 그것이 우연한 사고임을 인정했다. 이안은 끝까지 무죄를 주장했다. 천만다행히도 이안은 무죄로 석방되었다. 재판장은 말했다.

"이 젊은이에게 깊은 감명을 받았습니다. 난 그의 말이 진실이라고 믿습니다."

이안은 마침내 자유의 몸이 되어 집으로 돌아왔다. 하지만 예전과 많이 달라져 있었다. 이 모두가 백인들이 원주민에 대해 갖고 있는 고정 관념과 어리석은 인종 차별 때문에 일어난 일이었다.

그 사건이 있고 나서 두세 해가 지난 어느 날 나는 큰아들 레니와 함께 와르남불 시내를 걷다가 두 명의 아이와 마주쳤다. 레니는 그 아이들을 향해 인사를 건넸고 그들도 인사를 했다. 레니는 그들에게 어머니와 가족의 안부를 물었다. 그 모습을 바라보던 나는 그제서야 그 아이들이 누구인지 깨달았다. 이안 때문에 목숨을 잃은 남자의 두 자녀였다. 레니는 그들에게 이안이 자신으로 인해 일어난 일 때문에 몹시 괴로워하고 있다고 말했다.

우리는 차를 마시며 잠시 대화를 나누었다. 아이들은 레니를 통해 이안을 용서한다는 메시지를 전했다. 그러면서 덧붙였다.

"많은 백인들이 원주민들에게 나쁜 짓을 하고 있다는 걸 우리도 알아요. 하지만 우리는 그 못된 백인들과 아무 관계가 없어요."

이안은 그 말을 전해 듣고 한동안 말을 잇지 못했다. 이 일이 이안의 삶을 변화시켰다. 얼굴 흰 사람들이라고 해서 다 나쁜 사람은 아니라는 사실을 전보다 더 분명하게 깨달은 것이다. 그것이 이안에게 희망을 주었다. 불행한 사람이 이해라는 보물을 갖지 못하면 어떻게 되는지 이안은 확실히 알게 되었다. 타인을 대하는 이안의 태도도 크게 달라졌다.

살인 사건에 연루되어 재판을 받는 등 온갖 고통을 겪고 난 이안은 다시는 그런 일에 휘말리지 않으려고 조심했다. 이안은 원주민들의 문화를 소개하는 일을 하다가 나중에는 군디츠마라 원주민 협동조합 책임자로 있으면서 원주민 역사를 연구했다. 전에는 고고학 조사단과 함께 빅토리아 주 서부 지역을 두루 탐사하고 원주민들이 성스럽게 여기는 장소들을 보호하는 일을 했다. 그리고 학교에서 부족의 어른들과 아이들이 둘러앉아 대화를 나누는 자리를 마련하고, 학생들에게 원주민들의 정신세계를 가르쳤다. 학생들은 이안을 좋아했다. 이안은 특히 비뚤어진 행동을 하는 아이들에게 올바른 가치관을 심어 주기 위해 노력했다.

어느 날이었다. 나는 뭔가 안 좋은 일이 일어날 것 같은 이상한 기분이 들었다. 그래서 멜버른에 있는 레니에게 전화를 걸었더니 레니가 물었다.

"이안은 잘 지내고 있나요?"

내가 말했다.

"그 어느 때보다 잘 지내고 있다. 표정도 밝고, 모든 걸 잘 해내고 있어. 이런 모습을 보는 게 처음이다. 그런데도 난 어쩐지 걱정이 되는구나."

레니가 물었다.

"왜 그렇죠?"

"무슨 특별한 이유가 있는 건 아닌데, 무슨 일이 꼭 생길 것만 같은 기분이 든다. 왠지 이안이 우리 곁을 떠날 것만 같아."

"그럼, 잘 지켜보세요, 아버지."

나는 아무리 해도 불안한 느낌을 떨쳐 버릴 수가 없었다. 그래서 다른 친구들에게 뭔가 일이 잘못되고 있다고, 이안이 자꾸만 염려된다고 말했다.

그날 우리는 원주민 협동조합에 모였다. 부족의 지파들 사이에 눈에 보이지 않는 긴장감이 느껴지고 좋지 않은 감정이 흐르긴 했지만 모든 게 순조로웠다. 이안은 몇 주 전에 함께 이야기를 나눈 사람에게 악수를 청했다. 그런데 그 사람은 이를 거절했고 이안은 몹시 당황해 했다. 이안이 그런 일에 왜 그토록 신경을 쓰는지 이해가 안 갔다. 지금까지 살면서 수도 없이 거부당한 경험이 있는 이안이었다. 나는 이안이 그때 이미 자신이 곧 '꿈의 시대'로 떠나리라는 것을 알고 있었다고 생각한다(호주 원주민들에게 '꿈의 시대로 떠난다'는 말은 죽음을 의미한다). 이안은 뒤에 어떤 적도 만들어 놓지 않고 자유롭게 세상을 떠나고 싶었던 것이다.

그날 저녁 이안이 내 막내딸 리안을 집으로 데려왔다. 우리는 몇 년 동안이나 리안을 보지 못하고 지냈었다. 그날은 이안의 여자 친구 앙게도 자리를 함께 했다.

이안이 말했다.

"오늘은 아주 특별한 밤이 될 것 같아요. 그러니 제가 요리를 하겠어요. 장작부터 준비해야겠네요."

추운 겨울밤이었다. 서둘러 어둠이 내리기 시작했다. 그래서 나는 모닥불 피울 장작을 패러 밖으로 나왔다. 도끼로 장작을 패고 있는데 이안이 밖으로 나와서 말했다.

"아버지, 여기서 뭐 하세요? 오늘은 특별한 날이니까 제가 다 한다고 말씀 드렸잖아요. 제게 맡기세요. 동생도 제가 데려왔고, 차도 제가 끓일게요."

나는 이안이 왜 저러나 하고 생각했다.

이안은 나무를 패는 동안 내내 휘파람을 불고 노래를 불렀다. 평소와는 다르게 엄청난 속도로 나무를 잘라 벽 쪽으로 밀어 놓았

다. 앞뒤로 분주하게 움직이며 손수레에서 장작을 한 아름 가져와서는 또 금세 다시 가지러 가곤 했다.

곧 모닥불이 타오르기 시작했다. 이안이 하겠다고 했기 때문에 고기는 구울 준비를 마친 채 그대로 두었다. 내가 잠시 집 안으로 들어와 있는데 이안의 여자 친구가 밖에 나갔다가 손수레 옆에 누워 있는 이안을 발견했다.

그녀는 비명을 지르며 뛰어들어왔다.

"아버님, 아버님!"

내가 놀라서 물었다.

"무슨 일이냐?"

"이안이, 이안이 손수레 옆에 쓰러져 있어요."

나는 황급히 달려나갔다. 손수레는 비스듬히 기울어져 있고 장작들이 쏟아져 주변에 뒹굴고 있었다. 이안은 그 옆에 쓰러져 있었다.

"얘야, 괜찮은 거니?"

다급히 물었지만 이안은 누운 채로 꼼짝도 하지 않았다.

"자, 다들 와서 이안을 옮기자꾸나."

우리는 이안을 들어올려 집 안으로 옮긴 뒤 바닥에 눕혔다. 내가 이안을 흔들며 말했다.

"얘야, 제발 눈 좀 떠라. 눈 좀 떠봐. 도대체 이게 무슨 일이냐? 어찌 된 일이야?"

이안은 아무 반응도 보이지 않았다. 그래서 앙게에게 말했다.

"네가 인공호흡이라도 한번 해보려무나."

내 말대로 이안의 여자친구는 인공호흡을 시도했다. 하지만 이내 내게 말했다.

"이를 어쩌죠? 어떻게 하는지 잘 몰라요."

다들 사색이 되어 어찌할 바를 몰랐다. 막내딸 리안은 이런 광경이 처음이었다. 누군가 소리쳤다.

"구급차를 불러요! 레니에게 전화해요!"

나는 직감적으로 이안이 죽어가고 있다는 것을 느끼고 흐느끼며 소리쳤다.

"얘야, 제발……. 애비다. 애비가 여기 있단다. 제발 정신 좀 차려 봐라."

나는 미친 듯이 이안의 이름을 부르며 아들의 어깨에 손을 얹었다. 그러자 이안은 힘없이 팔을 뻗어 내 손을 잡았다. 그리고는 자기 쪽으로 끌어당겨 내 얼굴을 들여다보았다. 이안은 내게 희미하게 미소를 지어 보였다. 그런 다음 마치 잠이 든 것처럼 의식이 아득히 멀어져 갔다. 나는 계속해서 이안의 이름을 부르고, 밖으로 나와 하늘을 보면서 또 아들의 이름을 불렀다. 이안이 학교 공부를 마치고 집으로 돌아와 나와 함께 생활하는 동안 나는 특별한 행복감을 느꼈었다. 여름날 밤이면 달빛이 덤불숲과 온 천지를 비추었다. 그런 날 이안은 내게 말했었다.

"아버지, 이리 오세요. 와서 저 달을 좀 보세요. 참 아름답지 않아요? 나무들 위로 달빛이 쏟아지고 있어요. 숨이 막힐 정도예요."

그리고는 계속해서 말했다.

"저 달빛이 이토록 아름다운 건 그것이 우리 자신의 영혼의 땅에서 비쳐오기 때문이겠지요? 조상들의 무덤과 대지 전체가 밝게 빛나고 있어요."

이안은 달을 무척이나 좋아했다. 무지개도 좋아했다. 무지개가 뜨는 날이면 식구들을 모두 불러내 그 아름다운 모습을 지켜보게 했다.

구급차가 도착해 심폐 소생 장치를 갖다 대는데도 이안은 여전히 아무런 반응이 없었다. 모든 것이 너무 늦었다. 구급대원들이 이안을 들것에 실어 옮기는 동안에도 나는 그 뒤를 따르며 계속 이안의 이름을 소리쳐 불렀다.

"제발, 이안! 이안, 정신 차려라. 내 아들아!"

이안을 구급차로 옮겨가는 사이에 경찰이 도착했다. 바로 그때 생각지 못한 일이 일어났다. 이안이 그토록 좋아하던 커다란 달이 언덕 위로 둥실 떠오른 것이다. 달은 예전처럼 이안의 몸을 비추었다. 그 빛 속에서 이안의 얼굴이 성스럽게 빛났.

나는 구급차 쪽으로 달려가 이안을 감싸 안았다. 이안에게 아직 의식이 남아 있다는 것이 느껴졌다. 나는 아들에게 달을 가리켜 보였다. 이안의 몸은 이미 차갑게 식어가고 있었지만 달빛이 온몸을 비추자 얼굴에 희미한 미소를 지었다.

그 특별한 날 밤, 커다란 보름달이 이안의 얼굴을 비추고 있을 때 이안은 마지막 숨을 거두었다. 나는 그처럼 평온하게 눈을 감은 사람을 본 적이 없다.

이안을 잃을 것만 같다는 내 불길한 예감은 슬프게도 적중하고 말았다. 내 아내가 그랬던 것처럼 이안도 심장마비로 세상을 떠났다. 이안에게는 여섯 명의 어린 자식이 있었다. 이안의 나이 불과 서른아홉 살이었다.

이안은 이미 세상을 떠났지만 영적인 방식으로 변함없이 우리와 연결되어 있다는 걸 나는 안다. 그의 영혼은 지금도 우리와 함께 이 대지 위에 있다. 이안은 부족의 땅을 지키기 위해 싸운 진정한 원주민 전사였다.

꿈의 시대

이안이 죽고 난 뒤, 나는 약속했던 대로 마차를 한 대 샀다. 채석장에서 일하며 병을 얻었기 때문에 얼마의 보상금을 손에 쥘 수 있었다. 그 보상금의 일부를 갖고 마차를 샀다. 채석장에서 일하는 동안 돌가루를 하도 많이 들이마셔서 폐에 먼지가 쌓여 폐렴으로 오랜 기간 고생을 했다.

모든 것을 나눠 갖는 원주민의 관습 때문에 보상금은 얼마 가지 않아 바닥이 났다. 하지만 허튼 곳에 쓴 돈은 한 푼도 없었다. 보상금 중 일부는 친척들이 진 빚을 갚고 그들이 필요로 하는 것들을 사는 데 썼으며, 일부는 내가 그동안 정말로 갖고 싶어하던 물건 몇 가지를 사느라 썼다(반조는 다른 원주민들처럼 빚의 노예가 되지 않기 위해 언제나 최선의 노력을 다했다. 돈이 생기면 가게에 미리 돈을 갖다 맡기고, 그 액수만큼 필요한 물건을 가져다 쓴 것으로 유명하다).

말과 마차는 이안과 내가 무척 갖고 싶어하던 것이다. 이안은 특히 큰 말이 끄는 마차를 갖고 싶어했다. 마차가 있으면 아이들을 덤불숲에 데리고 갈 수 있기 때문이었다. 이안은 부족의 아이들뿐 아니라 얼굴 흰 아이들에게도 원주민의 삶의 방식과 믿음을 가르치기를 원했다. 숲에서 나는 것으로 갖가지 물건을 만드는 방법을 아이들에게 보여 주고 싶어했다. 덤불숲에서의 삶과 일하는 분위기를 아이들이 경험할 수 있도록 하는 것이 이안의 꿈이었다. 직접 창과 부메랑을 만들어 보게 하고, 동물의 자취를 추적하고, 불을 피우는 법과 덤불숲에서 생존하는 방식을 알게 해주고 싶어했다.

이안은 말하곤 했다.

"아버지, 마차가 있으면 참 좋겠지요?"

그러면 내가 말했다.

"그래, 조만간 한 대 구하자꾸나. 걱정하지 말거라."

하지만 우리가 마차를 사러 가기로 한 그 주에 이안이 갑작스럽게 죽었다. 말과 마차를 사려고 둘이서 열심히 돈을 모았는데 그 마차를 타보지도 못하고 세상을 떠난 것이다. 그렇게 꿈꿔 오던 일이 막 이루어지려던 참에 이안은 그렇게 덧없이 가버렸다.

이안이 떠나고 없자 모든 것이 그저 허망할 뿐이었다. 아들이 그토록 갖고 싶어하던 말과 마차만 내 곁에 덩그러니 놓여 있었다. 그러던 어느 날 나는 이안이 하고자 했던 일들을 시작하기로 마음먹었다. 그것이 이안의 소원을 이루어 주는 일이라는 생각이 들었다.

나는 말이 끄는 마차를 몰고 시내 상점에 다녀왔다. 그리고 아이들과 학생들, 어른들을 태우고 덤불숲으로 가서 바비큐 파티를 열었다. 숲 속으로 난 길을 따라 마차를 몰고 가면서 사람들에게 옛 원주민들이 야영하던 장소들을 보여 주었다. 그리고 그 시절 아이들의 행복한 웃음소리가 어떻게 숲에 메아리쳤는가를 설명해 주었다. 나는 그렇게 기회 있을 때마다 아이들을 데리고 덤불숲으로 갔다.

한번은 카펜테리아 만에서 원주민 아이들 열여섯 명이 나를 찾아온 적이 있었다. 그 아이들이 살고 있는 곳에는 말이 없기 때문에 마차를 타보는 것만으로도 아이들에게는 새로운 경험이었다. 숲을 다녀올 때면 아이들은 신이 나서 마차에 매달리고 나는 고삐를 잡았다. 훌륭하고 튼튼한 내 말은 불평 한 마디 없이 열심히 마차를 끌었다. 모두가 행복했고, 아이들은 특히 더 즐거워했다.

나를 찾아오는 사람들에게 나는 옛 원주민 공동체에서 일어난 일들, 아이들이 뛰어놀던 장소 등에 대해 말해 주었다. 아이들에게는 어린아이를 돌보는 요정 네트네트에 관한 이야기를 들려주었다. 네트네트는 난쟁이 모습을 한 꼬마 요정이다. 키는 60센티미터쯤 되고, 언뜻 보면 두세 살 먹은 아이처럼 보인다. 네트네트는 아이의 영혼의 그림자와도 같은 존재다. 아이가 '꿈의 시대'를 떠나 세상에 태어나려고 기다리는 동안 네트네트는 아이의 영혼에서 분리된다. 아이가 세상에 태어나면 네트네트도 같이 이 세상으로 내려와 자신의 분신을 찾아내서는 항상 붙어다니며 그 아이를 보호해 준다.

내가 어렸을 때, 네트네트는 곧잘 풀섶이나 강가 바위틈에서 살았다. 그래서 창을 들고 물고기를 잡으러 가거나 사냥하러 갈 때면 우리는 언제나 네트네트를 찾아다녔다. 한 번도 본 적이 없지만 틀림없이 그들이 거기에 있다고 믿었기 때문이다. 네트네트는 잠시도 눈을 떼지 않고 우리를 지켜보면서 우리가 선한 인간으로 자랄 수 있도록 지켜 주었다.

네트네트는 아이들에게 정말로 좋은 친구였다. 우리는 강이나 산을 누비고 다니며 물고기도 잡고 사냥도 하면서 행복한 시간을 보냈다. 언덕이나 산골짜기마다 우리의 웃음소리가 가득했다. 언제 어디서든 네트네트가 우리를 지켜 주고 있다는 걸 우리는 잘 알고 있었다. 우리는 문제를 일으켜 네트네트를 성가시게 하지 않았다. 네트네트가 우리를 보호해 준다고 믿었기 때문이다. 그리고 그런 자세 덕분에 우리는 많은 문제들로부터 벗어날 수 있었다.

이 꼬마 요정은 늘 우리의 안전을 걱정하면서 혹시 위험에라도 처하게 되면 우리를 구하기 위해 서슴없이 강물 속으로 뛰어들었다. 그렇기 때문에 우리는 곤경에 처하는 일이 거의 없었다. 큰 바위 뒤에서, 오래된 나무 뒤에서, 언제 어디서나 네트네트가 우리를 따라다녔다. 그래서 우리는 행복할 수 있었고 올바른 삶의 길을 갈 수 있었다.

내가 아이들에게 이런 이야기들과 원주민의 생활 방식, '꿈의 시대'에 대한 것, 그리고 지난날의 아름다운 삶과 풍요로운 덤불숲에 대해 말해 주는 이유가 있다. 지금 모든 덤불숲은 잘려져 나가고 있고, 강물도 더럽혀지고 있다. 인간이 자연을 사랑하지 않고 마구 대하기 때문에 세상 전체가 잘못 돌아가고 있다. 어머니

꿈의 시대 217

자연은 이제 자신의 자식들에게 아무것도 해줄 수가 없게 되었다. 자연은 예전의 온전한 상태로 돌아가려고 안간힘을 쓰고 있다. 하지만 그러기에는 인간의 탐욕이 너무 크다.

호주 연방 정부는 세계문화유산으로 지정된 카카두 국립공원 안의 자빌루카에 우라늄 광산을 개발할 수 있도록 백인 회사에 허가를 내주었다. 그들은 누출된 방사능과 핵폐기물이 샛강과 시내에 어떤 영향을 미치는지, 그리고 그로 인해 얼마나 많은 물고기떼와 나무들이 죽고 사람들이 병에 걸리는지에 대해선 관심조차 없다.

원주민 조상들은 수천 년 전부터 '땅속 괴물'에 대해 말했었다. 호주 북부의 원주민들은 수세대에 걸쳐 이 '괴물'을 조심할 것을 아이들에게 가르쳤다. 하지만 문명인들과 과학자들은 그런 경고를 한 마디로 일축해 버린다.

"괴물이라고? 천만에. 인간에게 얼마나 유용한 물질인데 그런 말을 하는가?"

하지만 그 괴물이 원자 폭탄을 만든다. 2차 세계 대전 때 미국이 일본에 떨어뜨린 것처럼 그것은 수많은 사람을 파괴하는 가공할 힘을 갖고 있다. 원주민들이 수천 년 동안 말해 온 괴물이 바로 그것이다. 결국 이 괴물이 우리 모두를 파괴하고 우리의 터전을 불살라 세상을 화염에 휩싸이게 할 것이라고 원주민들은 경고해 왔다. 원자 폭탄이 떨어진 곳에서 그런 일이 일어났다.

원주민들은 언제나 말해 왔다.

"절대 그 괴물에 손을 대서는 안 된다. 그 괴물은 세상의 생명체들을 파괴하고 말 것이다."

원주민들 사이에서는 이 이야기가 수천 년에 걸쳐 전해져 왔다. 우리는 이 대지에 해로운 것이 무엇이고 이로운 것이 무엇인가를 잘 안다. 무엇이 약이 되는 풀이고 독초인가를 안다. 산을 깎고 강을 더럽히면 어떤 일이 일어나는가를 안다. 우리는 과학자가 아니다. 다만 자신들이 살고 있는 대지를 사랑하고 존중하는 사람들일 뿐이다.

가끔 다른 나라에서 살고 있는 사람들이 호주 원주민이 만든 부메랑이나 바구니를 갖고 싶다고 연락해 올 때가 있다. 그러면 나는 덤불숲에서 재료를 구해다가 그것들을 만들어 보내 준다. 하지만 상업적인 이익을 염두에 두고 그 일을 하지는 않는다. 내 가족들도 그 점에선 마찬가지다. 물건 만드는 솜씨를 장삿속으로 이용할 생각은 추호도 없다. 오직 돈만을 바라고 그런 일을 하는 것은 어리석은 일이다.

백인들이 이 대지에 발을 들여놓은 그 순간부터 원주민들은 삶을 거부당했다. 백인들은 큰 무리를 지어 호주 대륙에 건너와 끝없이 넓은 대지와 맞닥뜨리고는 자신들이 이룰 수 있는 부를 보았다. 미래의 대저택을 머릿속에 그리고, 풀을 뜯는 소떼와 양떼를 상상했다. 자연이 얼마나 아름다운가, 또 자연이 이미 사람들에게 얼마나 많은 것을 제공하고 있는가에 대해선 관심이 없었다.

얼굴 흰 사람들은 유럽에서 자신들이 해오던 습성대로 땅에 울타리를 치고 오로지 돈 벌 궁리만 했다. 그리고 우리 원주민들에게도 그런 사고방식을 들이밀었다. 하지만 원주민들은 큰 농장이

나 돈을 소유하려고 하지 않았다. 우리에게는 그런 것들이 필요 없었기 때문이다. 자연은 생활하는 데 아무 불편함이 없을 정도로 많은 것을 우리에게 주었으며, 또 언제나 우리를 보살펴 주었다.

나는 얼굴 흰 사람들이 왜 그런 식으로 이곳에서의 삶을 시작했는지 이해가 가지 않는다. 죄수들이라서 그랬는지, 아니면 고향을 그리는 불안한 마음 때문에 그랬는지 알 수가 없다. 우리는 그들에게 집 지을 땅과 농사지을 땅을 내어 주고 함께 살 준비가 되어 있었다. 땅은 얼마든지 있었다. 하지만 그들은 공생을 거부했다. 그들은 다짜고짜로 총을 쏘아대고, 오히려 우리를 불법 침입자로 간주했다.

그들은 호주 대륙에 본래부터 있어 온 것들은 무엇이든 파괴하려고 들었다. 원주민들이 소중하게 여기는 것들 전부를. 야생 동물들도 대량으로 죽임을 당했다. 백인들은 이곳의 동물들과 도무지 친해지려고 하지 않았다. 원주민에 대해서도 마찬가지였다. 그들은 태초부터 이 대지 위에서 살아온 인간마저 철저히 파괴했다.

하지만 우리 원주민들의 방식은 달랐다. 우리는 숲에 대해 성스런 느낌을 갖고 살았고, 사람들에 대해서도 느낌을 중요시했다. 소유를 추구하는 대신 원주민들은 하루하루를 충실하게 살았다. 그런데 얼굴 흰 사람들이 이 땅에 들어오면서 원주민 고유의 문화가 자취 없이 사라졌다. 그들은 원주민 부모한테서 아이들을 강제로 빼앗아 기숙사 학교에 몰아넣고는 백인들의 충실한 하인으로 만드는 데 열중했다. 부족의 어른들은 원주민의 언어로 이야기하는 것조차 금지당했다. 호주 땅에 본래부터 있던 것들은 죄다 혐

오감을 불러일으키는 대상이 되었으며, 심지어 처벌을 내리기까지 했다.

부족의 어른들은 말했다.

"얼굴 흰 사람들이 우리와 친구가 되려 하지 않는다 해도 우리는 아무 상관이 없다. 우리를 평화롭게 살도록 내버려두기만 하면 된다. 우리는 그들이 스스로를 파괴하고 있음을 안다. 그러니 굳이 우리가 보복 따위를 할 필요가 무엇인가? 그들은 이 대지와 이곳에서 살아온 토착민들에게 너무도 많은 상처를 입혔다. 하지만 그런다 해도 우리는 단지 지켜만 볼 것이다. 결국 그들은 스스로를 파멸로 이끌 것이기 때문이다. 우리는 아무래도 상관없다. 우리는 어떻게든 이 땅에서 먹을 것을 마련할 수 있을 테니까."

얼굴 흰 사람들은 말한다.

"이제 당신들과 우리는 똑같다. 아무 차이가 없다. 같은 나라에서 같은 음식을 먹으며 살고 있지 않은가?"

하지만 우리와 얼굴 흰 사람들 사이에는 삶의 원칙에 있어서 큰 차이가 있다. 얼굴 흰 사람들이 원주민의 정신세계와 사물을 바라보는 방식을 이해하지 못하는 이유가 여기에 있다. 그리고 바로 그렇기 때문에 그들은 스스로 파멸에 이르게 되는 것이다. 그들은 말한다.

"당신들과 우리는 이제 함께 살고, 함께 일한다."

하지만 이 부분에 대해 원주민들은 다르게 말한다. 우리는 부족의 언어를 비롯해 많은 것을 잃어버렸을지 모른다. 하지만 원주민의 원칙만큼은 아직도 그대로 간직하고 살아간다. 그들의 원칙과 우리의 원칙은 너무도 다르다. 그들은 혼자 독차지하고, 대지를 부를 축적하는 대상으로만 보며, 모두에게 생명을 주는 물을 더럽히는 것을 예사로 여긴다. 그리고 눈에 보이지 않는 것은 존재하지도 않는다고 잘라 말한다.

하지만 살아 있는 모든 것은 대지에 속해 있으며, 대지의 모든 것들은 영혼들에게 속해 있으므로 함부로 대해서는 안 된다는 것이 우리의 믿음이다. 땅은 모두에게 속한 것이고, 신성한 것이다. 우리가 이 대지 위에서 숨쉬고 있다는 것 자체가 신비한 일이다.

나는 얼굴 흰 신사로 바뀔 생각이 추호도 없다. '원주민의 피부색이나 부족의 조상들에 대해선 이제 모두 잊으라'는 말도 더 이상 듣고 싶지 않다. 우리는 그렇게 할 수 없다. 지난 오랜 세월 동안 수많은 이주자들이 호주 대륙으로 몰려들었다. 그들도 조상의 뿌리를 잊지 않고 살아간다. 아일랜드 사람은 고향으로 돌아가 자신의 고향 사람들을 만난다. 스코틀랜드인도 그렇고 이탈리아인도 마찬가지다. 이들 모두 모국에 대한 존경하는 마음을 잃지 않는다. 우리 역시 호주 대륙에 대해 그렇다. 우리는 부족의 신성한 땅인 이곳을 변함없이 존중하고 사랑한다.

나는 원주민이며, 앞으로도 이 사실에는 변함이 없을 것이다. 원주민으로서의 본래 모습을 지키며 그렇게 살아갈 것이다. 하지만 우리에게 좋지 않은 일들이 계속 일어나고 있다. 호주 전역에서 원주민 부족들이 하나둘 사라져가고 있다. 동화 정책의 하나로 얼굴 흰 젊은이들이 원주민 사회에 들어오면서 원주민의 피부색이 점점 옅어져 간 것이다. 원주민은 본래 거무스름한 피부색 한

가지밖에 없었다. 이제는 각양각색의 피부를 가진 원주민들이 늘고 있다. 피부색의 옅고 짙음 따위는 문제가 되지 않을 것이다. 어쨌거나 그 아이들도 우리 종족임에는 틀림없다. 그들도 우리와 똑같이 생활하고 있고, 원주민의 방식을 따르고 있으니까.

이토록 오래 살아서 자식들과 부족 사람들에게 원주민 조상들에 대해, 친절한 마음씨를 지녔던 아줌마 아저씨들에 대해, 그리고 그들이 걸어온 힘든 세월들에 대해 말해 줄 수 있어서 기쁘다. 우리 조상들은 이 보호 구역에서 저 보호 구역으로 소떼처럼 이동해야만 했다. 그들이 바란 것은 단 한 가지밖에 없었다. 그들이 나고 자란 고향 땅으로 돌아가는 일이었다. 하지만 그들 대부분은 소원을 이루지 못한 채 임시 보호소와 고아원, 또는 다른 부족의 보호 구역에서 눈을 감았다. 세월이 많이 흐른 뒤 고향으로 돌아온 사람들도 있었다. 하지만 그때는 이미 부족 사람들이 모두 세상을 떠난 뒤였다.

온갖 시련에 부딪치면서도 원주민들은 얼굴 흰 사람들과 맞서 싸우지 않았다. 그저 언젠가는 달라질 것이고, 세월이 지나면 더 나아질 것이라고 믿으며 묵묵히 받아들였다. 결코 불평하지 않았다. 자신들의 힘든 처지를 바라보는 대신 이 대지와 아름다운 자연을 바라보며 험한 세월을 견뎌냈다. 자신들에게 일어난 불행한 일들을 오히려 농담거리로 삼고, 그것을 노래로 바꾸는가 하면, 삶의 긍정적인 측면을 생각하며 웃어넘겼다. 그토록 힘에 부치는 세월을 이겨 낼 수 있었던 힘이 바로 여기에 있었다.

내 어렸을 때부터의 친구들은 이제 대부분 세상을 떠나고 없다.

그들은 가슴에 가득한 슬픔을 견디다 못해 끝내 숨을 거두었다. 나는 좀처럼 화를 내지 않는다. 아이들에게 우리 원주민들이 받는 부당한 대우에 대해 화내지 말라고 가르쳐야 하기 때문이다. 화를 낸다고 해결될 일은 아무것도 없다. 행복한 기억들을 떠올리며 인내해야 한다.

그렇다, 그토록 많은 일들이 내 삶에 일어났지만 나는 아직도 이곳에 살아 있다. 마음속에 아무런 원망도, 불평도, 복수심도 없이 그저 내가 할 수 있는 최선의 것들을 하며 살아왔다. 지난 일들을 사람들에게 이야기해 주는 이유는 그들이 그것을 기억하고 편견과 인종 차별이 없는 더 좋은 세상을 만들도록 하기 위해서다. 원주민들을 위한 더 나은 미래를 만들기 위해서다. 우리 원주민들은 너무 오랫동안 삶의 중심에서 밀려나 있었다. 얼굴 흰 사람들은 우리가 아무런 존재 가치가 없는 것처럼, 마치 그림자인 것처럼 행동해 왔다. 하지만 이제는 학교를 다닌 원주민들도 많고, 여러 가지가 달라졌다. 그럼에도 진정한 원주민의 모습은 잃어버리지 말아야 한다.

1988년의 일이다. 얼굴 흰 사람들은 호주 통치 2백 주년을 기념한다고 나라 전역에서 대대적인 잔치를 벌이고 있었다. 나도 침대 머리맡에 앉아 럼주 병을 옆에 놓고 라디오를 듣고 있었다. 나는 원주민 조상들을 떠올렸다. 얼굴 흰 사람들이 이 땅에 들어오기 전에는 술이 뭔지도 모르던 나의 조상들을 생각해서라도 당장에 술을 끊기로 결심했다. 나는 밖으로 나왔다. 원주민 친구들이 모두 한 마디씩 하고 있었다.

"뭘 기념하겠다는 거야? 절대 그럴 순 없어."

내가 말했다.

"나도 물론 기념하지 않을 거야. 여기 내 술이 있으니 자네들이나 마시게."

그 이후로 나는 술을 한 모금도 입에 대지 않았다. 내게는 술을 끊는 것이 세상에서 가장 쉬웠다. 모든 것이 생각하기 나름이다. 고통스런 세월을 산 원주민들을 생각하면 술을 끊는 것 정도는 아무 일도 아니었다. 그들이 무지막지한 백인들로부터 어떤 대접을 받았으며, 어떤 고통을 겪어야 했고, 빈민굴이나 감옥, 공원에서 알코올 중독자가 되어 비참하게 죽어간 것을 떠올리면 아무렇지도 않게 술을 마실 수가 없었다. 부족 어른들의 혼이 나를 지켜보고 있다는 생각이 들었다. 그들을 위해 술을 끊은 내 자신이 자랑스러웠다.

내가 알게 된 바하이교의 사상과 원주민의 방식은 서로 일치하는 점이 많다. 바하이교에서는 말한다. 미래의 인간은 감성이 매우 예민할 것이라고. 따라서 어느 곳에선가 단 한 사람이라도 굶어 죽어가고 있다는 것을 알면 세상의 어느 누구도 밥을 먹지 않을 것이라고. 우리 원주민이 느끼는 것도 그것과 같다. 우리는 모든 사람이 하나로 연결되어 있다고 믿는다. 때로 우리는 불길한 기분에 사로잡힐 때가 있다. 무엇인가 좋지 않은 일이 일어나리라는 것을 직감적으로 알기 때문이다. 누군가 우리에게 그 사실을 알려 준 것처럼 눈물이 쏟아지기 시작한다. 하지만 실제로는 아무도 알려 주지 않았다. 원주민인 우리도 이런 현상을 설명할 수 없

다. 우리도 그저 놀라울 뿐이다. 그 일이 자기 자신에게 일어날지, 아니면 자신과 가까운 사람에게 일어날지 알 수가 없다. 그래서 참을성을 갖고 소식이 올 때까지 기다려야 한다. 그런 예감 덕분에 실제로 그 일이 일어났을 때 받아들이기가 훨씬 쉬워진다.

이것은 얼굴 흰 사람들도 마찬가지다. 하지만 그들 대부분은 이런 현상을 무시하고 더 이상 관심을 갖지 않는다. 하지만 미래에는 이 내면의 느낌이 사람들의 삶을 움직이게 될 것이다.

원주민들은 모든 사람이 하나로 연결되어 있고, 누구나 똑같은 존재라고 믿는다. 우리 원주민들은 특히 강한 영적 재능을 갖고 있다. 자연과 교감을 나누며 살아가는 원주민 세계에서는 그런 영적 교감이 나날의 삶을 지배하기 때문이다.

삶의 모든 것은 서로 반대되는 쌍을 갖고 있다. 종교와 과학처럼 서로 대립되는 두 가지가 결합해 전체를 이루는 것이 세상의 이치다. 본질적으로 분리되어 있는 것은 아무것도 없다. 어떤 것이든 항상 나머지 다른 것들과 연결지어 바라봐야 한다. 우리 원주민들은 자신들이 보고 느끼고 듣는 것을 똑같이 믿는다. 영적인 것은 물질적인 부분과 연결되어 있고, 물질적인 것은 영적인 부분과 연결되어 있다.

사람들이 원주민의 지혜를 받아들이면 세상이 달라지리라고 나는 믿는다. 그렇지 않으면 어떤 것도 바꾸기 힘들다. 원주민 문화에는 세상에 선사할 만한 많은 좋은 선물이 있다. 그런데도 사람들은 말한다.

"이제 그런 옛날 방식은 더 이상 통하지 않아요."

하지만 오늘날 많은 문제가 일어나는 이유가 바로 거기에 있다. 아무도 옛날 방식을 시도하지 않기 때문이다. 사실 그것은 간단하다. 나의 부족 사람들은 자신을 들여다보며 말한다.

"나는 원주민이다. 그러므로 이렇게 해선 안 된다. 원주민의 생각, 원주민의 방식대로 해야 한다."

그런 식으로 살았기 때문에 우리 조상들은 수만 년 동안 이 대지 위에서 어떤 것도 파괴하지 않고 평화롭게 살 수 있었다. 우리는 어떤 동식물도 멸종에 이르게 한 적이 없다. 어떤 물고기도 사라지게 한 적이 없다. 그것은 원주민의 방식이 아니기 때문이다. 이런 것을 구식이라고 생각하면 세상도 이제 끝이다. "그런 방식은 구식이야." 하고 말하는 데서 모든 문제가 시작된다. 그렇게 말하는 사람은 더 이상 원주민이 아니다.

원주민의 가장 큰 힘은 사랑, 위대한 사랑이다. 우리는 출신에 상관없이, 그가 순수 혈통이든 혼혈이든, 잘사는 사람이든 못사는 사람이든 상관하지 않고 모두를 존중한다.

모든 사람에게 골고루 기회를 주어야 한다. 다른 사람이 우리에게 해주었으면 하고 바라는 대로 다른 사람을 대해야 한다. 우리 원주민들은 우리의 법과 영적인 원칙을 지키기 위해 전쟁을 벌였었다. 하지만 그럼에도 불구하고 그 사람들을 존중한다. 우리는 모든 인간 존재를 존중한다.

원주민 사회에서는 누군가의 장례식에 참석하는 것을 매우 중요하게 여긴다. 아이들도 데리고 간다. 왜냐하면 한 사람이 세상을 떠날수록 그만큼 원주민 문화가 줄어드는 것이기 때문이다. 원주민들은 가능한 한 시간과 장소를 불문하고 다른 원주민의 장례식에 참석한다. 그 사람이 아는 사람이든 아니든 그것은 상관하지 않는다. 그가 우리와 마찬가지로 인종 차별로 인해 고통스런 삶을 살았다는 이유만으로도 그는 우리의 친구다. 낯선 이의 장례식이라도 그냥 넘기지 않는 이유가 여기에 있다. 최선을 다해 그 자리에 참석하고, 형제자매의 영혼에게 마지막 작별 인사를 한다. 이것은 원주민 삶의 중요한 한 부분이다. 이름 한 번 들어본 적 없는 남이라 해도 마찬가지다.

누군가 이렇게 말한다.

"저런, 며칠 전에 원주민 하나가 죽었다는군."

그러면 우리는 묻는다.

"그래? 장례식이 언제지?"

그런 다음 그 사람의 장례식에 참석하러 간다. 원주민 사회에서는 이것이 아주 자연스런 일이다. '일면식도 없는 사람'이라거나 또는 '내가 모르는 사람'이라는 식의 얘기는 하지 않는다. 그냥 참석한다. 그 사람 역시 우리의 일부분이기 때문이다. 우리는 그렇다. 어디선가 누가 죽거나 살해당했다는 소식이 들리면 원주민들은 다같이 슬퍼하고 고인을 애도한다. 얼굴 흰 사람들이 우리의 대지를 빼앗은 것도 모자라 온갖 방식으로 못살게 굴던 그 고통스런 시절을 함께 헤쳐 나온 원주민 가족의 일원이기 때문이다.

그렇기 때문에 원주민들은 서로에 대한 연결 의식이 강하다. 그가 어디에 살고 있는가는 중요하지 않다. 장소가 아무리 멀어도 마찬가지다. 나는 여건이 허락하는 한 모든 이의 장례식에 참석할 것이다. 그래서 한 사람의 인간 존재에 대한 나의 변함없는 존경심을 표시할 것이다.

오늘은 내 손주 녀석들이 숲으로 놀러 갔다가 옛날의 장소를 발견했다. 나는 무척 기뻤다. 전에 원주민들이 오두막을 짓고 살던 곳 근처에 커다란 웅덩이가 하나 있는데, 바닥에 늘 물이 고여 있었다. 아마도 그곳을 찾아낸 것 같았다. 아이들은 올챙이가 오글대는 듯한 모습을 하고서 집으로 돌아왔다. 온몸과 얼굴이 온통 진흙투성이였다. 웅덩이 안에서 뒹굴며 난리를 치다 나온 것이 분명했다.

아이들 중 하나가 웅덩이 안에 장화가 빠졌고, 그래서 그 아이를 꺼내려고 하다가 다 함께 빠진 것이다. 그렇게 되자 자신들이 무슨 버닙(늪에 살며 사람을 잡아먹는다는 전설 속의 괴물)이라도 되는 양 진흙 구덩이에서 신나게 놀았다. 즐거운 시간을 보낸 게 틀림없었다. 나는 아이들을 야단치지 않았다. 오히려 이렇게 말했다.

"괜찮다, 애들아. 나도 어렸을 때는 너희들처럼 그렇게 놀았었지."

그리고는 진흙투성이가 된 아이들의 옷을 네 차례나 빨았다. 장작도 조금 패서 빨래 말릴 불을 지폈다.

얼굴 흰 사람들은 아이들의 감정을 억압하는 것이 교육이라고 생각한다. 그래서 그런지 우리 원주민들이 보기에 얼굴 흰 사람들은 어른이 되어도 진정한 어른이라고 할 수 없는 사람이 너무나 많다. 온 존재로 자신의 감정을 느껴 보기 전에는 진정으로 성장했다고 할 수 없다. 원주민들은 아이들을 어디까지나 아이들로 대한다. 억지로 어른 흉내를 내도록 강요하지 않는다. 가능한 한 오래 아이로 머물러 있는 것이 좋다. 그리고 서서히 벗어나 어른이 되어 가는 것이 바람직하다.

원주민 세계에서, 아이들은 어른들이 어떤 문제에 대해 얘기하는 것을 우연히 듣는다. 아이들은 문제가 무엇인지 모르지만, 어쨌든 문제가 있다는 걸 안다. 하지만 그것에 대해 묻거나 말하지 않는다. 다만 어른들의 얘기에 귀를 기울이면서 스스로 이해하고 풀어 나간다. 그런 방식으로 아이들은 강해져 가는 것이다. 원주민 아이들은 커가면서 자연스럽게 이것에 익숙해진다. 원주민 사회에서는 아이들에게 절대로 이래라저래라 강요하지 않는다. 어떤 문제나 곤란한 일이 생기면 조심스럽게 일깨워 줄 뿐이다.

아이들은 부드럽게 가르쳐야 한다. 힘들고 어려운 문제가 생겼을 때 충격을 주어선 안 된다. 절대로 놀라게 해서는 안 된다. 아이들은 그런 과정을 통해 성장한다. 아이들은 그 문제에 대해 생각할 것이고, 느낌으로 그것을 이해할 것이다.

무엇인가 좋지 않은 일이 생기면 아이들은 온 존재로 그것을 느낄 것이다. 부모나 친척이 죽었을 때 원주민 아이들이 서로 끌어안고 목 놓아 울면서도 그것을 결코 부끄러워하지 않는 이유가 여기에 있다. 그들은 가슴속에 가득 찬 감정을 순화시키고 있는 것이다. 원주민 아이들은 감정과 느낌에 충실하다. 그럼으로써 삶에서 마주치게 되는 온갖 어려움과 힘든 문제들을 헤쳐 나갈 방법을 배운다. 어려운 일이 생겼을 때 그것을 거부하거나 피하지도 않지만, 그 속에서 헤어나지 못해 자신을 망치지도 않는다.

아이가 이해할 수 있도록 조심스럽게 설명해 주지 않은 상태에서 갑자기 심각한 문제에 노출되면 아이는 정신적으로 큰 충격을 받는다. 그렇게 해선 안 된다. 부드럽게 설명하면 아이들은 더 잘 이해할 것이다. 억지로 이해를 강요하면 아이들은 더욱 더 이해에서 멀어진다. 무엇을 하든 부드럽게 하는 것, 그것이 바로 원주민의 교육 방식이다.

내가 어렸을 때는 어른들이 서로 다투는 일이 있으면 아이들은 곧바로 사냥을 하러 나갔다. 어른들이 싸우는 모습을 보거나 다투는 소리를 들어선 안 되었기 때문이다. 어른들 사이에 의견이 대립되는 상황이 발생하면 아이들은 곧바로 그 자리를 떠나야만 했다. 어른들이 다투는 모습을 보면 아이들은 혼란에 빠지고 불안해진다. 나는 성인이 될 때까지 어린 시절 내내 그 방식을 따랐다. 원주민 사회에서 아이들은 어른들이 다투는 소리를 들으면 안 되었다.

그것이 진정 올바른 교육이었다고 나는 여긴다. 오늘날의 젊은 이들은 싸울 때 보면 우리 때보다 훨씬 과격하다. 어려서 그런 식의 싸움을 자주 목격했기 때문이다. 다른 사람이 심하게 다투는 모습을 보며 자랐다면 어린 시절 내내 싸움 훈련을 받은 것과 아무 차이가 없다. 부부가 싸우는 것을 보고 자란 아이들은 자신의 부모에게서 싸우는 법을 배운 것과 하나도 다르지 않다. 이 시대의 아이들이 점점 잔인해져 가는 원인이 여기에 있다. 누구나 그것을 느낀다. 호전적이고 공격적인 성향이 어느덧 아이들 존재의 일부분이 되고, 성장 과정의 일부가 되어 버렸다. 이것은 결코 좋은 일이 아니다. 그래서 나는 아이들 앞에서는 다투지 말라고 어른들에게 늘 이야기한다.

원주민 사회에서 어른들이 싸우고 있을 때는 아이들의 접근을 막았다가 사태가 다 진정된 후에 비로소 오게 한 이유가 거기에 있다. 물론 아이들도 무슨 일이 일어났는지 관심을 가졌다. 그래도 절대 관여하지 않았다. 설령 문제의 내용을 알고 있다 해도 마찬가지였다. 어차피 아이들은 문제를 해결할 수가 없으므로, 그런 일은 부족의 어른들에게 맡겨 놓는 것이 현명했다. 단, 부모가 헤어지거나 이혼하려 할 때는 아이들이 중요한 역할을 했다. 아이들은 부모를 한 자리에 불러서 갈라서지 못하게 막았다. 사실 그렇게 할 수 있는 건 아이들밖에 없다.

부모가 헤어져서 아버지가 자식들을 맡는 경우, 부족의 어른들은 아버지가 아이들 앞에서 아내를 험담하는 것을 용납하지 않았다. 그것은 결코 해서는 안 되는 일이었다. 아이들은 누군가에게 잘못이 있다는 것을 어렴풋이 느꼈다. 하지만 부족의 어른들은 실수를 한 엄마에 대해서도 애정을 갖고 말하고, 아이들 앞에서 부모 중 어느 한 쪽을 비난하거나 나쁘게 말하지 않았다.

부족의 어른들은 말하곤 했다.

"아이가 부모 양쪽을 다 사랑할 수 있게 하라. 헤어진 부모가 결국 다시 합치지 못하더라도 아이는 나이를 먹으면서 두 사람이 헤어진 이유를 이해하게 될 것이고, 그럼에도 여전히 부모 모두를 사랑할 것이다. 아이들에게 이런 식으로 말해선 안 된다. '너의 아버지를 만나선 안 된다. 그 자는 나쁜 인간이야. 널 버렸어.' 또는 '봐라, 그 여자가 너희 모두를 버리고 떠났잖니.' 결코 그렇게 말해선 안 된다. 아이들은 자라면서 상황을 이해할 것이고, 부모 중 어느 쪽도 멀리하지 않을 것이다."

이것이 바로 가정을 지키는 방법이었다. 이 과정을 통해 우리는 가족 모두를 사랑할 수 있었다. 원주민 사회에는 이와 같은 가치관들이 수없이 많았다. 얼굴 흰 사람들이 하듯이 아이를 한쪽 부모에게서 떼어 놓는 것은 옳지 못한 짓이다. 원주민들은 그것이 매우 공정하지 못한 일이라 여긴다. 어쨌든 양쪽 다 아이의 혈육이다. 아이의 아버지이고 어머니이며 형제자매인 것이다.

본인이 없는 자리에서 그 사람에 대해 옳으니 그르니 해서는 안 된다. 본인이 그 자리에 없다면 자신에 대한 비난이나 험담을 해명할 기회가 없기 때문이다. 그 자리에 없는 사람에 대해선 나쁜 얘기를 하지 말아야 한다. 오늘날은 정반대가 되었다. 사람들은 다른 사람에 대해 험담을 늘어놓는 걸 좋아하고, 또 곧잘 근거 없는 소문을 만들어 낸다. 만일 원주민이 그런 식으로 행동했다면 아마도 원주민 사회의 엄중한 처벌을 받았을 것이다. 남의 얘기를 해서 문제를 일으킨 죄가 중대하기 때문이다. 그것은 원주민의 원칙에 크게 어긋나는 행위다.

원주민의 종교는 나날의 삶 속에, 매 순간 속에 녹아들어가 있다. 삶 자체가 종교다. 우리 원주민들에게는 사람에 대한 기본적인 느낌이 곧 종교다. 누군가를 신뢰할 수 있다고 느끼면, 그 사람은 나의 친구가 되고 나도 그 사람의 친구가 된다. 문명인들의 사회는 이런 것들로부터 점점 멀어져 가고 있다. 멀어져 가는 그것들을 다시 되찾고, 예전으로 돌아가야 한다. 세상 어디를 가든 아이들은 제멋대로 자라고 걸핏하면 폭력적인 싸움에 휘말린다. 그 결과 사람들은 눈만 뜨면 전쟁과 폭력에 시달리고 있다. 다른 이유 때문이 아니다. 아이들의 방향을 잡아 줄 공동체의 어른들이 더 이상 존재하지 않는 것이다.

내가 어렸을 때는 아버지 또는 어머니 역할을 하는 사람이 꼭 친부모일 필요는 없었다. 조부모나 친척이 보호자 역할을 할 수도 있었다. 아이가 잘못을 저지르면 그들이 친부모와 다름없이 따끔하게 혼을 냈다. 내 경우 서른 살이 넘어서도 그랬다. 그런 식으로 사람들은 삼십 대가 되어서도 여전히 삼촌이나 이모, 고모 등을 존경하는 마음으로 대했다.

원주민 아이는 절대로 버려지는 일이 없었다. 백인들의 고아원에서 자랄 때조차도 원주민 아이들은 서로를 돌보았다. 고아원에서 자란 시절을 이야기하며 원주민 아이들은 자주 말하곤 했다.

"언니 오빠들이 돌봐 주었어요."

아이가 얼굴 흰 사람들에게 강제로 끌려가 보호 시설로 보내지면 그 아이보다 나이 많은 아이들이 보살펴 주었다. 물론 혼자 버려진 아이들은 그냥 죽기도 했다. 하지만 함께 있으면 아이들은 어떤 식으로든 서로를 보호했다. 나이가 많다고 다른 아이를 못살게 구는 원주민 아이는 한 명도 없었다. 얼굴 흰 사람들의 사회에서는, 아이가 길을 잃으면 돌봐 줄 사람이 없어 영영 잃어버리고 마는 경우가 허다하다.

원주민들이 함께 모여 살면서 공동체와 부족의 어른들을 존중하는 이유가 여기에 있다. 그런데 얼굴 흰 사람들은 그런 것들을 더 이상 신성한 가치관으로 여기지 않는다. 어른들의 말에 귀 기울이려고도 하지 않는다. 원주민 사회에서는, 아이들이 어른의 말을 귀담아듣지 않는다면 그것은 크게 잘못된 일이다.

내가 어렸을 때 부족의 어른들은 원주민 공동체에서 신뢰 받는 일원이 되는 길을 가르쳤다. 그리고 그런 가르침을 받을 수 있도록 자신이 먼저 특별한 사람이 되어야만 했다. 그분들은 언젠가는 원주민들의 가치관이 사라지리라는 것을 내다보고, 어떻게든 그것을 막으려고 노력했다. 하지만 내가 나이가 들면서 어른들은 점점 침묵에 잠겼다. 예전처럼 모닥불 주위에 둘러앉아 많은 이야기를 들려주지도 않았다. 그리고 옛 원주민 언어를 알고 있는 사람들도 더 이상 그 언어를 사용하지 않았다. 교회에서 나온 얼굴 흰 사람들이 그것을 금지시켰기 때문이다. 그 결과 슬프게도 원주민 언어가 대부분 사라져 버렸다.

내 부족의 이야기를 듣고자 하는 사람들에게 오래된 지혜를 전해 주는 것이 나는 기쁘다. 많은 젊은이들이 나를 만나러 온다. 길 잃은 아이들, 마약에 중독된 백인 아이들, 어린 원주민 아이들이. 그들은 내 집으로 찾아와 묻곤 한다.

"이곳에서 잠시 머물러도 될까요?"

그러면 나는 대답한다.

"물론이지! 우리 집엔 방이 많아. 우선 뭘 좀 먹게, 친구. 내가 집에 없을 때라도 마음껏 먹고 편히 쉬게."

나는 그들을 친절하게 대해 준다. 그들은 지금 자기 삶에는 친구가 한 명도 없다고 느끼고 있기 때문이다. 하지만 어떤 사람들은 내게 말한다.

"희망 없는 애들을 왜 이곳에 오라고 하죠? 그 애들을 집에 끌어들이지 마세요. 그들은 마약 중독자들이고, 습관적으로 도둑질하는 아이들이에요."

나는 말한다.

"내 말을 들어보게, 친구. 이곳은 길 잃은 영혼들의 안식처야. 내 집 문은 모두에게 열려 있고 모두를 받아들이지. 그게 내가 할 수 있는 전부야. 그 아이들을 쫓아내 도회지 빈민굴로 보내지 말고 친절하게 손을 내밀어 그들을 도와주게."

갈 곳 없는 젊은이들이 울면서 도움을 청했다. 그들은 내게로 와서 말했다.

"이곳에서 이틀 밤만 지내면 안 될까요?"

그러면 나는 말했다.

"그래, 이곳에 있게, 친구. 다시 너 자신을 추스를 수 있을 때까지 얼마든지 있어. 너 자신을 바로잡도록 해."

그들은 정말로 강해져서 떠나기도 하고, 한결 나아지는 젊은이도 있었다. 물론 그렇지 못한 친구들도 있지만, 그들은 다시 돌아왔다.

한 젊은 여성이 나를 한번 만나려고 호주 서부에서부터 차를 몰고 먼 길을 왔다. 그녀는 두렵다고 말했다. 차 뒤에 유령이 있다는 것이었다. 그녀는 유령이 사라지게 해달라고 부탁했다. 그래서 나는 나뭇가지를 모아 연기를 피워 차를 정화시켰다. 많은 사람들이 내게 그런 일을 해달라고 부탁한다. 나는 언제나 기꺼이 부탁을 들어준다.

다시 태어나도 원주민으로

어느 날 와르남불 시내에서 물건을 사고 집으로 돌아오는 길에 상점에 들렀다. 내가 상점 안에 있는데 전화벨이 울렸다.

수화기를 든 채로 상점 주인이 나를 쳐다보았다. 그가 말했다.

"당신 집이……."

내가 물었다.

"우리 집이 어쨌단 말이오?"

"불이 났답니다!"

나는 쇼핑을 하던 딸과 함께 서둘러 집으로 달려갔다. 집에서 4킬로미터 정도 떨어진 곳에 이르자 멀리 연기가 피어오르는 모습이 보였다. 우리가 도착했을 때는 벌써 소방관들이 와 있었다. 소방관들은 창문으로 뛰어들어가 이안이 만든 부메랑 몇 개를 들고 나왔다. 그것이 고작이었다. 불길이 너무 세어 다른 것은 건질 엄두를 못 냈다. 나는 쏟아지는 빗속에 서서 잿더미로 변해 가는 집을 멍하니 바라보았다.

그날 저녁 늦게 이상한 일이 일어났다. 또 불이 나서 그나마 남아 있던 집 뒤편과 마차까지 태워 버린 것이다. 소방관은 낮에 발생한 화재와는 관계가 없는 불이라고 했다. 아까는 확실히 불을 껐기 때문에 불씨가 남아 있을 리 없다는 것이었다. 누군가 이 땅에서 나를 몰아내려는 속셈이 분명했다.

집을 새로 짓는 것은 쉬운 일이 아니었다. 하지만 걱정할 건 아무것도 없었다. 정 안 되면 덤불숲 어딘가에 나무껍질 오두막을 짓고 살면 될 일이었다. 설령 폐렴에 걸려 죽는 한이 있더라도 그렇게 할 것이다. 난 결코 이 땅을 떠나지 않으리라. 시련이 크면 클수록 부족의 땅을 지키려는 내 의지는 더욱 강해졌다. 어떤 어려움이 닥친다 해도 부족의 땅을 떠나서는 안 된다. 그것이 나의 아버지가 늘 내게 하신 말씀이고, 내가 아버지에게 한 약속이다.

오랜 투쟁 끝에 정부는 내게 집 지을 보조금을 주었다. 하지만 그들은 내가 원하는 장소에다 집 짓는 것을 그리 탐탁해 하지 않았다. 어렸을 때 창으로 물고기와 뱀장어를 잡던 곳, 친구들과 날쌘 사냥을 하던 곳, 사방을 뛰어다니며 놀던 산골짜기가 저 멀리 내려다보이는 곳에 집을 짓고 싶었다. 그때 같이 자란 친구들은 조상들이 머무는 '꿈의 시대', 곧 드림 타임의 땅으로 떠난 지 오래다. 강을 따라 걸으며 물속을 들여다보던 그리운 친구들이 다 저세상으로 떠나고 이제는 두세 명밖에 남지 않았다.

절벽과 샛강들을 바라보면 아이들의 웃음소리와 떠드는 소리가 귓가에 들리는 듯하다.

"얘들아, 내 창에 큰 물고기가 잡혔어!"

"이쪽으로 와봐. 여기 더 큰 놈이 있는 걸!"

강을 따라 서로를 불러대는 소리가 들려온다. 우리는 맨발인 채로 커다란 바윗돌 사이를 산양들처럼 뛰어다녔다. 미끄러지거나 넘어져서 다치는 아이는 아무도 없었다. 바위투성이 샛강이 우리에게는 평평한 고속도로나 다름없었다.

강이 내려다보이는 곳에 집을 지으려면 진입로를 만들어야만 했다. 그러려면 돈이 여간 많이 드는 게 아니었다. 내 사정을 알고 호주 전역에서 모금 운동이 벌어졌다. 멜버른에서 원주민 친구들과 백인 여학생들이 찾아와 자선 음악회를 열었다. 대부분 공원에서 노숙을 하고 여기저기 쫓겨다니는 부랑자들이라 자기 자신을 돌보기도 힘든 사람들이었는데도 불구하고 도움을 주러 멀리서 찾아온 것이다. 아직도 원주민의 원칙을 잊지 않고 지켜 나가려는 이들이 있다는 것을 확인하는 계기가 되었다. 그들의 도움으로 음악회를 통해 3천 달러가 걷혔다. 내 손자 녀석은 친구들과 함께 거리 연주를 해서 6백 달러가량을 모았다. 그렇게 모인 돈은 모두 새 집을 짓는 데 들어갔다.

어느 날 멜버른의 한 건축가가 나를 찾아왔다. 나는 그를 한 번도 본 적이 없었지만, 그는 내가 어려운 처지에 놓여 있다는 얘기를 사람들로부터 전해 들었다고 했다. 그리고는 내게 어떤 집을 원하는지 물었다.

내가 말했다.

"그저 내 몸 하나 누일 작은 집이면 됩니다."

건축가는 골짜기를 내려다보더니 혼자 강가를 산책했다. 잠시 후 다시 올라와서 말했다.

"이제 머릿속에 구상이 떠올랐어요. 조만간 설계도를 그려 보내 드릴게요."

며칠 뒤 그는 작고 아담한 집을 그려 보내 주었다. 목수들이 연락을 받고 와서 설계도에 따라 집을 짓기 시작했다. 설계도대로 집을 짓는 것은 쉬운 일이 아니었다. 그런 집은 한 번도 지어 본 적이 없었기 때문이다. 강의 굽은 곡선에 맞춰 벽을 세웠기 때문에 강의 풍치가 그대로 집 안으로 들어온 느낌이었다. 벽을 따라서는 나무를 심도록 되어 있었다. 덤불숲과 하나로 이어지는 기분을 주기 위해서였다.

정말이지 나는 행운을 타고났다. 아무리 힘든 처지에 놓이고 욕망 가득한 사람들이 나에 대해 뭐라고 떠들든, 힘을 불어넣고 도움의 손길을 내밀며 나를 똑같은 인간으로 대우해 주는 사람을 언제 어디서나 만날 수 있었다. 자신이 원하는 장소에 원하는 모양의 집을, 그것도 정부의 지원금을 받아 지을 수 있었던 원주민은 호주 전역에서 아마도 내가 처음이자 마지막일 것이다.

집이 완성되고 나자 내게는 따뜻한 잠자리와 하늘을 가리는 지붕이 생겼다. 모든 근심도 한순간에 사라졌다. 하지만 문제없는 날이 어디 있겠는가? 문제는 바로 삶의 일부인 것을. 따라서 문제와 함께 살아가는 법을 배워야만 하고, 다른 사람을 너그럽게 대해야 한다.

내가 어려서 원주민 보호 구역에서 생활할 때는 부족 사람 모두가 평화롭게 조화를 이루며 살았다. 이웃끼리 사이가 좋았으며, 다 같이 나눠 쓰고, 서로를 존중했다. 물고기 한 마리를 잡아도 나눠 먹었다. 가뭄이 길어져 배고픈 시절이 와도 다른 배고픈 사람들이 먹을 수 있도록 자신들이 발견한 고구마 줄기를 땅속에 묻어 두는 걸 잊지 않았다. 그러나 세월이 흐르면서 그 원칙에도 변화가 찾아왔다.

백인 정부는 과거에 우리에게 일어난 불행하고 끔찍한 일들을 바로잡으려는 움직임을 보이기 시작했다. 그들은 자신들이 저지른 잘못을 보상하는 의미에서 원주민들에게 조금이라도 나은 환경을 마련해 주고자 노력했다. 선한 백인들은 그런 시각에서 자신들의 과거를 반성하고, 그 어느 때보다 마음을 열고 솔직해졌다.

그래서 정부는 원주민에게 집과 땅을 제공하고, 집을 지어 주기도 했으며, 나아가 더 많은 기회를 주려고 했다. 원한다면 원주민의 피가 조금이라도 섞여 있으면 원주민으로 인정해 주고 그것에 따른 혜택을 주기로 결정했다.

그러자 난데없이 정치꾼들이 등장했다. 돈과 권력을 쫓는 원주민 출신 정치인들이 생겨난 것이다. 이들 대부분은 젊었을 때 원주민 공동체를 떠나 백인 사회에 정착한 이들이었다. 백인들과 같은 방식으로 생활하고, 그들과 똑같은 교육을 받았으며, 행동하는 것이나 말하는 것이나 백인 쪽에 가까웠다. 그러던 사람들이 어느 날 갑자기 고향땅에 나타나 '내 부족 사람들'을 보호하겠다고 나선 것이다. 그래서 그들은 이제 원주민 관리자로서 안정된 직장을 차지하고, '원주민 사회의 지도자'인 양 권력을 누리고 있다.

참으로 어이가 없는 일이다. 그들은 원주민 문제 해결의 최고 권위자로 자처하면서도 그 문제들을 직접 경험한 적이 한 번도 없다. 자신들이 원주민이라고 생각한 적도 없다. "맞다, 나는 원주민이다. 난 내 부족의 권리를 위해 싸우고 있다."라고 당당하게 말한 적도 없다. 보호 구역에서 약간의 문제가 발생하면, 예를 들어 누가 양을 한 마리 훔치거나 감옥에 갇히는 일이라도 생기면 오래전에 원주민 사회를 떠난 이들은 말한다.

"보호 구역에 있는 원주민들은 아직도 여전하군. 난 그런 사람들과는 아무 관계가 없어. 난 그곳에 살지도 않거든."

얼굴 흰 사람들의 사회에 적응한 이들은 이미 원주민 공동체로부터 멀어진 것이다. 그들은 자신이 원주민이라는 사실이 알려지는 것조차 원치 않는다. 그래서 장례식 때를 제외하고는 자신이 태어난 마을을 찾아오지도 않는다.

이제 와서 부족의 땅으로 돌아온 이들은 정부 보조금을 타내려는 속셈을 가진 자들이고, 이미 수천 달러를 받아 챙겼다. 집과 땅 그리고 소떼를 손에 넣었다. 그러면서도 더 많이 얻어내지 못해 혈안이 되어 있다. 이곳에서 나고 자라고, 또 지금까지도 이곳에 살고 있는 진정한 원주민들은 여전히 어렵게 생활하고 있다. 평생을 힘들게 일한 사람들은 겨우 입에 풀칠을 하며 살아가는 형편이고, 그들의 자식들도 가난에 허덕이고 있다. 우리는 아무것도 가진 것이 없기 때문에 자식들을 도와줄 수가 없다.

내가 어렸을 때는 무엇이든 다른 사람과 절반씩 나눠 가졌다. 그것이 원주민의 전통적인 방식이었다. 하지만 오늘날의 원주민 젊은이들은 돈을 목표로 살아간다. 탐욕과 권력이 인간을 얼마나 황폐화시키는가는 믿기조차 힘든 일이다.

이제는 세상의 가치관이 달라졌다. 돈과 욕심은 탐욕을 부리는 그 사람을 파괴할 뿐 아니라 소유의 개념조차 없던 다른 원주민들도 함께 망가뜨린다. 원주민 사회에서 지금 그런 일이 벌어지고 있다. 서로 위협하고 속임수를 쓰며, 권력을 놓고 싸운다. 원주민들이 그토록 오랫동안 지켜 온 삶의 원칙이 무너지고 있는 것이다. 하지만 그들은 그것조차 느끼지 못하고 있다.

그들은 전에는 권력이란 것을 가져 보지 못한 사람들이다. 그래서 얼굴 흰 사람들이 자신들에게 한 것처럼 같은 종족인 원주민에게 똑같은 짓을 해서 심리적인 보상을 얻으려고 한다. 너무도 잘못된 일이다. 그리고 그들은 선량한 백인들로 하여금 과거에 저지른 잘못에 대해 죄책감을 느끼게 해서 이익을 취한다.

원주민 사회는 지금 잘못된 것이 하나둘이 아니다. 원주민 지도자라는 사람들 대부분이 우리의 문화를 파괴하고 있다. 정직한 지도자는 이제 눈 씻고 찾아봐도 없다. 다른 사람들을 이용해 자신의 세력을 키우는 자는 정직한 지도자라고 할 수 없다. 이런 현실에 대해 내가 화가 난 것처럼 보일 것이다. 어떤 면에선 그럴 수도 있다. 하지만 나는 원주민 사회가 달라지고 있다는 점을 말하고 있을 뿐이다. 원주민으로서의 믿음과 원칙을 포기하느니 차라리 삶을 포기하는 편이 낫다고 나는 생각한다.

내가 말하고 싶은 것은 이것이다.

'원주민이면 원주민의 원칙을 지켜야 한다.'

그럴 때만이 진정한 원주민이 될 수 있다. 피부색은 중요하지 않다. 무엇보다 원주민 문제를 원주민의 눈을 통해 바라봐야 하고, 그들을 존중해야만 한다. 원주민을 무시해서는 안 된다. 원주민 모두가 마음을 합해 한 목소리를 낸다면 큰 힘을 발휘할 수 있다. 서로 싸울 필요가 없다.

오늘날 원주민 출신의 젊은이들에게는 우리 때와는 비교가 안 될 정도로 많은 기회가 주어지고 있다. 하지만 과거를 잊고 자신의 본래 모습을 잃는다면 더 이상 진정한 인간이라고 할 수 없다. 우리 원주민들이 대학이나 그 밖의 여러 곳에서 교육을 받는 것은 좋은 일이다. 올바른 교육을 통해 세상의 다양한 인종들이 서로를 이해할 수 있기 때문이다. 그러나 교육을 받았다 해도 원주민의 본질을 간직하고, 전통적으로 내려온 원칙을 지키며 살아야 한다.

바로 이 순간에도 원주민들 사이에 많은 다툼이 일어나고 있다. 이 싸움을 끝내야 한다. 친구가 적으로 변하고, 서로를 의심하고 있다. 같은 원주민이면서 우리의 덤불숲을 없애려는 사람들이 있다. 그렇다, 우리의 이 성스러운 덤불숲을! 우리가 그 안으로 걸어 들어가기만 하면 우리를 더 나은 사람으로 탈바꿈시켜 주는 이 숲을! 부족 어른들의 영혼이 우리의 정신을 치료해 주는 이 소중한 숲을! 야생 동물들이 행복하고 자유롭게 뛰놀고 있는 이곳을! 만일 우리가 이 숲을 보살피지 않는다면 동물들은 어떻게 될 것인가? 모두 사라져 버리고 아이들은 그림책에서나 동물을 구경하게 될 것이다.

덤불숲에는 지금 슬픔이 가득 걸려 있다. 이미 수많은 나무들이 죽었다. 코알라들이 나무를 다 죽인 것이다. 얼굴 흰 사람들이 이 지역에 들여온 코알라는 숫자를 통제할 수 있는 질병에 걸리지 않기 때문에 급속도로 늘어나 나뭇잎을 다 갉아먹었다. 숲이 이렇게 아픈 비명을 지르고 있는데도, 사람들은 이권을 놓고 다투며 숲의 파괴를 부채질하고 있다.

숲을 본래 모습 그대로 보존해야만 한다. 다시 야생 상태로 되돌려 놓아야만 한다. 어머니 자연도 그것을 원한다. 우리가 나고 자란 이 대지를 보호하지 않으면 안 된다. 정부로부터 이 땅을 되찾기 위해 투쟁하는 것도 그런 이유에서다. 그것을 우리의 소유로 만들기 위해서가 아니다. 땅을 원래 상태 그대로 지키고, 보호의 끈을 놓치지 않기 위해서다. 대지는 우리에게 어머니와도 같은 존재다. 어머니 자연을 파괴하면 자연은 우리에게 아무것도 제공해 줄 수 없다.

세상의 다른 곳에서도 이런 일들이 늘 일어나 왔다. 석유와 금, 구리를 차지하려는 정복자들이 숲에 쳐들어와 원주민 부족을 죽였다. 강물은 더럽혀지고 대지 전체가 황폐해졌다. 군인들은 신문기자들을 쫓아내며 외쳐댔다.

"진실을 알리려는 저들을 죽여라!"

외국인들은 줄줄이 그 나라를 떠나고 수만 명에 이르는 난민 행렬이 그 뒤를 따랐다. 그러다가 정복군들마저 그 땅을 떠나면 원주민들은 아무것도 남아 있지 않은 그곳에 나라마저 잃고 빈손으로 버려지기 일쑤다.

그런 일은 생각하고 싶지도 않다. 우리 원주민들은 지금 독립을 위해 싸우고 있는 나라와 마찬가지의 시련을 겪고 있다. 깡패 집단이나 다름없는 정부가 들어서서는 군인들에게 총을 들려 거리로 내보낸다. 그리고는 독립을 원한다는 이유로 아무 죄도 없고 무장도 하지 않은 사람들을 쓰러뜨린다. 그들은 교회에 몸을 숨긴 사람에게까지 총을 쏘아댄다. 더 이상 숨을 곳이라고는 아무 데도 없다. 권력자들은 아름다운 장소든 성스런 장소든 가리지 않는다. 완전히 눈이 먼 자들이다.

우리 부족이 가진 것이라고는 이 덤불숲밖에 없다. 그리고 그 이상 바라는 것도 없다. 이곳은 우리 영혼의 땅이다. 그런데 같은 부족이면서도 우리에게서 이 땅을 빼앗으려는 사람들이 있다. 대지를 잃으면 우리의 삶도 끝장이다. 아이들은 고향을 잃고 슬픈 영혼이 되어 정처 없이 떠돌 것이다. 그들에게 무슨 일이 일어날 것인가? 그들에게는 더 이상 영혼의 땅이라고 부를 곳이 없어질 것이다.

나는 내 자식들이 마약과 범죄가 넘치는 타락한 도시에서, 감옥에서 생을 마감하기를 원치 않는다. 그들은 원주민으로서의 본래 모습을 잃고 자신들이 어디서 왔는지조차 모를 것이다. 자식뿐 아니라 자식의 자식 그리고 그 자식의 자식까지도 그렇게 될 것이다. 그리하여 마침내는 원주민이라는 단어마저 사라질 날이 올 것이다. 우리는 우리가 누구이며 어디서 왔는지 안다. 그것이 원주민의 삶의 방식이다. 자신이 어디서 왔는지 아는 것이야말로 삶의 가장 중요한 부분이다. 사람은 가끔 자신을 돌아봐야 한다. 그래서 자신이 지금 무슨 일을 하고 있는가 깨달아야 한다. 자신을 돌아보고 이렇게 말해야 한다.

"우리는 지금 저쪽 사람들에게 잘못하고 있는 게 아닐까? 저들은 아무것도 갖고 있지 않은데, 우리는 모든 걸 갖고 있어. 그렇다면 뭔가 잘못된 거야. 어째서 우린 이 모든 걸 갖고 있는데 저들은 아무것도 갖지 못한 걸까? 혹시 우리의 잘못 때문이 아닐까? 우리가 올바른 방식으로 살고 있지 않기 때문이 아닐까?"

그런 식으로 자신을 돌아봐야 한다.

날마다 눈만 뜨면 사소한 문제들이 생겨 우리를 지치게 만든다. 수도가 계속 끊긴다거나, 누군가 문을 열어 놓는 바람에 말들이 모두 길거리로 뛰쳐나가는 그런 일들이 일어난다. 지금까지 살아오면서 나는 많은 힘든 일들을 겪었다. 내 아내를 포함해 식구들 여러 명이 억울하게 죽었다. 그 모든 일들을 나는 이겨 냈다. 하지만 이처럼 사소한 일들이 오히려 사람을 더 지치게 만든다.

이제 새로운 세기가 되었다. 그런데도 여전히 이런 일을 참고 견뎌야만 하는 걸까? 그 모든 비극들을 겪은 지금에 와서도? 언제까지나 참고 지내야만 한다는 것은 고통스런 일이다. 그들은 우리가 지쳐서 이 땅을 떠나기를 바라고 있다. 물론 지금까지는 그 일이 실패로 돌아갔다. 하지만 물방울처럼 작고 사소한 것이 결국 바위를 뚫듯이 앞으로 어떻게 될지 장담할 수 없다. 그들이 노리는 것이 바로 그것이다.

먹고살기 힘들었던 시절, 멜버른에 가서 지내면서 나는 답답한 빌딩들에 가려 내 부족의 고향이 자꾸만 흐려져 가는 것을 느꼈다. 그래서 큰마음을 먹고 고향으로 돌아와, 결혼을 하고 아이를

낳아 길렀다. 정부로부터 부족의 땅을 돌려받았을 때는 상황이 나아지고 있다고 여겼다. 그런데 이번에는 같은 부족 사람들이 우리를 이곳에서 몰아내려고 하고 있다. 그들은 로비 활동이나 폭력 행위를 당장 중단하고 부족의 원로들과 한 자리에 앉아 원하는 것이 무엇인지 밝히고 대화로 문제를 풀어야 한다. 이 땅은 원주민 전체의 공동 소유이지, 어느 특정한 사람들의 재산이 아니다.

최근에 내가 제안한 대로 숲의 관리를 위해 양쪽 대표들이 모여 위원회를 만들었다. 그런데 얼마 전, 우리 쪽 대표가 장례식 참석차 자리를 비운 사이에 위원회 측에서 회의를 열기로 결정했다. 나는 그날 몸이 불편해 장례식에 참석할 수가 없었다. 그런데 한 아줌마가 친절하게도 나를 회의 장소까지 태워다 주겠다고 해서 차마 그 제의를 거절할 수가 없었다.

회의장에 도착하자 사람들이 어찌나 조바심을 치며 서두르는지 나는 물 한 잔도 마실 수 없었다. 사람들은 내게 서류를 내밀며 서명을 하라고 재촉했다. 그들은 그것이 회의상 필요한 절차라고만 말했다. 나는 순진한 늙은이일 뿐이다. 그리고 원주민이다. 따라서 문서로 쓰여진 것에는 익숙하지 않다. 오히려 나는 사람들이 하는 말을 중요하게 여기며, 그 사람의 얼굴 표정이나 느낌을 더 신뢰한다.

그날 밤늦게 큰아들 레니가 내 방으로 들어와 물었다.

"회의에 참석하셨어요? 거긴 어떻게 가셨어요?"

나는 자리에 누워 힘없이 말했다.

"저 탁자 위에 서류가 있다. 네가 읽어 봐야 할 것 같구나."

아들은 서류를 들고 밖으로 나갔다가 다시 들어와 물었다.

"아버지, 여기에 뭐라고 써 있는지 아세요? 어떤 내용에다 서명한 건지 아세요?"

나는 더욱 기어들어가는 목소리로 말했다.

"난 그저 회의에 참석했을 뿐이다. 거기에 다른 이름들도 적혀 있더구나."

나는 여전히 침대에 누워 있었다. 아들은 문간에 서서 부드럽게 말했다. 내가 놀랄까 봐 걱정하는 빛이 역력했다. 하지만 그 목소리에는 깊은 슬픔이 배어 있었다. 내가 그런 서류를 이해하지 못하는 것은 알지만, 지금은 내 서명 하나가 너무도 중요한 시기라고 아들은 말했다.

그리고는 긴 침묵이 흘렀다. 아들이 아무 말 없이 가만히 있는 것을 보며 나는 비로소 무슨 일이 벌어졌는지 깨달을 수 있었다. 덤불숲을 공동 관리하는 위원회 명단에서 내 손으로 우리 가족의 이름을 빼버리는 데 서명을 한 것이다.

나는 그 서류가 그런 의미라는 설명을 듣지 못했다. 누구도 돌이킬 수 없는 실수를 저지른 것이다.

얼마 지나지 않아 신문에 공고가 났다. 덤불숲 관리 위원회 위원장의 서명과 함께 다음과 같은 내용이 실려 있었다.

프램링햄 숲

오늘부로 프램링햄 숲에서의 비포장도로용 차량의 운행과

땔나무 채취에 대한 키래 우롱 부족의 모든 감독 권한을 철회한다. 앞으로 숲에 대한 관리 계획이 마련될 때까지 다음 사항에 따라야 한다.
　□ 프램링햄 숲에서 땔나무를 베거나 주워 가는 것이 발각되면 사유지 침입으로 간주한다.
　□ 숲에서는 오토바이와 4륜 구동 차량의 사용을 금한다.

　내 원주민 친구 플리겔만은 4륜 구동차를 갖고 있는데 우리 집에 오면 언제나 나를 그 차에 태워 숲으로 데려다 주곤 한다. 그리고 나는 날마다 숲에서 땔감을 주워 오는 일을 좋아한다. 추운 날 불을 피우기 위해서다. 또한 덤불숲에 있는 옛 부족의 어른들 무덤 옆에 앉아 조상들과 대화를 나누는 것이 나의 가장 큰 즐거움이다. 신문에 난 이 공고대로라면 나는 이제 더 이상 그런 일들을 할 수 없다.
　하지만 그들은 나를 결코 이 숲에서 몰아내지 못할 것이다. 절대로 그럴 수는 없다. 태어난 그 순간부터 우리는 이곳에서 땔감을 구해다 썼고, 한 번도 숲을 파괴한 적이 없다. 나무를 벤 자리는 그루터기만 남기고 깨끗하게 정리했다. 그러고 나면 연한 풀들이 자라고 동물들이 와서 그 풀을 뜯어먹었다. 필요 없는 나뭇가지를 태우고 난 자리에는 씨가 떨어져 어린 나무들이 자랐다. 우리 원주민들은 언제나 자연을 지키고 사랑한 자연보호주의자들이었다. 얼굴 흰 사람들이 '자연보호'라는 말을 생각해 내기 훨씬 이전부터 그랬다.

하지만 이제 숲에 들어가면 사방에 나무들이 쓰러져 있다. 여기 저기 베어 넘어뜨린 나무들 때문에 걸어다니기가 힘들 정도다. 나무들은 그곳에서 그냥 썩어 간다. 이것은 숲의 신성함을 모독하는 일이다. 그런데도 그들은 그것에 대해 아무것도 생각하지 않는다.

숲은 우리 원주민들에게는 영적인 장소다. 얼굴 흰 사람들이 교회를 신성시하는 것과 마찬가지로 우리에게는 이 숲이 더없이 신성하다. 얼굴 흰 사람들이 교회에 난입해 마구 부수지 않듯이 이 숲 또한 마음대로 파괴해선 안 된다. 그런 일은 즉각 중지해야 한다. 숲이 잘려져 나가는 것을 보고 있으면 마치 내 신체의 일부가 잘려져 나가는 것만 같다.

인간이 다스리려 하기보다는 숲을 원래 모습 그대로 놓아두어야 한다. 자신들이 숲의 주인이라고 주장하며 상대방을 위협하는 단체로서가 아니라 부족 전체가 하나가 되어 숲을 돌봐야 한다. 숲은 나 혼자만의 소유물이 아니다. 우리 모두가 이 숲에 속해 있다. 그런데 내가 숲에 들어가는 것이 왜 죄인가? 이곳은 내 고향이고, 영혼의 장소다. 아버지는 내가 어렸을 때부터 이곳에서 나무를 하셨다. 이 숲은 우리 씨족의 것인 동시에 우리 부족 모두의 것이다.

어제는 한낮에 산책을 나갔다가 숲 속에 있는 낡은 오두막집에서 잠시 눈을 붙여 볼까 하고 걸음을 멈췄다. 북동풍이 불고 있었다. 나는 소나무 숲 근처 샛강 옆에 자리를 잡고 앉았다. 그때 소나무들 사이에서 한 가닥 연기 같은 것이 내 쪽으로 접근해 왔다. 나는 누군가 담배꽁초를 버렸거나 오두막 안에서 무엇인가 타고 있다고 생각했다. 오두막 쪽을 바라보았으나 그곳에는 아무것도 없었다.

그 연기는 소나무 숲 한가운데서 피어오르고 있었다. 나는 눈을 부비고 다시 한 번 바라보았다. 믿어지지가 않았다. 마치 한 줄기 신비한 안개와도 같았다. 더 자세히 바라보니 그것은 은빛으로 부드럽게 출렁이며 천천히 소나무들 사이에서 불어오고 있었다. 분명히 소나무 숲에서 흘러나오고 있었다. 그것이 무엇인지 알 수가 없었다. 눈을 크게 뜨고 살펴보니 연기가 아니라 은색 빛줄기였다. 진짜 은 같기도 하고 은박을 입힌 것 같기도 하고, 아무튼 은빛이 나는 무엇이었다. 이윽고 마지막 빛줄기가 피어오르면서 그것은 목장들을 가로질러 동쪽으로 흘러갔다. 내 곁을 지나, 길을 건너가서는, 저쪽으로 멀어져 갔다. 나는 그것이 목장 너머에서 형태를 잃고 사라져가는 모습을 지켜보았다.

그것이 무엇이었는지 나는 모른다. 하지만 무엇인가 좋은 일이 일어날 것만 같은 예감이 나를 사로잡았다. 지금까지 나는 숱한 불행들에 대해 이야기했다. 그러나 이제부터는 많은 좋은 일들이 찾아올 것이다. 그런 상상과 예감만으로도 인간은 충분히 행복해질 수 있다. 정치적인 싸움 같은 것은 사라져야 한다.

그날 나는 미래의 강력한 청사진을 보았다. 숲에다, 아니 은빛 줄기가 솟아오르던 바로 그 장소에다 작은 집을 짓는 것이다. 그곳에서 국적이나 나이, 직업에 상관없이 모든 사람이 모여 이 땅의 원주민들이 간직해 온 삶의 원칙들을 듣게 될 것이다. 그리고 세상에 나가 그것들을 각자의 삶에서 어떻게 실천할 것인가를 배우게 될 것이다.

영적인 갈망을 지닌 사람은 누구나 환영 받을 것이다. 가난한 자든 부유한 자든 함께 모여 숲에 대해, 그리고 숲의 법칙과 숲에서 나는 것들에 대해 새롭게 배울 것이다. 대지를 어떻게 사용하는 것이 올바른 길인가를 놓고 토론할 것이다. 특히 아이들에게 그것을 가르치리라. 그곳은 내가 어린 시절을 보낸 덤불숲 학교 같은 곳이 될 것이다. 그 숲 학교에서 나는 지금 내가 알고 있는 모든 것을 배웠으니까.

세계 평화는 필연적인 일이다. 세상은 부족에서 도시 국가로, 그리고 하나의 큰 나라로 발전해 왔다. 이제는 세계가 하나가 될 차례다. 세계 평화를 이루는 데는 두 가지 방법이 있다. 하나는 쉬운 길이고, 다른 하나는 어려운 길이다. 지금 당장 평화를 위해 적극적인 태도를 취하거나, 아니면 탐욕과 부패에 의지해 재앙을 부르거나 둘 중 하나다. 후자를 선택한 사람도 그 재앙이 너무도 끔찍하기 때문에 결국에는 부정적인 방식을 버리고 다른 기초 위에서 사회를 건설하기를 원하게 될 것이다. 그래서 나는 세계 평화가 필연적인 것이라고 말하는 것이다. 그리고 그 다른 기초란 바로 원주민의 원칙에 가까운 것이다.

마찬가지로 우리 원주민 사회가 하나로 통합되는 것도 시간문제다. 상대방에 대한 속임수를 버리고 보호 구역 안의 여러 단체들이 하나가 되어야 한다. 그러나 우리 앞에도 쉬운 길과 어려운 길 두 가지가 놓여 있다. 우리의 이성을 되찾고 오늘부터 당장 올바른 방식을 택하든지, 아니면 비극적인 일이 일어나도록 내버려두는 일이다. 그러나 결국 그 고통이 너무도 크기 때문에 우리는 다시 힘을 합치지 않을 수 없을 것이다.

숲은 원주민에게 가장 중요한 자산이다. 숲은 그 어떤 금전적 재산이나 기업체보다 소중하다. 숲은 자연의 일부이며, 우리는 자연을 친절하게 대하지 않으면 안 된다. 늙으신 어머니를 돌보듯 그렇게 어머니 자연을 보살펴야 한다. 숲은 어디를 가나 이야기를 간직하고 있다. 그 이야기들은 우리의 감성을 일깨우고 '꿈의 시대'를 경험하게 한다. 숲은 원주민의 교회이며 영적인 장소다. 나의 고향이자 내 조상과 부족 사람들의 뼈가 흙을 껴안고 있는 곳이다. 원주민의 혼 그 자체와 다름없는 곳이다. 내 부족 사람들은 이곳에서 삶을 살았고, 계절마다 이곳을 방랑했으며, 이곳에서 노래하고 이야기를 들려주었다. 한 곳에 오래 머물면 동식물의 씨가 마르고 물웅덩이가 더러워지기 때문에 정해진 시기가 지나면 미련 없이 다른 곳으로 이동했다. 그럼으로써 다음 계절에도, 그리고 다른 사람들도 변함없이 식량을 구할 수 있었다. 그것이 우리의 지혜였다.

숲이 없으면 내 삶도 의미가 없다. 숲이 파괴되면 나도 따라서 죽을 것이다.

나는 이 숲에서 정치적인 머리싸움이나 과격한 행동 없이 다만 평화롭게 살고 싶다. 내 자식들과 손자들도 숲에 대해 같은 생각을 갖고 있다. 내 아들 레니는 숲은 전체 호주인이 함께 보고 누려야 하는 장소라고 말한다. 그리고 아이들에게 숲이 어떤 의미인가를 가르쳐 숲을 보호하게 해야 한다고. 몇 년 전 레니는 와르남불에 있는 기술학교를 다닌 적이 있었다. 그때 수평선 너머로 보이는 이 숲의 소나무들을 바라볼 때마다 하루빨리 고향으로 돌아오고 싶었다고 했다. 레니의 아들 키래 역시 이 숲을 사랑한다. 그 아이는 숲 속에서 어린 시절을 보내며 많은 것을 배웠다. 심지어 아버지에게 한두 가지 가르쳐 줄 때도 있다. 언젠가 키래는 자기 자식들을 가르칠 것이다.

이 숲에서 많은 노래가 나왔다. 많은 원주민과 백인 음악가들이 이곳을 찾아 영감을 얻고 노래를 만들었다. 아치 로치가 부른 '숲 속의 흐느낌'도 그중 하나다.

나는 정치인이 아니다. 그저 자연을 사랑하는 한 사람일 뿐이다. 얼굴 흰 아이들이 이 덤불숲에 오면 나는 숲에 대한 이야기를 들려준다. 아직도 이곳에 깃들어 있는 숲의 정령들에 관한 이야기, 그리고 원주민들의 '꿈의 시대'에 관한 이야기를.

원주민들은 바로 이런 방식으로 자신이 살고 있는 장소와 대지를 느끼며 살아간다. 자신이 살고 있는 대지에 대해 아무것도 느낄 수 없다면, 어느 곳에서든 그리고 그 어떤 것에서든 아무것도 느끼지 못할 것이다. 원주민들은 어느 곳을 방랑하고 어느 곳에서 살든, 어느 곳에서 불을 피우든, 모든 곳이 영적인 장소, 신성한 장소가 된다. 대지에 대한 신성한 느낌이 우리 원주민에게는 삶의 전부나 다름없다. 대지는 우리 영혼의 일부이고, 우리는 대지의 혼의 일부다. 우리는 대지와 분리되어서는 살 수가 없다. 대지로부터 멀어진다면 생명의 근원으로부터 단절되어 결국 박제된 삶이 되어 버릴 것이다. 사람처럼 생기기는 했지만 영혼이 떠나 버린 그런 인간이 되고 말 것이다.

덤불숲을 떠나 도시에서 살아가는 원주민들은 영혼을 잃었다. 그들은 기대고 살아갈 것이 아무것도 없다. 자신들이 무엇을 원하는지 알면서도 그것을 찾을 수가 없다. 대지에 대한 영적인 느낌을 그들이 살고 있는 대도시에서는 경험할 수 없기 때문이다.

나는 이 숲을 손바닥 들여다보듯 훤히 알고 있다. 나무들과 함께 사는 것이 내 삶의 전부가 되었다. 숲 전체가 나의 집이고. 이 대기가 나의 숨결이다. 많은 이들이 이렇게 말한다.

"이 나무들은 어디에나 있는 흔한 나무들이다. 저 골짜기도 특별할 것이 없다."

하지만 내게는 나무 한 그루, 골짜기 하나하나가 다 영혼을 지니고 있다. 덤불숲은 우리 원주민들에게 없어서는 안 되는 소중한 장소였다. 우리의 일터였고, 추운 겨울에는 따뜻한 보금자리가 되어 주었다. 불을 피울 수 있도록 언제나 풍부하게 땔감을 제공해 주었다. 어떤 이유로든 나는 숲에 가는 것이 좋다. 이 오래된 덤불숲을 나는 더없이 사랑한다. 일단 숲에 들어가면 나오기가 싫어 집에 돌아오는 것이 여간 힘든 것이 아니다. 집 안에서 하루 종일 벽만 바라보고 있으면 숨이 막힐 것만 같다. 그래서 오후가 되면 언제나 숲으로 향한다. 그리고는 몇 시간이고 앉아 있다가 어둑어둑해져서야 집에 돌아온다.

나는 먼 곳을 바라다보는 것이 좋다. 저 멀리 '꿈의 시대'를 바라보면 내 부족 사람들이 전부 다 보인다. 연기가 피어오르는 작은 오두막집들과 덤불숲을 뛰어다니며 웃고 떠드는 아이들…….

얼마나 아름다운 광경인가. 하지만 숲에서는 이제 더 이상 아이들의 웃음소리를 들을 수가 없다.

도시에 살면서 힘든 시절을 보낼 때 고향의 덤불숲으로 돌아오는 일이 무척 어려웠다. 그 무렵 내가 원하는 것은 한 가지밖에 없었다. 우리 부족이 야영을 하던 숲 속에 앉아 조용히 평화로움을 만끽하는 것이 그것이었다. 그래서 힘들 때마다 나는 이곳으로 찾아왔다. 나와는 맞지 않는 도시에 너무 오래 머물다 보면 정신이 메마르고 우울증에 걸리기까지 했다. 땅에 대한 소유권 다툼으로 연일 시끄러운 일들이 벌어질 때도 마찬가지였다. 그럴 때마다 위안을 준 곳이 바로 이 숲 속이다.

숲 속에 있으면 내가 겪은 시련이나 인종 차별, 세상에서 벌어지는 온갖 논쟁 따위는 아득히 멀어진다. 힘든 일들을 겪으면서도 나 자신을 지킬 수 있었던 힘이 바로 여기에 있다. 나는 이 영적인 땅에서 지금은 떠나고 없는 내 오랜 친구들과 부족의 어른들을 만난다. 그리고 나면 큰 세상과 마주할 힘과 용기가 생긴다. 진정으로 강해져서 숲에서 걸어나온 적이 한두 번이 아니다. 그럴 때마다 그 어떤 것과도 마주할 수 있고, 약해지지 않을 수 있었다.

한번은 덤불숲 깊은 곳에서 불을 피우고 야영을 했다. 그곳에 앉아 있자니 조상들의 영혼이 저 나무 뒤, 또는 고무나무 그림자 속에 서서 나를 지켜보고 있는 것이 느껴졌다. 이곳에서 삶을 누리던 모든 원주민 조상들을 마음의 눈으로 생생하게 볼 수 있었다. 맨발로 뛰어다니는 아이들의 웃음소리도 들렸다. 그 웃음소리에 나뭇잎들이 흔들리고 숲 전체가 행복한 분위기로 가득했다.

부족의 조상들이 나를 지켜보고 있다는 생각에 행복감이 밀려왔다. 내가 단 한순간도 조상들을 잊어 본 적이 없다는 것을 알기 때문에 그들도 나를 지켜보며 분명히 행복해 할 것이다. 우리가 그들을 잊지 않고 기억하는 것, 그것이 영혼들의 세계를 행복하게 만드는 일이다. 나는 그것을 믿는다. 이 대지 위에서 살다 간 내 부족 사람들은 모두 영혼의 상태로 이 숲 속에 머물러 있다. 아이들은 여전히 이곳저곳을 뛰어다니며 웃고 속삭인다. 사라지는 것은 아무것도 없다. 이 대지 위에서 한 번이라도 생을 가졌던 존재들은 결코 사라지지 않는다. 형태를 바꿔 다른 모습으로 존재하고, 매 순간 우리와 연결되어 있다.

그들은 우리의 마음속에 존재한다. 그들은 저 먼 나라로 떠났는지도 모른다. 하지만 우리의 마음이 느낄 수만 있다면, 그들의 영혼은 여전히 이곳에 있다. 그리고 그것이 우리의 정신을 강하게 만들어 준다. 조상들이 살던 땅에 한번 가보면 강한 힘이 느껴진다. 하지만 그 힘을 느끼지 못하는 누군가가 이곳으로 와서 농장을 짓겠다는 생각으로 나무들을 마구 베어 버리면 우리는 더 이상 기댈 곳이 없어진다. 삶의 영적인 부분을 잃고 만다. 우리를 과거와 미래로 이어 주는 숲의 연결 고리가 사라져 버리는 것이다.

나는 조용히 죽음을 기다린다. 내가 죽으면 내 육신은 이 숲 속 어딘가 가장 좋은 장소에 묻히리라는 것을 알고 있다. 젊은 친구들이 언제나처럼 정성껏 무덤을 만들 것이다. 온 마음을 다해 내가 영원히 잠들 곳을 만들어 줄 것이다. 그것은 그들이 내게 주는 마지막 선물이 되리라. 나처럼 나이 든 어른들이 젊은이들에게 어찌어찌하라고 일러 줄 것이다. 그들 모두 나의 마지막 안식처를 위해 무엇인가 했다는 생각에 가슴 뿌듯할 것이다. 그곳은 더없이 완벽한 장소가 되리라. 무덤은 단순히 대지에 파놓은 네모 난 구멍이 아니다.

어느 날 우리 부족의 묘지로 어떤 이가 무덤을 파기 위해 기계를 끌고 왔다. 우리는 그를 만류하며 말했다.

"그러면 안 됩니다. 조상들이 놀라니까요."

직접 손으로 땅을 파서 무덤을 만드는 일은 매우 힘이 든다. 하지만 그렇게 해야만 한다. 날씨가 아무리 추워도, 또 아무리 더워도 우리 손으로 땅을 파야 한다. 친구들이 모여 그 일을 해야 한다. 무덤은 가장 완벽하게 만들지 않으면 안 된다. 아름답고 평화로운 곳이 되지 않으면 안 된다. 내 어린 시절의 친구들과 가족들이 모두 그런 식으로 이 덤불숲에 묻혔다.

나는 결코 이곳을 떠나지 않을 것이다. 내 영혼과 마음은 영원히 이 덤불숲을 떠나지 않을 것이다. 세상이 존재할 때까지 언제까지나 이 대지와 하나가 되어 있을 것이다. 나는 '자격'이라거나 '소유권'이라는 말이 무슨 뜻인지 모른다. 신 이외에 누가 숲을 소유할 수 있겠는가? 이 숲이야말로 나의 대성당이자 성지이고, 조상들의 존재를 느낄 수 있는 특별한 곳이다. 이곳은 내 고향이며, 모든 원주민의 영혼이 서려 있는 곳이다. 그들은 이 숲을 방랑하며 노래하고, 늙은 세대에서 젊은 세대로 이야기를 전했다. 원주민이든 얼굴 흰 사람이든 모두가 이 성스런 대지를 사랑하고 존중해야 한다. 절대로 이 숲을 파괴해서는 안 된다. 이 숲이 우리에게 속해 있는 것이 아니다. 우리가 이 숲의 일부분이다.

  젊었을 때 일자리를 찾아 여기저기 떠돌아다니면서도 이 덤불숲은 한순간도 내 마음을 떠난 적이 없다. 언제나 숲이 나를 불렀다. 그래서 나는 다시 이곳으로 돌아오곤 했다. 언제나 자신이 태어난 대지로 돌아가야 한다. 언제나 그곳으로 돌아가야 한다.

  이것으로 내 말을 마친다.

아버지는 짧은 병을 앓으신 뒤, 2000년 3월 14일 아침 와르남불 시립 병원에서 갑자기 돌아가셨다. 셰인 하워드가 디저리두(속이 빈 기다란 나무 막대기로 된 호주 원주민의 부는 악기)를 연주하는 가운데 서른 명이 넘는, 아버지를 사랑하는 사람들이 병실에 모여 임종을 지켜보았다. 며칠 후, 우리는 아버지의 시신을 프램링햄의 집으로 모셔왔다. 집에는 신성한 불을 피워 놓고 꺼지지 않게 했다. 원주민 전통에 따라, 손자들을 포함해 아버지의 모든 남자 친척들이 여러 날 동안 손으로 아버지의 무덤을 팠다. 아버지의 바하이교 친구들이 시신을 장미 향수로 닦았다. 나무 관에 누우신 아버지는 왕처럼 보였다. 두 손은 평소에 좋아하던

아버지는 덤불숲에 부는 바람   반조의 자녀들이 쓴 글

눌라눌라 창을 꽉 쥐었고, 시신 왼쪽에는 커다란 부메랑이 놓였다. 그리고 원주민의 색인 검은색, 노란색, 빨간색 머리띠를 하셨다. 수염을 기른 얼굴이 장엄하고 고결해 보였다.

아버지의 사망 기사가 〈시대〉지와 〈호주일보〉를 포함해 멀리 〈런던 타임스〉에도 실렸다. 장례식은 아버지의 '대성당'인 덤불숲에서 치러졌다. 숲이 들판으로 이어지는 그 장소는 아버지가 정한 묘자리로부터 얼마 떨어져 있지 않은 곳이었다. 장례식을 위해 큰 천막을 쳤지만 예상을 뛰어넘는 많은 사람이 몰려와 들판을 가득 메웠다. 수천 명이 넘는 인파였다. 보호 구역으로 통하는 도로는 차량 통행이 가장 잦은 도심 번화가의 출근 시간처럼 차들이 꼬리에 꼬리를 물고 이어졌다. 와르남

불 역사상 가장 많은 애도자들이었다. 한 사람이 추도사를 하던 중 이런 속담을 인용했다. 죽음은 운명으로 정해져 있고, 그후에 심판이 온다.' 연사는 마치 그 많은 참석자를 다 아우르듯 두 팔을 앞으로 쭉 뻗으며 말했다.

"자, 이것이 그 심판입니다."

말년에 아버지는 프램링햄 보호 구역 사람들 간의 불화로 크게 상심하셨다. 사람들은 정부 기금의 관리와 분배, 그리고 주변 숲의 소유권을 차지하기 위해 아버지를 괴롭혔다. 아버지는 늘 말씀하셨다.

"덤불숲은 사람이 건드리지 말고 있는 그대로 두어야 한다. 우리 모

두 이 숲의 일부다. 덤불숲은 한 집단의 것이 아니라 모두의 것이다."

아버지는 부족의 땅에 묻히셨다. 무덤은 우리 모두 아름다운 곳이라고 부르던, 강이 내려다보이는 언덕배기에다 정했다. 아들 레니는 어느 날 아버지가 그 장소에 계신 것을 보았다. 돌아가시기 불과 2,3주 전이었다. 아버지는 작은 모닥불을 피우고 홀로 앉아 계셨다. 아버지는 레니에게 말씀하셨다. 자신이 죽거든 가족이 모두 잠들어 있는 보호 구역 공동묘지가 아닌 이곳에 묻어 달라고.

처음에 그 말을 듣고 우리는 놀랐다. 아버지는 거의 하루도 빠짐없이 보호 구역의 묘지를 찾아가 조상들과 어린아이들, 그리고 친구분들의 묘를 돌보셨기 때문이다. 지금 생각하니, 공동묘지가 아니라 부족의 땅

한가운데에 묻히길 원하신 아버지의 소망은 우리 자식들이 이 땅을 절대로 떠나지 않도록 하기 위함이었다. 또한 40여 년 전 이 땅을 떠나지 않겠다고 당신의 아버지에게 하신 약속을 지키기 위함이었다.

아버지가 돌아가시기 두 달 전, 셋째딸 버니스가 딸 카라나를 데리고 와서 2주 동안 편찮으신 아버지를 보살펴 드렸다. 버니스의 생애에서 그 2주는 더없이 소중하고 의미 있는 시간이었다. 아버지는 매일 밤 버니스와 함께 앉아 어린 시절에 있었던 일들과 우리 부족의 역사에 대해 많은 이야기를 들려주셨다. 아버지는 생의 그 어느 시기보다도 들려줄 이야기가 무궁무진해 보였다. 늘 그렇듯이, 아버지의 이야기들 속에는 교훈적인 것들, 삶의 지침이 되는 내용이 많았다.

아버지가 꿈을 통해 많은 메시지를 받고 있었다는 사실을 우리는 이제야 깨닫게 되었다. 저녁 시간이 되면 아버지와 버니스는 부엌 의자를 밖에 내다 놓고 앉아 덤불숲 너머로 해 지는 광경을 지켜보았다. 그러면서 아버지는 마구잡이 벌목으로 나무가 줄어들고 코알라 수의 과잉으로 황폐해지기 전, 어린 시절의 무성했던 숲에 대한 이야기를 하셨다. 그런 밤이면 숲은 마치 한때는 생명력과 건강함으로 넘쳤다는 아버지의 이야기를 증명이라도 하듯 하늘을 황금빛 색조로 물들이며 붉게 타오르는 석양과 더불어 살아 숨쉬었다.

버니스가 머물던 날들 동안, 아버지는 어떤 특별한 곡조를 휘파람으로 불며 노래하셨다. 차를 마실 때는 그 노랫가락에 맞춰 티스푼을 두드리셨다. 버니스는 무심코 들었지만, 아버지가 돌아가신 뒤 라디오에서 그 노래를 다시 듣게 되었다. 아버지가 전에 하신 인터뷰가 재방송되던 중에 그 노래가 흘러나왔다.

'내 어린 시절, 아버지가 강했던 때가 떠오르네.

아버지는 고생을 하셨고, 하루 종일 바쁘게 일하셨네.

정직하게 살고 선한 이웃이 되려고 애쓰셨네.

이제 아버지는 신이 자신을 부르기를 기다리시네.

다리를 절뚝거리는 늙으신 나의 아버지

나는 너무도 아버지를 사랑하네.

하지만 나는 아버지 곁을 떠나 떠돌아다녔네.

오늘 집으로 돌아가 아버지 곁에 머물리라.

신이 아버지를 먼 곳으로 데려가기 전에.'

그 순간 버니스는 깨달았다. 아버지가 바라는 것이 무엇이었는지를. 버니스는 가족을 데리고 곧바로 와르남불의 집을 떠나 원주민 보호 구역 안에 있는 작지만 추억 어린 아버지의 집으로 이사했다. 아버지가 어린 시절 뛰놀던 강이 내려다보이는 집이었다. 버니스가 보호 구역의 그 집에 있다는 것을 알면 아버지는 편히 쉬실 수 있을 것이다.

몇 달 뒤에는 레니가 아들 키래와 함께 아버지의 집을 지키겠다고 제안했다. 키래는 할아버지의 기억이 새겨진 그 집에서 지낼 수 있어 무척 행복해 했다. 어린 시절 당신이 사냥을 하던 그 강과 숲에서 손자 키래가 뛰어다닌다는 것을 알면 아버지도 행복하실 것이다.

이제 아버지의 후손인 우리가 약속을 지킬 차례다. 아버지가 당신의 아버지에게 한 약속을. 우리는 결코 부족의 땅을 떠나지 않을 것이며, 우리보다 앞서 떠난 부족의 어른들을 결코 잊지 않을 것이다.

2000년 6월 5일

헬렌, 패트리샤, 레오나드, 엘리자베스, 버니스, 피오나 클라크

지난주 화요일 나는 마하트마 간디의 손자 라즈모한 간디를 만나 할아버지가 가진 힘의 비밀이 인간은 본래 선하다는 믿음에 기초하고 있었는가를 물었다. 그렇게 믿는다고 그는 대답했다. 손자의 말에 따르면 할아버지 간디는 젊은 시절 역사를 공부했고, 세상의 불행과 폭력에도 불구하고 인간 본성의 선함은 역사적으로 입증할 수 있는 사실이라고 결론을 내렸다.

라즈모한은 내게 〈선한 뱃사공〉이라는 책을 한 권 선물했다. 그 책은 할아버지의 전기로, 첫장에 '증오 없는 자유를 소중히 여기는 모든 이에게 바친다'는 헌사가 적혀 있었다. 그 보답으로 나는 그에게 반조 클

누가 이 대지를 구할 것인가   마틴 프라나겐

라크에 대한 이야기를 해주었다. 반조는 바로 그날 와르남불 시립 병원에서 세상을 떠났다. 그는 내가 아는 누구보다도 그 원칙에 따라 생을 산 사람이었다. 대개 우리 문화에서는 이런 인물을 진정한 기독교인으로 묘사하는 것이 관례이지만, 반조를 그런 인물로 평가한다면 중대한 실수가 될 것이다.

반조 클라크는 부족의 땅에서 살다가 죽었다. 그 땅은 와르남불 동쪽의 프램링햄 숲이다. 1922년에 태어난 그가 학교에 다닌 날은 통틀어 이틀에 불과하다. 교사가 한 학생을 때리는 장면을 본 그는 그날로 숲으로 돌아와 부족의 어른들 곁에 앉아 가르침을 들었다. 그 당시, 프램링햄 보호 구역 안의 원주민들은 여전히 부족의 전통에 따라 생활하고 있

었다. 반조는 어른들로부터 세상 만물 속에는 눈에 보이지 않는 법 집행관이 존재한다는 것을 배웠다.

반조의 장례식에는 와르남불 시장을 비롯해 전 국무총리도 참석해 애도와 존경이 담긴 추도사를 읽었다. 또한 많은 음악가와 예술가들이 와서 청중들과 함께 노래를 불렀다. 그것은 원주민들의 코로보리 의식 그 자체였다. 새벽까지 이어진 장례식에서 필요한 사람들은 다 말을 했고, 불려져야 할 노래들도 다 불려졌다.

참석자 중에는 아치 로치가 있었다. 아치는 반조의 조카뻘인 유명한 음악가다. 그는 프램링햄에서 어린 시절을 보내던 중 얼굴 흰 사람들에

의해 강제로 고아원으로 끌려갔다. 18살이 되어서야 그는 고향으로 돌아왔다. 하지만 아무 느낌도 없이 술주정뱅이가 된 그는 멜버른으로 되돌아갔다. 그리고 10년 뒤, 아내와 두 아들을 데리고 다시 보호 구역으로 돌아왔다. 그가 던지는 많은 질문을 듣고 사람들은 그에게 반조 삼촌을 만나 보라고 말했다.

아치가 반조를 처음 만났을 때 반조는 눈물이 두 뺨을 타고 흐르는 노인이었다. 반조는 아치를 데리고 다니며 가족의 오두막이 어디 있었고, 아치가 어디서 놀았으며, 어머니가 어느 나무 아래에서 그를 낳았는지 설명했다. 그리고 어린 시절 숲 속 어느 곳에서 뛰어놀았는지 보여 주었다. 아치는 훗날 말했다.

"그 어른은 나의 과거를 되돌려 놓아 주었어요. 그분 말고는 어느 누구도 나를 위해 그렇게 해주지 못했어요."

아치는 그 경험을 담아 '숲 속의 흐느낌'이라는 노래를 썼다. 아치는 반조의 무덤 앞에서 이 노래를 불렀다. 원래는 방송으로 내보낼 예정이었는데 라디오 송신기가 말을 듣지 않았다. 누군가 말했다.

"옛날 방식으로 하지."

그리하여 목소리 하나가 덤불숲 위로 바람을 타고 흘렀다.

'반조 삼촌이 내게 말했네.

아이들이 떠나기 전에는

삶이 행복하고 자유로웠다고.

전에는 지금과 같지 않았다고.

아이들은 덤불숲 곳곳을 뛰어다니고

나무들은 그 어린 영혼들을

지켜 주었네. 행복하게 웃으며

숲에서 춤추는 어린 영혼들을.

하지만 이제는 숲 속에서 흐느낌 소리가 들리네.

아이들은 사라지고 없고

나무들은 밤에도 편히 쉴 수가 없네.

아이들이 태어났을 때 그 숲에 서 있던 나무들이.

반조 삼촌은 나를 데리고 공중을 날아가네.

그리고 자신이 보고 있는 세상을 보게 하네.

아이들이 나무들 사이에서 뛰어놀며

행복하게 웃던 그 시절을.

하지만 이제는 숲 속에서 흐느낌 소리가 들리네.

아이들은 사라지고 없고

나무들은 밤에도 편히 쉴 수가 없네.

아이들이 태어났을 때 그 숲에 서 있던 나무들이.'

반조의 무덤은 숲 속에 있지도 않고, 프램링햄 공동묘지의 부족의 조상들 곁에 있지도 않다. 반조는 강이 내려다보이는 절벽 위 부족의 땅 한가운데 잠들어 있다. 정확한 이유는 모르겠지만 숲을 둘러싼 논쟁과 관련이 있는 듯하다. 분명히 부족 사람들이 그 땅을 팔고 떠나지 못하도록 하기 위해서일 것이다.

지난 여러 해 동안, 반조의 명성이 널리 알려지면서 많은 여행자들이 그의 집 문 앞에 나타났다. 그는 한 사람도 그냥 돌려보내는 법이 없었다. 길 아래쪽 오래된 오두막에 사는 반조의 아들 레니의 집도 언제나 다양한 방문객들로 붐볐다. 반조가 스승이라면 레니는 그의 수제자였다. 우리가 장례식을 마치고 레니의 집으로 돌아갔을 때, 문제가 많아 보이는 백인 소년이 앞마당에 놓인 차바퀴에 기대어 슬픔에 잠겨 앉아 있었다. 레니와 함께 살던 이 아이는 매일 아침 반조를 찾아갔었다고 했다.

원주민 출신의 음악가 셰인 하워드가 말했듯이 반조는 많은 이들의 삶을 구원으로 이끌었다. 그는 혼돈에서 질서를 만들었다. 반조 클라크의 꿈은 백인 원주민 구분할 것 없이 호주인 전체를 위한 것이었다. 셰인 하워드가 반조와 함께 만든 노래 중에 '강은 알고 있다'가 있다. 이 곡은 하워드가 와르남불 지역으로 돌아와, 너무도 많은 나무들이 죽어 있는 숲과 뱀장어가 사라진 강에서 살고 있는 이 놀라운 노인을 발견한 뒤에 만든 앨범 〈부족〉에 수록되어 있다. 노래는 이렇게 시작한다.

'누가 이 대지를 구할 것인가?

누가 이 대지의 신성한 힘을 지킬 것인가?'

반조를 만나러 온 사람들은 호주인들만이 아니었다. 작년에는 코소보 출신의 음악가와 독일 첼리스트가 찾아와 덤불숲과 골짜기를 아름다운 선율로 가득 채웠다. 또한 잔인한 내전에서 살아남은 엘살바도르의 여성 평화 운동가도 방문했다. 그녀는 영어를 한 마디도 할 줄 몰랐지만 자신의 생각을 반조가 이해한다고 느꼈다.

반조는 자주 너털웃음을 웃곤 했다. 그 부드럽고 즐거운 웃음소리에는 그만의 삶의 깊이가 배어 있었다. 이제 사람들은 그가 살던 집을 영구히 보존하기로 의견을 모으고 있다.

반조 클라크는 어린 시절 전통적인 원주민의 삶에서 배움을 얻으며 자랐다. 또한 자기 또래 아이들이 치료를 받지 못해 죽어가는 것을 목격했다. 청년이 되었을 때는 배고픔과 감옥살이를 알았다. 원주민 동화 정책이 대대적으로 펼쳐지는 동안, 그는 자기 가족들이 백인 정부에 의해 강제로 끌려가는 장면들을 지켜봐야만 했다.

그는 자랑스런 원주민 전사 중 한 사람이었다. 젊은 시절에는 천막 권투선수였다. 반조라고 해서 분노가 없는 것은 아니었다. 다만 그는 분노를 파괴적인 힘으로 여기고 그것을 잘 다스렸을 뿐이다. 내가 라즈모한 간디에게 말했듯이, 반조는 마치 적을 무찌르는 방식이 도덕적인 모범이 되게 하기로 결심했던 것 같다.

마하트마 간디는 정치란 마을에서 소용되지 않는다면 아무 소용없는 것이라고 말했다. 반조는 마을에서 일했다. 와르남불 〈스탠더드〉 지는 반조의 사망 기사에 신문 한 면의 3분의 2가량을 할애했다. 장례식 기사는 더 많은 지면을 차지했다. 안정된 사회일 때 한 마을에서 일어난 일은 다음 마을로 퍼지지만, 기술적으로 고립되고 갈수록 과격해지는 시대에 사는 사람들은 이웃에 대한 관심에서 멀어질 수밖에 없다. 그러나 반조 클라크는 이웃을 다름 아닌 자기 자신이라 여겼다.

장례식이 진행되는 동안, 나는 멜버른에 살고 있는 군디츠마라 출신 원주민에게 반조 같은 사람이 또 있을 수 있겠느냐고 물었다. 그는 천천히 고개를 흔들며 그렇지 않을 거라고 말했다. 나중에 반조의 죽음으로 슬픔에 잠긴 그 백인 소년을 본 뒤, 나는 레니 클라크에게도 같은 질문을 던졌다. 이제 그는 아버지 대신 무거운 책임을 짊어지게 되었다. 그는 주먹을 불끈 쥐며 말했다.

"우린 할 수 있어요. 내가 아니라 우리가."

반조가 세상을 떠나기 전에 레니는 반조가 외로움을 탈까 염려되어 막내아들 키래를 보내 할아버지 곁에 있게 했다. 그 기간 동안 반조는 영혼의 대지와 그 대지의 생명체들에 대한 지식을 손자에게 물려주었다. 반조는 언제나 원주민과 백인이 정치와 상관없이 관계 맺는 길을 보여주었다. 그것은 중요한 문제다. 너무도 많은 정치가 등장하고 있기 때문이다. 그중에서도 인종 차별 정치는 가장 위험하다. 반조 클라크는 그런 정치를 몇 차원이나 뛰어넘었다.

반조의 생애가 우리에게 일깨우는 주제는 매우 간단하다.

우리는 이 대지 위에서 평화를 원하는가? 그렇다면 평화를 이루는 데 필요한 것을 충분히 갖고 있는가?

나의 어머니가 네 명의 자식을 뒤에 두고 세상을 떠난 날, 많은 풍경이 내 마음속에 새겨졌다. 장례식에 참석한 반조 클라크의 모습도 그중 하나였다. 그 무렵 나는 반조 아저씨에 대해 그리 잘 알지 못했다. 그는 그냥 지나칠 수도 있었지만, 우리 가족을 위해 일부러 먼 길을 와서 장례식에 참석해 주었다.

그 이후, 나는 프래밍햄 원주민 보호 구역을 자주 들렀다. 그리고 와르남불 지방의 역사를 원주민 관점에서 낱낱이 기억하는 반조 아저씨의 말에 자주 귀를 기울였다. 그는 내게 자신의 부족 사람들과 부족의 어른들, 그리고 옛 시절에 대한 이야기를 들려주었다. 뱀장어의 이동과

현자의 꿈은 귀 기울일 가치가 있다   셰인 하워드

창이나 어망으로 물고기를 잡는 가장 좋은 방법도 일러 주었다.
반조 아저씨는 타고난 재능을 가진 이야기꾼이었다. 그의 이야기를 듣다 보면 나도 모르게 웃음이 터져 나왔다. 그의 기억 속에는 신비하고 흥미로운 이야기, 역사 이야기, 원주민 보호 구역 안에서의 생활상, 부족의 어른들 이야기, 그동안 얼굴 흰 사람들과의 싸움에서 거둔 작은 승리들, 그리고 걷잡을 수 없이 밀어닥친 시련과 인종 차별, 슬픔, 비인간적인 사건들에 대한 이야기 등 수백 가지가 넘쳐났다. 하지만 그 모든 고난에도 불구하고, 반조는 마음에 미움이나 원한을 품은 사람이 되지 않았다.

내가 삶에서 겪고 있는 어려움에 대해 말했을 때 반조는 직접적인 조언

을 해주지 않았다. 대신 그는 바닥에 앉거나 모닥불 옆에 앉아 내 얘기에 귀를 기울였다. 그리고는 삶에서 훨씬 많은 것을 잃은 어떤 사람의 이야기를 들려주었다. 모든 것은 상대적이다. 반조와 만나고 돌아갈 때면 내 마음은 언제나 받아들임과 겸손함으로 채워져 있었다. 물론 삶은 더 나아질 수도 있지만, 그만큼 더 나빠지기도 쉽다. 자신이 누리는 축복을 세어 보고, 작은 일에도 감사하라.

내가 알던 말년의 반조 클라크는 날마다 많은 이들의 삶을 구원했다고 해도 지나친 말이 아니다. 그는 혼란스런 세상에서 지혜와 평화로움의 원천이었고, 소용돌이치는 바퀴의 중심축이었다. 그는 또 백인들에게

강제로 입양된 아이들을 다시 원래의 가족과 연결시키는 일에 시간을 바쳤다.

반조가 그리는 세상 한가운데는 삶에서 가장 중요한 단순한 것들이 자리잡고 있었다. 가족, 공동체, 너그러운 마음씨, 자비심 같은 것이 그것이다. 엉클 반조는 사람들에게 종종 말하곤 했다.

"행복하라."

처음부터 그 말은 단순하고 분명하게 들렸다. 그리고 행복은 선택에 달린 문제라는 것을 나는 곧 깨닫게 되었다. 행복은 날마다 선택하는 것이다.

서부 빅토리아 주의 원주민 부족들에게 무슨 일이 일어난 걸까?

내가 태어난 부족은 어디에 있는가?

그들의 신성한 장소들은 대체 어디이며, '꿈의 시대'로부터 이어져 온 혈통은 어디로 갔는가?

그들의 노래와 춤은 무엇인가?

그들의 언어는 무엇이고, 법은 무엇인가? 원주민 시절의 나의 이름은 무엇이고, 나를 지켜 주던 동물은 무엇인가?

나는 반평생 이런 의문들을 안고 다녔다. 그러나 그것들을 물어볼 사람이 없었다. 모두 총에 맞아 죽거나, 독살되거나, 전염병에 걸려 죽거나,

모든 이름을 기억하는 사람 닐 머레이

내가 태어나기 오래전에 세상을 떠났다.

"반조 아저씨를 만나 봐."

맥주에 너무 취해 두 눈이 흐릿해지거나, 강가에서 벌어진 술 파티에 정신을 잃을 때면 누군가 내게 그렇게 말하곤 했다. 내가 어디서 왔고 무엇을 찾고 있는지 아는 듯한 사람과 우연히 마주칠 때마다 그 사람은 또 내게 말했다.

"반조 아저씨를 만나러 가봐."

마침내 프램링햄의 덤불숲에서 그를 만났다. 두 눈이 빛나고 기운 넘치는 부족의 어른이었다. 그가 내게 말했다.

"잘 지내나? 차 한 잔 들게. 이것도 좀 먹고."

나는 소박하게 꾸민 부엌에 앉아 질문을 늘어놓기 시작했다. 난로 위에 부메랑 하나가 놓여 있었다.

내가 단도직입적으로 입을 열었다.

"전 오랫동안 떠돌아다녔어요. 북부 지역에 가서 원주민 친구들과 함께 살기도 했구요."

그때 반조가 불쑥 내 말을 끊고 말했다.

"그래, 원주민들 누구나 그런 경험을 하며 살아가지."

이윽고 엉클 반조가 이야기를 시작했다. 그는 삶에 대해, 원주민들의 역사에 대해 말했다. 나는 그냥 듣고만 있었다. 어느 것도 진정으로 내

가 알고 싶었던 것들이 아니었다. 하지만 난 아무 말도 할 수가 없었다. 아무 생각도 할 수 없었다. 마음이 그저 혼란스럽기만 했다. 내 질문들의 무게에 눌려 나는 이미 약해질 대로 약해져 있었다. 마침내 그가 말했다.

"나의 할아버지가 저 놈을 소생시켜 이 지역으로 옮기셨지."

나는 시선을 들었다. 그의 손가락은 골짜기 너머 나무들 꼭대기 위로 비스듬히 얼굴을 내밀고 있는 오래된 소나무 한 그루를 가리키고 있었다.

"저 소나무가 보이지? 저 소나무가 있는 곳이 옛 보호 구역 마을 묘지야. 나와 함께 가보겠나?"

엉클 반조는 덤불을 헤치고 길 끝까지 걸어가 녹슨 출입문을 열었다. 우리는 비스듬하게 서 있는 옹이투성이의 소나무 옆 빈 터로 발길을 옮겼다. 엄숙한 분위기가 느껴지는 곳이었다.

덤불숲의 고요한 대기 속에서 반조는 천천히 두 손을 들어 우리가 발을 딛고 선 우묵한 구덩이를 가리켜 보였다. 그리고는 부드러운 목소리로 말했다.

"바로 이곳에 우리 부족 사람들이 모두 묻혀 있다네."

세상에! 내 발 밑에 조상의 뼈들이 묻혀 있었던 것이다. 나는 가볍게, 하지만 고통스럽게 발을 내디디며 반조 옆에 바싹 다가섰다. 내가 나지막이 물었다.

"그들을 본 적이 있으세요?"

그가 머리를 끄덕였다. 우리는 울타리를 따라 더 많은 무덤이 있는 곳으로 걸어갔다. 그가 말했다.

"그리고 여기가⋯⋯ 내 딸, 내 아들, 형, 아버지, 어머니, 할아버지와 할머니 무덤들이지."

우리는 무덤들 사이를 걸어다녔다. 그렇게 그는 친척들과 조상들의 무덤을 하나하나 가리켰다. 그러더니 문득 걸음을 멈추고 말했다.

"우리 모두 돌아갈 거야⋯⋯. 우리가 왔던 영혼의 세계로."

그런 다음 그는 잠시 침묵했다. 우리는 그 자리에 가만히 서 있었다. 그는 발아래 대지를 물끄러미 응시했다. 코알라의 기침소리가 들려왔다. 왈라비 한 마리가 풀을 뜯어먹다 말고 물끄러미 우리를 바라보았다. 그러는 동안 슬픔이 내게서 씻겨져 내려갔다. 그리고 그 많던 질문들도 사라졌다.

"우리 원주민들은 비석 같은 걸로 무덤을 번쩍이게 하는 걸 좋아하지 않아. 그냥 막대기를 하나 꽂아 둘 뿐이지. 그것만으로도 난 모든 무덤을 기억해. 난 모든 이름을 기억하지."

그가 힘 있는 목소리로 말하며 녹슨 출입문에 사슬을 묶었다.

나는 멜버른 학교에서 체육과 지리를 가르치고 있었다. 또한 8학년 보조 교사로서 학생들의 캠핑 프로그램을 맡고 있었다. 이 프로그램의 원래 취지는 놀이였지만 나는 학생들의 경험을 더욱 풍부하게 하기 위해 역사, 문화, 환경 같은 요소들을 포함시키기로 결심했다. 그리고 목적지로 와르남불을 선택했다. 와르남불은 내가 잘 아는 곳이고, 역사적인 장소들이 풍부하며, 더불어 학생들이 파도타기를 즐길 수도 있는 곳이었다.

와르남불의 군디츠마라 협동조합 지붕에 그려진 원주민 깃발을 보고 사무실 안으로 들어갔다. 그곳에 당시 책임자였던 레니 클라크가 앉아

마지막 이야기꾼 수잔 피클스

있었다. 나는 도시에 사는 청소년들을 이곳에 데려와 부족 사람들로부터 쿠리(원주민을 가리키는 말)의 역사를 듣게 해줄 수 있겠느냐고 물었다. 그러자 그가 말했다.

"덤불숲으로 아이들을 데려가서 그곳에 사는 한 노인에게 이야기를 들려 달라고 하는 게 좋겠군요."

그 노인이 열세 살짜리 아이들과 잘 어울리지 못하면 이듬해엔 다른 장소를 물색해야겠다고 생각하며 나는 말했다.

"좋아요, 그렇게 한번 해보죠."

다음에 학생들을 데리고 와르남불로 간 나는 레니 클라크가 준 지도를 따라 그의 아버지 반조 클라크를 찾아갔다. 그 노인은 약속대로 보호

구역 모퉁이의 커다란 고무나무 아래서 기다리고 있었다. 그는 우리에게 손을 흔들며 버스에 올라탔다. 그리고는 곧바로 우리를 숲 속의 소풍 장소로 데려갔다. 그곳에서 그는 프램링햄 보호 구역 덤불숲에서 자란 어린 시절 이야기를 학생들에게 들려주었다.

반조는 이야기를 이끌어 가는 재주가 탁월했다. 그의 이야기는 금방 우리의 상상력을 자극했다. 나무와 풀들 한가운데에 서 있으니, 덤불숲 곳곳에 흩어져 있던 원주민들의 나무껍질 오두막과 친절한 마음씨를 지닌 부족의 어른들을 쉽게 상상할 수 있었다. 그들은 어쩔 수 없이 보호 구역에 갇혀 살아야 했지만 그곳을 행복한 장소로 만들기 위해 자신

들의 전통을 끝까지 지킨 사람들이었다. 반조가 묘사하는 광경 그대로, 덤불숲에 숨거나 뛰어다니는 아이들의 즐거운 웃음소리와 재잘대는 소리가 귓가에 들리는 것만 같았다.

반조는 이곳에 살던 많은 원주민들이 어떤 불행한 일을 겪었는가를 설명했다. 그들은 문명인들의 탐욕과 몰이해 속에서 삶의 모든 것을 잃었다. 아이들은 어머니, 아버지, 누이, 형제들로부터 강제로 떼어져 다시는 식구들의 얼굴을 보지 못했다. 몇몇은 긴 세월이 흐른 뒤 살아 돌아와서 자신들이 빼앗긴 것을 되찾고자 애를 썼다.

반조의 이야기를 들은 학생들은 몇 번이나 내게 물었다.

"그런데 왜 그런 일들이 일어나도록 내버려두었죠? 정말로 그런 일

들이 일어났나요? 경찰은 왜 막지 않았죠?"

어떤 학생은 반조가 말하는 내용을 받아 적기도 했다. 이 부족 사람들에게 얼마나 끔찍한 일들이 일어났는가를 다른 사람들에게 알리기 위해서였다.

원주민과 이 땅의 역사에 대한 이야기뿐 아니라 반조는 자신이 살아온 삶에 대해 이야기했다. 그 이야기들은 숲 속에 있는 그의 집을 방문하는 모든 아이들에게 깊은 인상을 심어 주었다. 학생수는 50명일 때도 있었고, 때로는 70명이 한꺼번에 찾아올 때도 있었다.

첫날 우리가 떠날 시간이 되자, 반조는 두 팔을 머리 위로 들어올리며 말했다.

"너희들 모두 다시 오기를 바란다. 언제든 찾아오렴. 내 집 문은 언제나 모두에게 열려 있단다."

원주민을 만나 그들의 문화를 배우려는 생각에서 노던 테리토리(호주 중북부 지역)와 북부 퀸즈랜드(호주 북동부의 주)를 몇 차례 여행한 적이 있었던 터라, 나는 반조의 유혹을 물리치기 어려웠다. 다음번에 혼자서 와르남불에 갔을 때, 나는 그를 방문하기로 결심했다. 하지만 약간 걱정이 되었다. 그가 나를 기억할까? 서로 나눌 이야기나 있을까?

그러나 그것은 어디까지나 내 기우였다. 반조는 나를 기억할 뿐 아니라, 오랫동안 헤어진 가족을 만난 것처럼 반갑게 집 안으로 맞아들였다. 나는 아이들이 그와의 만남을 얼마나 좋아했는가를 말했고, 그 역시 어린 학생들에게 직접 원주민의 역사를 전해 줄 수 있는 소중한 기회가 되었다고 했다.

반조는 이때부터 내게 전화를 하기 시작했다. 우리는 한번 전화기를 붙들면 한 시간을 넘기지 않는 날이 없었다. 반조는 늘 재미있는 이야기로 통화를 끝맺기를 좋아했다. 그리고 큰 소리로 웃으며 그는 말하곤 했다.

"좋아, 친구. 이제 그만 끊어야겠어. 다음에 또 보자구."

그는 내 삶에 등장한 사람들 중에서 가장 진실하고 변함없는 사람이었다. 반조처럼 높이 존경 받는 사람이 왜 나같이 평범한 사람을 그토록 특별하게 대해 주는지 의아할 때도 있었다. 그러나 엉클 반조가 특별히 대한 사람들은 평범한 사람, 세상의 길 잃은 영혼들이었다. 나처럼 의지할 데 없는 수많은 사람들이 언제나 열려 있는 반조의 집 문을 드나들었다. 그리고 사는 게 너무 힘들다고 느껴지는 날이면 어김없이 반조가 전화를 걸었다. 그는 내가 마음속에 떠올랐다고 하면서 말했다.

"당장 덤불숲으로 가야겠어, 친구. 그곳에 가서 잠시 머리를 식히고 오자구."

반조의 충고에 따라 나는 학교가 쉬는 날이면 자주 덤불숲으로 갔다. 반조는 특별히 큰 모닥불을 피우고 바닥에 내가 누울 자리를 마련해 주었다. 나는 우리 두 사람이 먹을 저녁 음식을 만들었고, 반조는 내가 더 이상 눈을 뜨고 있을 수 없을 때까지 많은 이야기를 들려주었다. 한 편의 이야기가 끝나면 곧바로 다음 이야기가 이어졌다. 그의 모든 이야기 속에는 공통된 주제가 있음을 알 수 있었다. 그것은 자비심과 친절함이야말로 미움과 편견을 물리칠 수 있는 강력한 도구라는 것이었다.

그는 말했다.

"사람들은 대개 자신들이 받은 것과 똑같은 방식으로 남에게도 행하지."

또 이렇게 말하기도 했다.

"영혼들의 세계와 자연 세계는 함께 연결되어 있어."

반조가 내게 더 많은 가르침을 줄수록, 나는 학생들과 반조의 만남을 더 자주 마련했다. 7년에 걸쳐 나는 십대 아이들을 이끌고 반조를 만나러 갔다. 반조는 매번 따뜻하고 열정적으로 한 명 한 명을 맞아 주었다. 만남은 언제나 좋았으며, 반조는 학생들 개개인과도 많은 대화를 나누었다. 그는 아이들을 편안하고 특별하게 대해 주었다. 아이들에게 반조는 친할아버지와도 같았다. 사실 반조와 만나 이야기를 나누는 것 자체만으로도 아이들은 장차 어른이 되어 마주치게 될 세상의 편견과 인종 차별주의를 물리치기에 충분했다.

프램링햄 숲을 찾은 사람들 중에서 반조에게 깊은 영향을 받지 않고 떠난 사람은 아마 없을 것이다. 적어도 나는 그랬다. 그 무렵 나는 한 젊은 남자와 약혼을 했다. 나는 나의 가족과 친구들이 그 남자를 마음에 들어 하기를 간절히 원했다. 하지만 집 식구들 어느 누구도 그를 인정하지 않았다. 반조가 모든 사람들을 조건 없이 받아들여 준다는 것을 알고 있었기 때문에 나는 약혼자와 함께 프램링햄으로 향했다.

물론 반조는 모두에게 하듯이 내 약혼자를 따뜻하게 맞아 주었다. 하지만 그 역시 내가 그 남자와 결혼하는 것을 마음에 썩 들어하지는 않았다. 결국 그 약혼은 깨어졌다. 나는 큰 실망과 함께 밀려드는 절망감을 어떻게 이겨 내야 할지 알 수 없었다. 결혼식 날짜는 이미 정해졌는데, 그날 멜버른에 홀로 남겨지리라는 생각에 견딜 수가 없었다. 그 감정을 이겨낼 만한 장소는 반조의 집뿐이었다. 반조는 나를 언제나 친딸처럼 대해 주었다.

그 주말, 우리는 많이 울고 많이 웃었다. 내가 그곳에 머무는 이틀 동안 반조는 집을 찾아온 모든 이들에게 농담을 했다.

"이 처녀는 결혼식장의 복도를 걸어들어가려다 말고 나와 함께 주말을 보내기 위해 이곳으로 왔지 뭔가. 다들 신부가 어디로 사라졌나 의아해 하고 있을 거야!"

반조의 도움으로 나는 그 무렵의 힘들었던 시간들과 생의 또 다른 어려운 날들을 이겨낼 수 있었다. 그후 나는 훌륭한 남자를 만나 결혼했다. 반조도 그를 무척 마음에 들어했으며, 영광스럽게도 우리의 결혼식에 참석해 주었다. 첫딸을 낳던 날 밤, 전화기의 자동 응답기에 반조의 메시지가 녹음되어 있었다.

"어이, 친구. 별 일 없나? 모든 일이 잘 되어 가고 있겠지?"

우리가 전화를 걸기도 전에 반조가 병원으로 전화를 걸어 기어코 내가 있는 곳을 알아냈다. 아이를 낳고 불과 두세 시간도 안 지나서였다. 반조는 전화로 내 건강을 묻고 아이의 기운찬 울음소리를 들었다.

둘째딸이 태어나고 나서 몇 달 뒤 반조는 우리를 뒤에 남겨 둔 채 세상을 떠났다. 말로 다할 수 없이 나는 그가 그립다. 그가 이 덤불숲에 없다는 것이 믿어지지 않는다. 하지만 그는 내게 너무도 많은 아름다운 추억들을 남겨 주었다. 내 삶에서 10년 동안이나 그를 만날 수 있었던 것은 신이 준 축복이었다.

누가 이 대지를 구할 것인가?

누가 이 대지의 신성한 힘을 지킬 것인가?

남서쪽에서 불어오는 바람에 귀 기울여 보라.

영혼들의 노래가 들리는가?

하늘 가득 나는 야생의 새들을 보라.

물떼새들의 경고하는 울음소리를 들으라.

바람을 느끼라. 다시금

강 위로 떨어지는 비를 느껴 보라.

강은 알고 있다.

강은 알고 있다   셰인 하워드, 닐 머레이, 반조 클라크

강은 흐르고 있다.

우리가 왔다가 가는 것을 지켜보고 있는

오래된 강은 알고 있다.

남서쪽에서 불어오는 바람이 비를 몰고 와

다시금 강을 채우리라.

그러면 뱀장어들은 소금기 있는 물이 그리워

바다로의 먼 여행을 시작하리라.

자갈들 널린 강을 미끄러져 내려가

수천 마리가 떼지어 강 하구로 향할 때

건강하고 윤기 나는 몸을 물살에 뒤채이며

일제히 남쪽으로 이동할 때

모든 부족 사람들이 그곳에 모이리라.

그들은 그곳에서 먹을 것을 나누고, 물건들을 바꾸고

해가 질 때까지 노래하며 춤추리라.

늙은 사람들이 어린 것들에게 들려주는

이야기에 귀를 기울이라.

그곳에서 타고 있는 모닥불을 보라.

허공에 울려 퍼지는 그 목소리들을 들으라.

들어보라. 그들의 노래가 들리는가?

함께 이동하면서 그들이 부르는 노래가?

대지 위 곳곳을 여행한 뒤

이곳에 모인 온갖 이야기들이?

물고기들은 바다로 헤엄쳐 간다.

그 끝없는 움직임

그들이 다 가버린다 해도

영혼들은 이곳에 다시 돌아오리라.